명상·마음챙김·긍정심리 훈련(MMPT) 워크북

행복과 성장을 위한 8주 마음공부

명상·마음챙김·긍정심리 훈련(MMPT) 워크북

행복과 성장을 위한 8주 마음공부

김정호 지음

불광출판사

마음이 아름다우면 온 세계가 아름답다.

__ 유마경(維摩經)

나의 경험은 나와 세상 즉, '안조건'과 '밖조건'의 상호작용을 통해 구성된다. 내가 원하는 경험을 얻고자 한다면, 스트레스는 적게 경험하면서 웰빙은 더 많이 경험하고 싶다면, 안조건이나 밖조건을 변화시키면 된다.

인류는 그동안 밖조건의 변화를 통해 행복을 추구했다. 세상에 대해 연구하고 세상을 변화시키는 놀라운 방법들을 개발했다. 그러나 우리 자신을 이해하고 변화시키는 방법은 거의 진보가 없다. 우리 인류는 마음만 먹으면 우리들이 사는 이곳 지구를 몇 번이라도 파괴하고 남을 핵무기를 갖고 있다. 그러나 자신의 마음을 다스리는 것은 1,000년 전 사람보다 더 잘하게 되었다고 할 수 없다. 인류는 지구 반대편에 사는 사람들과도 얼굴을 보며 통화할 수 있는 스마트폰도 만들었다. 그러나 바로 곁의 사람과의 소통은 예전보다 더 어려워진 것 같다.

우리가 사는 세계를 이해하고 통제함으로써, 즉 밖조건을 알고 변화시킴으로써 행복을 증진하고자 해왔지만, 과연 더 행복해졌다고 말할 수 있을까? 문명이 발달한 선진국일수록 우울과 자살의 빈도가 더 높은 것은 왜일까?

아메리카 인디언들은 말을 달리다가 가끔 멈춰서 뒤를 돌아봤다고 한다. 그 이유는 너무 빨리 달려서 자신들의 영혼이 따라오지 못할까봐 기다리기 위해서라는 것이다. 우리 인류는 그동안 너무 빨리 달려온지도 모른다. 이제는 우리가 멈추고 우리 내면을 들여다볼 때가 아닐까?

눈이 밖을 향해서일까, 우리는 밖에 관심이 많다. 궁금하고 호기심을 자극하는 것들도 모두 밖에 있는 것 같다. 그러나 잠시 마음의 눈으로 우리 내면을 들여다보자. 나는 누구인가? 갖지 못해 좌절하고 오지도 않은 혹은 오지도 않을 미래를 걱정하는 나는 누구인가? 때로는 분노하고 때로는 기뻐하는 나는 누구인가? 100년도 못 살고 지구를 떠나야 하는 내가 삶에서 진정 원하는 것은 무엇인가? 유한한 삶을 사는 동안 나는 무엇을 행하고 무엇을 경험하고 갈 것인가?

불교에 의내명주(衣內明珠)라는 우화가 있다. 어떤 큰 부자가 우연히 길에서 옛 친구를 만났다. 그 친구는 찢어지게 가난했고 거의 거지 행색이었다. 오랜만에 술 한잔하며 회포를 풀고 그 친구는 잠이 들었는데 부자 친구는 길을 떠나야만 했다. 곤히 잠든 친구를 깨우고 싶지 않아 그 친구의 옷 안주머니에 평생 먹고 살 수 있을 정도로 비싼 보석을 넣어주고 떠났다. 다시 오랜 세월이 지난 후에 부자 친구가 예전의 가난했던 친구를 만났는데, 그 친구는 아직도 남루하고 초라한 모습이었다. 놀란 부자 친구는 비싼 보석을 주었는데 왜 아직도 그렇게 가난하게 사느냐고 물었다. 그제야 옷 안주머니를 보니 보석은 여전히 그 안에 있었다.

지피지기(知彼知己)면 백전불태(百戰不殆)라고 한다. 나를 잘 아는 것은 의미 있고 만족스러운 삶을 사는 데 도움이 될 것이다. 나는 잘 알면 삶을 살아감에 있어서 유익할 뿐만 아니라 나를 잘 알아가는 것 자체가 즐거운 일이 될 것이다. 고급 스마트폰으로 전화만 거는 사람이 있다. 그 안에 많은 유익한 기능이 있고 앱의 활용을 통해 무궁무진한 용도로 사용할 수 있는데 고급 스마트폰으로 할 수 있는 것이 단지 전화통화 하는 것이다! 우리는 이 세상 어떤 스마트폰도 따라올 수 없이 훌륭한 몸과 마음이라는 디바이스(device)를 갖고 지구에 왔다. 나는 나를 잘 아는가?

이 책에서 소개하는 명상·마음챙김·긍정심리 훈련(Meditation, Mindfulness & Positive_psychology Training, MMPT) 프로그램은 우리의 내면, 안조건을 이해하고 다스리는 방법, 즉 마음에 대한 지식과 기술을 공부하고 익히는 데 초점을 둔다. 마음에 대한 지식과 기술을 배우고 연마하면 안조건이 변화하게 된다. 우리의 경험은 밖조건만이 아니라 안조건에 의해서도 만들어지는 것이므로, 안조건을 변화시키면 원하는 경험을 얻을 수 있다. 사실 우리가 경험하는 고통은 안조건의 부적절한 관여로 인해 만들어지는 경우가 많다. 이와 같이 우리는 안조건의 변화를 통해 행복을 추구할 수 있다. 더 중요한 것은 마음에 대한 지식과 기술을 학습하고 배양하는 과정을 통해 우리의 내면이 성장하게 되는데 이러한 성장은 인간에게 중요한 행복을 가져온다.

밖조건이라고 할 때 외부의 물리적 또는 사회적 환경만을 뜻하지는 않는다. 바로 우리 곁의 사람들도 밖조건에 포함된다. 우리가 경험하는 많은 고통과 행복도 사람들과의 상호작용에서 온다. 대인관계에서의 갈등은 스트레스의 주요 원인이고, 관계에서 행복한 사람은 전반적인 삶의 행복도 높다. 대인관계에서도 우리는 상대만 변화시킴으로써 스트레스를 줄이고 웰빙을 늘리려고 한다. 많은 경우 이러한 시도는 더 많은 갈등과 고통을 낳는다. 자기 자신도 잘 모르고 자기 마음대로 잘 다룰 줄 모르면서 얼마나 남을 안다고 자기 마음대로 남을 변화시키려고 하는가. 여기서도 상대방을 변화시키기보다는 자신을 돌아보고 변화시키는 것이 필요하다. 상대에 대한 인식 자체가 나의 내면이 관여되어 만들어진 것이기 때문에 나를 바로 이해할 때 상대를 바르게 이해하게 되고 관계의 문제도 풀리기 시작한다.

MMPT 프로그램은 마음에 대한 여러 가지 지식과 마음을 다루는 중요한 기술을 배우고 익히는 훈련 프로그램이다. MMPT 프로그램을 통해 나를 잘 알고 잘 사용하는 능력을 키우고 우리 모두 행복과 성장의 삶을 살아가기를 기원한다.

끝으로 한마디. 이 책은 달달한 책은 아니다. 읽으면서 위로를 받을 수 있는 따뜻한 책은 아니다. 이 책은 차라리 게임에 관한 책이다. 몸과 마음으로 이루어진 '나'라는 아바타(avatar) 혹은 디바이스를 가지고 '인생'이라는 게임에서 어떻게 문제를 해결하고 기술치를 늘리며 레벨 업 (level up)할 수 있는지에 대한 책이다. 기술치를 늘리고 레벨 업하는 것이 인간적으로 자기성장의 과정이며 그 속에 행복을 경험하게 된다. 삶을 게임처럼, 놀이처럼 볼 수 있다면 마음지식과 마음기술을 배우고 익히는 훈련과정이 고행이 아니라 인간적 성숙의 단계가 올라가는 즐거움이 될 것이다.

주요 용어 정리[1]

자연과학의 용어와는 달리 심리학의 용어는 일반인들이 이미 생활 속에서 많이 사용하고 있기 때문에 용어가 의미하는 바를 정확하게 규정하고 공유하는 것이 어렵다. 일상생활에서 통용되는 용어의 불명료함 또는 개인마다 조금씩 다르게 사용하는 용법으로 인해 종종 의사소통이 막히거나 오해가 발생하는 경우가 있다.

아래에는 이 책에서 다루는 주요 개념과 관련된 일상의 용어를 심리학에서 사용하는 용어를 중심으로 정리하였다. 이 책에서는 심리학 용어와 일상의 용어를 그때그때 맥락에 따라 바꿔 가면서 사용하였다. 미리 읽어 두면 이해에 도움이 될 것이다.

동기(motivation)
- 정의: '목표+그것을 달성 혹은 유지하고자 하는 소망 또는 추동력'.
- 바꿔 사용 가능한 용어: 욕구, 욕망, 욕심, 의도, 관심 등.

인지(cognition)
- 정의: 사고방식, 인지 전략, 인지 내용, 판단, 추론, 이해, 믿음, 기억, 계획, 상상, 문제 해결 등의 심리적 기능을 포함한다. 또한 사고 과정을 통해 형성된 다양한 지식과 신념을 뜻하기도 한다.
- 바꿔 사용 가능한 용어: 인식, 생각, 믿음 등.

욕구와 생각
- 욕구와 생각은 이 책에서 가장 많이 사용되는 용어로 동기와 인지를 의미한다. 동기와 인지가 다소 딱딱한 표현인 관계로 일상용어인 욕구와 생각이라는 표현을 사용했다. 욕구와 생각이라고 두 용어를 병기하고 있지만, 일상생활에서는 생각이라는 용어 하나만으로도 충분할 수 있다.

1 　김정호(2011)의 '주요 용어 정리'를 보완했다.

왜냐하면 일상생활에서 생각이라는 말은 욕구를 포함하는 경우가 많기 때문이다. 예를 들어, "밥 먹을 생각이 없어.", "영화 보러갈 생각이 있어?" 등에서 사용된 생각은 욕구를 의미한다. 따라서 '욕구와 생각을 내려놓아라.'라고 할 때 그냥 '생각을 내려놓아라.'라고만 해도 괜찮다. 그러나 동기와 인지가 분명히 구분되는 개념이므로 다소 번거롭지만 욕구와 생각이라고 나눠서 병기했다. 참고로 일부 심리치료 장면에서 동기와 인지를 명확하게 구분해서 사용하지 않는 경향이 있다고 판단돼서 더 분명히 구분하고 싶었다.

욕구-생각
- 욕구와 생각은 매우 밀접하게 함께 나타나는 경우가 많기 때문에 '욕구와 생각'이라는 표현과 '욕구-생각'이라는 용어를 함께 사용했다.

감정
- 감정은 심리학적으로 정서(emotion)라고도 불리며, 기쁨, 즐거움, 재미, 희망, 용기, 사랑, 평화로움 등의 긍정정서와 불안, 우울,

명상·마음챙김·긍정심리 훈련(MMPT) 워크북

분노, 죄책감, 창피함, 미움, 지루함 등의 부정정서로 이루어진다. 감정은 기본적으로 욕구의 상태를 나타내는 주요한 지표 중 하나다. 욕구의 좌절 또는 좌절예상의 상태는 부정정서로, 욕구의 충족 혹은 충족예상의 상태는 긍정정서로 나타난다.

감각(sensation)

- 감각은 시각, 청각, 후각, 미각, 촉각 등의 오감으로 구성되며, 그밖에 내부 장기의 감각이나 신체의 위치 등에 관한 고유수용기 감각 등이 포함된다.

주의(attention)

- 정의: 정신 자원의 배분. 일반적으로 욕구와 생각, 감각, 행동에 동원된다.
- 바꿔 사용 가능한 용어: 바라보기

상위주의(meta-attention)

- 정의: 주의에 대한 주의. 일반적으로 욕구와 생각에 동원된다.
  예) 신경증적 주의: 특정한 정보처리가 진행 중일 때 그것에 대한 동시적 상위주의. 특정한 욕구와 생각이 많이 개입하므로 자기객관화가 없고 따라서 의식에 대한 떨어져서 보기도 없다.
- 바꿔 사용 가능한 용어: 상위바라보기

순수한 주의(bare attention)

- 정의: 욕구와 생각을 사용하지 않는 주의. 명상에서 동원되는 주의.
- 바꿔 사용 가능한 용어: 순수한 바라보기

순수한 상위주의(bare meta-attention)

- 정의: 주의에 대한 순수한 주의. 마음챙김명상에서 동원되는 주의, 즉 마음챙김.
- 바꿔 사용 가능한 용어: 순수한 상위바라보기

알아차림(awareness)

- 정의: 주의라는 정신적 행위에 수반하는 주관적 경험.
- 바꿔 사용 가능한 용어: 의식(consciousness), 의식 경험(conscious experience).

상위알아차림(meta-awareness)

- 정의: 상위주의에 수반하는 주관적 경험. 알아차림에 대한 알아차림(awareness of one's own awareness).
- 바꿔 사용 가능한 용어: 상위의식, 자각, 상위의식경험

순수한 알아차림(bare awareness)

- 정의: 순수한 주의에 수반하는 주관적 경험.
- 바꿔 사용 가능한 용어: 순수한 의식, 순수한 의식경험

순수한 상위알아차림
(bare meta-awareness)

- 정의: 순수한 상위주의에 수반하는 주관적 경험. 알아차림에 대한 순수한 알아차림.
- 바꿔 사용 가능한 용어: 순수한 상위의식 (bare meta-consciousness), 순수한 자각 (bare self-awareness), 마음챙김의 알아차림(mindful awareness).

명상의 주의

- 바꿔 사용 가능한 용어: 순수한 주의.

마음챙김의 주의

- 바꿔 사용 가능한 용어: 마음챙김(mindfulness, sati), 순수한 상위주의, 반조(返照), 돌이켜 비춰봄, 순수한 상위바라보기.

목차

제1부
MMPT의 이론적 기초

제1부

MMPT의 이론적 기초

제 1 장

MMPT의 개관

1. MMPT의 정의와 목적

배고픈 사람을 돕는 방식은 물고기를 잡아주는 것과 물고기 잡는 법을 가르쳐주는 것으로 나눠볼 수 있다. 전자는 당장의 허기를 해결해주지만 일시적 해결책이다. 후자는 시간이 걸리겠지만 배고픔에 대한 지속적인 해결책이다. 남의 도움 없이 스스로 자신의 먹거리를 해결할 수 있게 된다.

심리적 고통을 경험하는 사람을 돕는 데 있어서도 당장의 고통을 경감시켜주는 힐링의 방식이 있고, 시간이 걸리더라도 마음을 이해하고 다루는 방법을 가르쳐주어 심리적 문제를 스스로 해결해나가도록 하는 심리교육의 방식이 있다. 명상·마음챙김·긍정심리 훈련(Meditation, Mindfulness & Positive_psychology Training, MMPT) 프로그램은 후자의 방법을 제공한다.

MMPT는 마음을 알고 다루는 방법, 즉 마음의 특징과 작용에 대한 지식(마음지식, mind knowledge)과 마음을 다루는 기술(마음기술, mind skills)을 배우고 익히는 것이다. 한마디로 MMPT는 마음공부다. MMPT의 목적은 마음공부를 통해 지혜를 기르고 행복과 성장의 삶을 사는 것이다.

MMPT의 마음공부가 필요하다는 것은 우리의 마음지식과 마음기술이 충분하지 않다는 것인가? 그렇다. 우리는 마음에 대한 지식을 충분히 알지 못할 뿐만 아니라 잘못 알고 있는 경우도 많다. 또 마음을 다루는 기술 역시 불충분할 뿐만 아니라 살아오면서 알게 모르게 부적절한 기술을 학습한 경우도 많다. 많은 경우 바르지 않거나 비효율적인 마음지식과 마음기술이 우리 삶의 고통의 원인이다. MMPT의 마음공부를 통해 바른 마음지식을 배우고 건강한 마음기술을 익힐 수 있다.

MMPT의 마음지식은 마음의 특징과 작용에 대한 지식을 말하며 동기상태이론, 구성주의, 정보처리용량 제한성, 마음사회이론 등이 대표적으로 포함된다. 자세한 내용은 뒤에 설명하겠지만 이들 4가지 대표적인 마음지식은 우리 인간이 경험하는 고통과 행복에 중요한 역할을 하므로 마음지식을 바르게 이해하는 것은 고통의 감소와 행복의 증진에 필수적이다. 또한 마음지식은 마음기술을 이해하고 배우는 데도 중요한 역할을 한다.

MMPT의 마음기술은 크게 명상, 마음챙김, 긍정심리의 전략으로 구분된다. 명상, 마음챙김, 긍정심리의 전략이 심리적 및 신체적 스트레스나 증상을 경감하고 웰빙의 증진에 기여하는 것은 많은 연구를 통해 입증되고 있고, 그 자체로뿐만 아니라 여러 심리적 중재법들과 결합해서 사용되고 있다. 자세한 내용은 뒤에 다룬다.

MMPT가 추구하는 성장이란 자기성장(self-growth)을 말하며 마음공부를 통해 성숙한 인간이 되는 것이다. 그러면 성숙한 인간은 누구인가? 성숙한 인간은 마음지식에 대한 이해가 깊고 마음기술의 숙달도가 높은 사람이다. 성숙은 과정이다. 최종목표점이 있는 것은 아니다. 꾸준한 공부를 통해 마음지식을 더 깊게 이해하게 되고 마음기술이 더 숙달될 뿐이다.

지혜는 지식과 다르다. 마음공부를 통해 배운 마음에 대한 지식이 실생활의 다양한 상황에서 활성화되고 실제로 적용될 수 있을 때 그 지식은 지혜가 된다고 말할 수 있다. 마음지식을 머리로 이해하는 것과 가

습으로 깊이 아는 것은 다르다. 마음지식이 삶의 다양한 장면에서 활성화되고 적용될 수 있어야 한다. 마음기술도 마찬가지다. 마음기술은 마치 무예를 연마하듯이 꾸준한 연습을 통해 숙달된다. 분명한 것은 마음지식이나 마음기술 모두 생활 속에서 자꾸 적용할수록 이해가 깊어지고 숙달도가 높아진다는 것이다.

행복이란 스트레스를 줄이고 웰빙을 늘리며 동기를 조화롭게 충족시키는 것이다. 중독의 경우처럼 특정한 동기만을 충족시키며 동기 추구에 있어서 전체적인 조화를 잃은 경우에는 행복이라고 부르기 어렵다. 마약 중독이나 도박 중독만이 아니라 일중독 역시 동기의 추구에 있어서 조화와 균형을 잃은 것이다. 거창한 일만 중시해서 일상의 작은 즐거움을 누릴 줄 모른다면 조화로운 행복 상태라고 하기 어렵다. 스트레스는 동기가 좌절되거나 좌절이 예상되는 상태이고, 웰빙은 동기가 충족되거나 충족이 예상되는 상태이다. 자세한 내용은 동기상태이론에서 다룬다.

성장, 즉 성숙한 인간이 되어가는 과정은 행복에서도 중요하다. 성장을 위해서는 마음공부를 통해 마음에 대한 지식과 기술을 발전시키고자 하는 자기성장의 동기(줄여서, 성장동기)가 확립되어야 한다. 성장동기가 있을 때 성장의 과정은 성장동기의 충족에 따른 행복을 수반하게 된다. 새로운 것을 배우는 것은 배움의 동기를 충족시키는 즐거움, 행복이다. 성장의 동기를 세우면 마음지식과 마음기술을 배워가고 연마해가는 성장의 과정에서 행복을 경험하게 된다. 유념할 점은 성장의 동기가 중요하기는 하지만 이 역시 편중되면 안 될 것이다. 일상에서 너무 진지하기만 해서 농담과 유머를 구사하거나 즐길 줄 모른다면 전체적

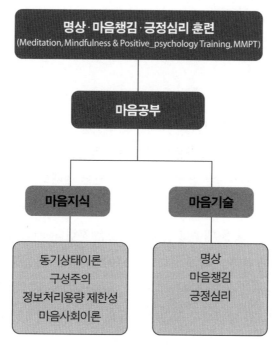

< 그림 1 > 명상·마음챙김·긍정심리 훈련(MMPT)의
개관

으로 조화로운 행복 상태는 아니라고 할 수 있다.

마음지식과 마음기술은 한 번의 학습으로 완성되는 것이 아니라 끊임없이 반복적인 연습을 통해 숙달되는 것이다. 특히 우리가 살아오면서 알게 모르게 불건강한 마음지식과 마음기술을 습득해왔기 때문에 이들을 상쇄하고 건강한 마음지식과 마음기술로 대체하기 위해서는 지속적인 반복학습과 숙달이 필요하다. MMPT의 T(training)는 이런 측면을 반영하고 있다.

또한 우리가 경험하는 스트레스와 이로 인한 심리적 및 신체적 증상은 불건강한 마음지식과 마음기술이 주요한 원인이다. 마음지식에 대해 올바르게 배우고 마음을 다루는 마음기술을 익히는 과정을 통해 불건강한 마음지식은 올바른 마음지식으로 대체되고 불건강한 마음기술은 건강한 마음기술로 상쇄되거나 소거된다. 따라서 건강한 마음지식과 마음기술을 배우고 숙달하는 것은 훈련(training)이면서 치료(therapy)이기도 하다. 이렇게 본다면 MMPT는 '명상·마음챙김·긍정심리 치료(Meditation, Mindfulness & Positive_psychology Therapy)'라고 불러도 무방하다. 마음의 영역에서 학습과 교육은 치료이며 치료는 학습과 교육이다.

2. MMPT의 적용

MMPT는 마음공부다. 마음공부를 통해 성숙한 사람을 지향한다. 마음지식과 마음기술을 공부하는 마음공부를 하면 나를 알고 나를 다루는 능력, 즉 자기관리능력이 향상된다. 자기관리능력은 삶의 여러 장면에서 필요하다.

1. 마음공부와 인성교육

우리는 학교를 다니며 삶을 잘 살아가는 데 필요한 지식과 기술을 배운다. 그러나 학교에서 배우는 삶의 지식과 기술은 대부분 세상을 이해하고 다루는 데 필요한 지식과 기술로 되어 있다. 사회를 배우고 자연을 배운다. 수학과 공학을 배운다. 국어와 외국어를 배운다. 모두 세상을 알고 세상을 통제하는 지식과 기술들이다.

학교에서 가르치는 대부분의 교육은 바깥 세상에 대한 앎에 치중되어 있다. 삶을 잘 살아가기 위한 지식과 기술의 교육에 있어서 중요한 부분인 나에 대한 앎이 빠져 있다. 삶을 잘 살아가기 위해 마음지식과 마음기술을 가르치는 마음교육이 필요하다.

지식만을 가르치고 지식만으로 줄을 세우는 높은 경쟁의 압력 속에 생활해야 하는 학생들에게 행복을 기대하기는 어렵다. 왕따, 학교폭력 등의 문제는 어제오늘의 일이 아니다. 최근에는 자해하는 학생들이 늘어나고 있고, 청소년 자살률은 OECD 회원국 중 1, 2위를 다투고 있다.

메마른 지식 위주의 교육에 대한 교육지책으로 우리나라에는 인성교육진흥법이 제정되어 2015년 이후 시행되고 있다. 그러나 실제로 학생들에게 인성을 교육하는 교과가 있는 것으로 보이지는 않으며 학교 문제가 개선되었다는 보고도 접할 수가 없다.

인성교육진흥법에서 말하는 인성교육의 정의는 "자신의 내면을 바르고 건전하게 가꾸며 타인, 공동체, 자연과 더불어 사는 데 필요한 인간다운 성품과 역량을 기르는 것을 목적으로 하는 교육"이다. 중요한 것은 구체적인 교육내용이다. 자칫 고리타분한 도덕교육처럼 되어서는 소기의 성과를 기대하기 어렵다고 할 수 있다.

MMPT에서는 이렇게 저렇게 살아야 한다는 것을 배우지 않는다. 마음이 어떤 특징이 있고 어떻게 작동하는지를 배우며 마음을 다루는 실제적인 방법을 익힌다. 또한 자신을 행복하게 하는 마음기술을 배운다. 사람은 누구나 잘 살고 싶고 행복하기를 바란다. 마음을 바로 알고 바르게 다루는 기술을 배양하면 자연스럽게 스스로를 행복하게 하고 다른 사람들과 더불어 살 줄 알게 된다. 자신의 마음을 바르게 알게 되면 자연히 사람들과 잘 지내는 것의 중요성도 알게 된다. 자신의 마음을 다스릴 줄 알게 되면 사람들과 좋은 관계를 맺는 능력 또한 증가하게 된다. MMPT의 마음공부를 통해 우리는 인성교육이 목표로 하는 인성을 갖춘 성숙한 사람이면서 또한 행복할 줄 아는 능력을 갖춘 사람을 양성하게 된다.

언젠가는 MMPT 프로그램과 같은 마음지식과 마음기술을 가르치는 마음교육의 교과목이 국어, 영어, 사회, 자연, 음악, 미술, 체육 등의 교과목처럼 학교에서 가르치는 정규과목이 되기를 희망해본다. 마음지식과 마음기술은 가급적 어릴 적부터 배울 수 있으면 더 좋을 것이다.

2. 마음공부와 상의(上醫)

불안하고 싶고 우울하고 싶은 사람이 어디 있는가. 그러나 내 마음이 내 뜻대로 되지 않는 마음의 질병이 날로 심각해지고 있다. '2016년 정신질환실태 역학조사'에 따르면 지난 1년간 정신건강문제를 경험한 사람수를 나타내는 1년 유병률이 11.9%(470만 명)로 나타났다. 유명 연예인들의 발병으로 잘 알려진 공황장애를 비롯해서 우울이나 불안 등으로 약물복용이나 상담을 받는다는 사람들도 많아지고 있다. 전체 자살률이 OECD 회원국 중 거의 매년 1위를 하고 있다는 것도 잘 알려져 있다.

현대인이 겪는 몸의 질병은 예전에 겪던 장티푸스나 콜레라처럼 세균이나 바이러스에 의한 것보다는 고혈압, 당뇨, 이상지질혈증, 심장질환, 뇌혈관질환, 암 등 생활습관에 따른 것이 많다. 이러한 질병은 또한 스트레스로 인해 발병하거나 악화된다는 특징을 갖는다.

동양에서는 예로부터 상의(上醫), 중의(中醫), 하의(下醫)라는 말이 있다. 하의는 이미 발생한 병을 치료하는 의사 또는 의술이고, 중의는 이제 막 발생하는 병을 치료하는 의사 또는 의술이며, 상의는 아직 발생하지 않은 병을 치료하는 의사 혹은 의술이다[下醫治已病 中醫治欲病 上醫治未病]. 당연히 상의가 최고의 의사고 의술이다.

MMPT의 마음공부는 최고의 의술인 상의(上醫)이고 마음공부를 잘 가르치거나 배운 사람은 최고의 의사인 상의(上醫)다. 마음을 이해하고 다스리면 스트레스를 관리할 수 있고 행복을 증진할 수 있다. 몸과 마음의 질병을 예방할 수 있고 치유에도 도움을 줄 수 있다.

'치수자는 물길을 끌고, 화살을 만드는 자는 화살을 다루고, 목공은 나무를 다듬고, 지혜로운 사람은 자신을 잘 다룬다.' 『법구경(法句經)』의 한 구절이다. MMPT의 훈련은 마음에 대한 지식과 기술을 배우고 익혀 스스로 상의(上醫)가 되고 지혜롭고 성숙한 사람이 되도록 도와줄 것이다.

3. 마음교육은 국가적 관심: 일반 국민의 건강과 행복 증진

대부분의 국가가 헌법에 국가의 존립 목적으로 국민의 행복을 명시하고 있다. 우리나라도 예외는 아니다. 그런데 국가가 국민의 행복을 위해 제공하는 공교육에 자신의 마음을 이해하고 다루는 마음의 지식과 기술을 포함하고 있지 않다. 마음지식과 마음기술을 배우고 익히는 것이 마음공부라면 마음지식과 마음기술을 가르치는 것은 마음교육이라고 하겠다. 국가는 국민의 행복을 위해 마음의 지식과 기술을 가르치는 마음교육을 공교육에 넣어야 할 뿐만 아니라 다양한 영역에서 마음지식과 마음기술을 양성할 수 있도록 사회제도적 장치를 마련해야 할 것이다.

우리는 세상을 이해하고 다루는 지식과 기술을 고도로 발전시켜 왔다. 그 결과 물질적으로는 그 어느 때보다도 풍요로워졌다. 그러나 누구도 물질적 풍요만큼 행복해졌다고 자신 있게 말하기는 어려울 것이다. 오히려 물질적으로 풍요로워진 만큼 심리적으로는 좀 더 불행해졌다고 할 수 있다. 그야말로 풍요의 역설 시대에 살고 있다.

행복하면 그 자체로 좋은 것일 뿐만 아니라 질병이 예방된다. 행복한 삶을 경영하는 사람에게 우울이나 불안이 찾아오기는 어렵다. 행복은 심리적 질병 외에도 신체적 질병의 예방에도 도움이 된다. 몸과 마음이 둘이 아니다. 심리적 스트레스가 당뇨, 고혈압, 심장질환, 뇌혈관질환 등 다양한 신체적 질병의 원인이라는 것은 이제는 상식이다. 위에서도 언급했듯이, 마음지식과 마음기술을 배우는 마음공부를 통해 각자 자기 자신의 주치의가 된다. 그것도 상의(上醫) 주치의가 되는 것이다.

국가적으로 국민의 행복을 위한 투자는 국가의 존립 목적에 합당한 일일 뿐만 아니라 경영의 측면에서도 남는 장사다. 질병이 발생한 후에 치료에 드는 의료비용은 매년 가파르게 증가하고 있다. 행복에 투자함으로써 질병을 예방하게 되면, 가래로 막을 일을 호미로 막게 되는 것이다. 국민 모두를 대상으로 행복 증진을 위한 마음의 지식과 기술을 가르치는 마음교육에 투자하는 것은 보편적 복지라는 차원에서 조세저항을 줄이는 데도 도움이 될 것이다.

우리나라는 기초생활수급자나 차상위계층에게 물질적 또는 재정적 지원을 한다. 물질적 또는 재정적 지원은 지원 대상자의 도덕적 해이를 키울 수도 있고 자기존중감이나 삶의 의욕을 낮출 수도 있다. 물질적 또는 재정적 지원과 함께 마음교육을 제공한다면 지원 대상자 스스로 능동적으로 자신의 행복을 추구하는 삶을 살도록 도울 수 있다.

노르웨이의 탐험가이자 외교관이었던 난센(Fridtjof Nansen, 1861-1930)은 '인생에서 가장 중요한 일은 자기 자신을 발견하는 일이다.'라고 했다. 세상을 잘 이해하고 다룰 줄 알 뿐만 아니라 나의 마음을 잘 이해하고 다룰 줄 알아야 잘사는 삶, 행복한 삶을 살 수 있을 것이다. 마음의 지식과 기술은 마음을 이해하고 다루는 기술로 나에 대한 앎을 다룬다. 게다가 마음을 이해하고 다루는 마음기술을 배우면 나의 마음만이 아니라 다른 사람들의 마음에 대한 이해도 높아진다. 따라서 사람들과 슬기롭게 소통하게 되고 더불어 살아가는 삶이 행복해진다.

제 2 장

마음지식

1. 동기상태이론

우리의 경험은 크게 부정적 경험인 스트레스와 긍정적 경험인 웰빙으로 나눌 수 있다. 스트레스와 웰빙에 대해서는 학자마다 설명이 조금씩 다르다. MMPT에서는 동기상태이론(Motivational States Theory, MST)의 스트레스와 웰빙에 대한 설명을 따른다.

동기상태이론은 스트레스와 웰빙을 동기의 상태로 나타냄으로써 스트레스와 웰빙을 통합적으로 설명하는 이론이다(김정호, 2000a, 2000b, 2002, 2005, 2006, 2007, 2009, 2015; 김정호와 김선주, 1998a, 1998b, 2000, 2007; Kim, Kim, & Kim, 1999). 여기서 동기란 욕구, 욕망, 욕심, 의도, 꿈, 비전, 소명, 서원, 바라는 것 등 다양하게 표현되지만 기본적으로 다음과 같이 정의

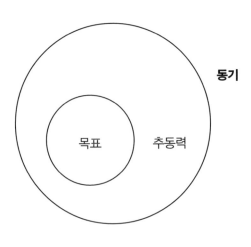

< 그림 2 > 동기의 요소

명상·마음챙김·긍정심리 훈련(MMPT) 워크북

된다. 즉, 동기는 '목표'(혹은 목표상태)와 '목표를 획득 혹은 유지하고자 하는 소망이나 추동력'의 두 가지 요소로 구성되며 소망(~이면 좋겠다. ~하고 싶다.), 의도(~하고자 한다.)', 당위(~이어야 한다. ~해야 한다.) 등으로 표현된다(김정호, 2000a, 2006, 2015; 김정호와 김선주, 1998a, 2007).

이와 같이 볼 때 우리의 경험은 스트레스와 웰빙으로 나눌 수 있으며 각각은 동기의 상태를 나타낸다. 스트레스는 동기가 좌절되거나 좌절이 예상되는 상태이며, 웰빙은 동기가 충족되거나 충족이 예상되는 상태이다. 이것을 도식적으로 표현하면 아래의 표 1과 같다.

스트레스	웰빙
동기좌절 동기좌절예상	동기충족 동기충족예상

< 표 1 > 동기상태이론에 따른 스트레스와 웰빙의 정의

동기가 없으면 스트레스는 없다. 또한 동기가 없으면 웰빙도 없다. 당신이 스트레스를 경험할 때 뒤집어보라. 스트레스를 경험할 때 그 경험의 뒷면을 보면 거기 반드시 좌절되거나 좌절이 예상되는 동기가 있다. 또 당신이 웰빙을 경험할 때 뒤집어보라. 웰빙을 경험할 때 그 경험의 뒷면을 보면 거기 반드시 충족되거나 충족이 예상되는 동기가 있다.

스트레스를 제거하는 가장 간단한 방법은, 실천 가능성은 차치하고, 바로 동기를 내려놓는 것이다. 동기가 없으면 스트레스도 없다. 다만 문제는 동기가 없으면 웰빙도 없다는 것이다. 여기서 중요한 것이 '선택과 집중'이다. (이 부분은 뒤에 다루는 '정보처리용량 제한성'과 관련해서도 중요하다.) 여러 동기들 중 어떤 동기를 내려놓고 어떤 동기를 열심히 추구할 것인지에 대해 현명한 선택을 하고 선택한 동기에 노력과 시간을 집중하는 것이 필요하다.

스트레스를 관리하고 웰빙을 증진시키는 데 있어서 동기를 이해하고 관리하는 것은 매우 중요하다. 동기의 상태는 정서(감정), 신체적 반응(감각으로 경험됨) 등으로 나타난다. 그러나 동기상태는 동기 자체뿐만 아니라 관련된 인지(생각), 행동 등에 의해 영향을 받는다. 따라서 동기의 관리에는 인지, 행동 등의 이해와 관리도 중요하다.

'웰빙'은 '행복'이라는 용어 대신에 사용되는 용어로 봐도 무방하다. 일상생활에서 행복이라는 용어가 너무 많은 맥락에서 여러 가지 의미로 사용되기 때문에 심리학에서는 행복을 연구할 때 주관적 웰빙(Subjective Well-Being, SWB)이나 심리적 웰빙(Psychological Well-Being, PWB) 등의 용어로 행복의 개념을 정의하고 다룬다(김정호, 2006; Ryan & Deci, 2001). 이 책에서는 상황에 따라 행복이라는 일상적인 용어도 사용하는데, 동기상태이론에 따라 정의 내린 웰빙을 의미하는 것으로 동기와 관련지어 이해하면 되겠다. 다만 스트레스 및 웰빙과 관련지어 좀 더 엄밀하게 행복의 개념을 정의 내린다면, 앞에서 MMPT의 정의와 목적을 설명할 때 소개했듯이, 행복이란 스트레스를 줄이고 웰빙을 늘리며 동기를 조화롭게 충족시키는 것이다.

2. 구성주의

구성주의(constructivism)는 우리의 경험이 구성되는 것이라고 본다. 즉, 구성주의는 우리가 살면서 경험하는 것이 일방적으로 외부에서 주어지는 것이 아니라 내가 관여해서 만드는 것으로 본다. 구성주의는 정보처리관점에 속한다. 정보처리관점은 인간의 삶을 정보를 처리하는 과정으로 본다. 정보처리란 유기체가 외부 환경과 상호작용하는 것을 말하며, 유기체와 외부 환경의 상호작용은 유기체가 자신의 욕구를 충족시키기 위해 외부 환경을 이해하고 변화시키는 과정이다. 따라서 유기체가 외부 환경을 이해하고 변화시키는 과정이 곧 정보를 구성하는 과정이다(김정호, 2011; 김정호와 김선주, 1998a, 2007).

20대 여성이 지나간다. 다섯 살짜리 남자아이는 '저 누나가 나에게 사탕을 줄까?'라고 생각한다. 20대 총각은 '저 여자와 연애하면 멋지겠다.'라고 생각한다. 50대 여성은 '저 아가씨가 참해 보이는데 내 아들 신부감으로 좋겠다.'라고 생각한다. 똑같은 20대 여성이지만 보는 사람마다 다르게 본다. 각자는 자신의 욕구와 생각이 투영된 모습을 보고 있다. 우리가 누군가를 평가할 때 조심해야 한다. 그 사람의 평가에는 그 사람이 누구인가만이 아니라 내가 누구인가가 드러나게 된다.

같은 영화(예, 〈신과 함께〉)를 봐도 어떤 사람은 별로 재미없었다고 하고 다른 사람은 재미있었다고 한다. 심지어 감동하여 눈물을 흘리며 봤다는 사람도 있다. 물론 그저 그랬다고 하는 사람도 있다. 영화라는 밖조건은 동일했지만 영화를 보는 사람들의 안조건이 다르기 때문에 다른 경험을 하게 되는 것이다.

맛도 그렇다. 동일한 피자라고 해도 사람마다 맛에 대한 경험은 다르다. 피자가 맛있다고 좋아하는 사람도 있고 그렇지 않은 사람도 있다. 또한 동일한 피자에 똑같은 사람이라고 해도 그 사람의 안조건에 따라 피자 맛은 달라진다. 아무리 피자를 좋아하지 않는 사람이라고 해도 그 사람의 안조건이 며칠 굶은 상태라면 평소와는 달리 맛있게 경험될 것이다. 임진왜란 때 피난 가던 선조 임금은 '묵'이라는 생선을 맛있게 먹고는 '은어(銀魚)'라는 이름을 하사했는데 환도 후 먹어보고는 맛이 없다하여 다시 '묵'이라 부르라 하여, 그 생선의 이름이 '도루묵'이 되었다는 얘기도 있다.

아래의 그림에서도 정보처리의 구성적 특징을 잘 볼 수 있다. 그림 3에서 가운데 자극은 가로로 읽을 때는 13으로, 세로로 읽을 때는 B로 읽힌다. 그림 4에서는 동일한 그림이지만 토끼로 볼 수도 있고 오리로 볼 수도 있다. 끝으로 그림 5에서는 같은 그림이지만 젊은 여인으로 볼 수도 있고 늙은 여인으로 볼 수도 있다. 이 모두가 우리의 경험이 일방적으로 밖조건의 특징에 의해서만 결정되는 것이 아니라 안조건, 즉 우리 자신의 사전 지식이나 기대 등에 의해 달라질 수 있음을 보여준다.

이와 같이 볼 때 우리의 경험은 여러 가지 정보로 이루어지며 경험은 일방적으로 밖에서 주어지는 것이 아니라 외부조건과 내가 상호작용을 통해 만든다. 즉, 내가 경험하는 세상은 이미 내 안의 특성이 관여해서 구성된다. 정보처리 용어를 사용하면 우리의 경험은 외부환경, 즉 밖조건의 특성을 반영하는 '아래-위로의 처리(bottom-up processing)'와 우리 자신, 즉 안조건의 특성을 반영하는 '위-아래로의 처리(top-down processing)'의 결과로 구성되는 것이다.

< 그림 3 > 맥락에 따른 인지의 차이

< 그림 4 > 오리-토끼

< 그림 5 > 젊은 여인-늙은 여인

고장난명(孤掌難鳴). 한 손바닥으로는 박수 소리를 낼 수 없듯이 나의 경험은 외부자극만으로는 만들어지지 않는다. 경험을 크게 스트레스와 웰빙으로 나누고 경험의 구성에 있어서 밖조건과 안조건의 관계를 그림으로 표현하면 그림 6과 같다.

또한 경험의 구성은 밖조건과 안조건 간의 상호작용에서만 이루어지는 것이 아니라 안조건 내에서의 상호작용에 의해서도 이루어진다. 즉, 욕구들, 생각들, 감정들, 감각들 간의 상호작용에 의해서도 경험은 만들어진다. 혼자 생각에 빠져 걱정하거나 분노하는 것이 이런 경우에 속한다. 꿈의 경우도 밖조건의 영향은 거의 없이 안조건에서 만들어지는 것이다. 이렇게 볼 때 경험은 안조건이 밖조건과의 상호작용으로 혹은 안조건의 내부적인 상호작용으로 만드는 것임을 알 수 있다. 요컨대 밖조건은 안조건을 거치지 않고는 경험을 만들지 못하지만, 안조건은 밖조건을 거치지 않고도 경험을 만들 수 있다. 이러한 관계를 도식적으로 표현하면 그림 7과 같다.

구성주의에서 MMPT가 초점을 두는 것은 안조건, 즉 나 자신이다. 고통이든 행복이든 내가 경험하는 것은 내가 만든다는 것이다. 동일한 밖조건이라도 그것으로 내가 어떤 경험을 구성하는가는 나에게 달려있다. 구성이라는 말은 표상(representation) 또는 해석(interpretation)이라는 말로도 표현될 수 있다. 즉, 동일한 밖조건도 그것을 내가 어떻게 표상 혹은 해석하는가에 따라 다르게 경험된다. 한 가지 덧붙일 것은 나 자신도 나의 경험을 통해 알 수밖에 없으며 따라서 내가 알고 경험하는 나 자신도 표상된, 해석된, 구성된 나라는 것이다.

여기서 나의 표상/해석/구성의 방식이 달라지면 세상과 나에 대한

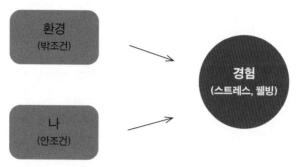

• 안조건: 동기, 인지, 정서, 감각, 행동

< 그림 6 > 구성주의를 나타내는 도식 1

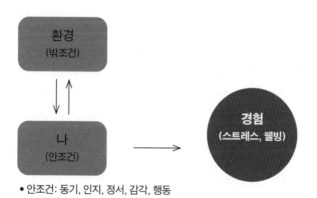

• 안조건: 동기, 인지, 정서, 감각, 행동

< 그림 7 > 구성주의를 나타내는 도식 2

인식도 달라진다. MMPT의 마음공부를 통해 나의 내면이 변화하면, 즉 나의 정보처리방식이 달라지면 나와 세상에 대한 경험이 달라진다. 즉, MMPT의 마음공부를 통해 마음지식과 마음기술을 배우고 익힘으로써 스트레스를 예방하거나 감소시키고 웰빙을 증진시킬 수 있게 된다.

우리의 경험이 외부조건만이 아니라 우리 자신의 내적 처리에 따라 달라진다는 입장은 심리학에서 많은 지지를 받는다. 라자러스 (Richard S. Lazarus, 1922-2002)는 우리가 경험하는 스트레스가 외부 사건에 대한 평가(appraisal)에 따라 달라진다며 스트레스의 상호작용이론을 제안했다(Lazarus & Folkman, 1984). 심리치료에서 많이 적용되는 인지치료 역시 같은 입장이다. 인지치료는 인지 모델에 바탕을 두는데, 인지 모델은 우리가 외부 사건에 대해 보이는 반응은 외부 사건 자체가 아니라 그것과 관련된 자동적 사고(automatic thoughts)에 의해 형성된다고 주장한다(Beck, 1995/1997; Beck, Rush, Shaw, & Emery, 1979/1997). 따라서 인지치료에서는 우울증 등 심리적 증상이 역기능적인 자동적 사고에서 온다고 보고 치료과정으로 생각, 즉 인지를 수정하는 것을 중요하게 다룬다. 나중에 인지치료는 인지의 수정이 행동의 변화까지 연결되어야 함을 받아들이고 치료에 있어서 행동변화에 초점을 두는 행동치료와 통합되면서 인지행동치료로 진화한다. 그 후에 인지행동치료에 마음챙김이 도입되면서 변증법적 행동치료(Dialectical Behavior Therapy, DBT)(Linehan, 1993; Marra, T., 2005/2006), 통합적 부부행동치료(Integrative Behavior Couple Therapy, IBCT)(Jacobson & Christensen, 1996), 마음챙김 인지치료(Mindfulness-Based Cognitive Therapy, MBCT)(Segal, Williams, & Teasdale, 2002), 수용전념치료(Acceptance & Commitment Therapy, ACT)(Hayes, Strosahl,

& Wilson, 1999) 등이 등장했다(김정호, 2004b; 문현미, 2005; 조용래, 2003; Masuda, Hayes, Sackett, & Twohig, 2004). 이러한 제3의 흐름까지 포함해서 치료법 전반과 치료의 기제를 동기인지행동치료(김정호, 2009, 2015)에서 는 동기, 인지, 행동을 중심으로 정리하기도 한다.

3. 주의와 정보처리용량 제한성

1. 주의

우리는 외부에서 주어지는 자극을 가지고 정보를 만들어낸다. 또는 내부의 정보를 가지고 새로운 정보를 만들어내기도 한다. 외부의 자극을 가지고 정보를 만들어내든 내부의 정보를 가지고 정보를 만들어내든 정보를 만들기 위해서는 우리의 정신자원이 동원되어야 한다. 이러한 정신자원의 동원을 주의(注意, attention)라고 한다. 더 정확하게는 정신자원의 배분(allocation of mental resources)을 주의라고 한다. 주의를 한 대상에 집중할 수도 있지만 몇 가지에 나눠서 사용할 수도 있다. 대화에 온전히 집중할 수도 있지만 걸으면서 혹은 운전을 하면서 대화를 할 수도 있다.

한 가지 일을 반복해서 처리하여 숙달되면 적은 정신자원을 배분해도 그 일을 할 수 있다. 운전의 경우 처음 배울 때는 숙달되지 않아 모든 정신자원을 운전에 집중해야 하지만, 익숙해지면 적은 정신자원만으로도 충분히 운전할 수 있다. 그렇기 때문에 남는 정신자원으로 라디오를 듣거나 옆 사람과 대화도 할 수 있는 것이다. 이렇게 숙달되어 적은 정신자원으로도 충분한 처리를 하게 되었을 때 심리학에서는 그 처리가 자동화(automatization)되었다고 한다.

자극이 있다고 감각하는 것이 아니고 주의를 주어야 감각할 수 있다. 쉽게 말해서 주의 없이는 어떠한 의식경험도 없다. 달리 말하면 주의(attention)를 보내야 주의의 대상을 의식(conscious) 혹은 알아차릴 (aware) 수 있다. 지금 당신의 왼발에 주의를 보내보라. 왼발의 감각이 느껴질 것이다. 차다거나 따뜻하다거나 혹은 축축하다거나 뽀송하다거나 등의 감각을 느낄 수 있을 것이다. 아마도 바로 전 문장을 읽기 전까지는 이런 감각을 느끼지 못하고 있었을 것이다. 주의를 보냈다고 해서 그전까지는 없던 감각이 느껴지는 것은 아니다. 없던 발이 갑자기 생긴 것은 더욱 아니다. 그러나 어떤 대상이든 주의를 보내지 않으면 적어도 의식의 공간(혹은 마음의 무대)에는 없다는 것이다. 앞으로 보겠지만 주의를 원하는 곳에 보내거나 철수하는 능력은 중요한 마음기술이다. 마음을 다루는 마음기술이 결국 주의를 다루는 기술이라고 해도 과언이 아니다.

2. 정보처리용량 제한성

한 번에 동원할 수 있는 정신자원의 용량은 제한되어 있다. 이 말은 우리가 한 번에 처리할 수 있는 정보의 양은 제한되어 있다는 뜻이다. 전화번호를 생각해보면 쉽게 이해할 수 있다. 전화번호 숫자가 7개 정도라면 한 번 들은 다음에 안 보고 말할 수 있을 것이다. 그러나 만약에 전화번호 숫자가 9개, 10개로 늘어난다면 한 번 들은 다음에 안 보고 따라 하기 어려울 것이다. 아래의 각 숫자 배열을 눈으로 보면서 한 번만 밖으로 소리 내서 읽어보라. 그다음 안 보고 똑같이 말로 따라 해보라.

명상·마음챙김·긍정심리 훈련(MMPT) 워크북

253

79386

4036107

870369451

61384276143

당신이 보통 사람이라면 7개 숫자로 이뤄진 숫자 배열까지는 어렵지 않게 따라 할 수 있었겠지만 9개 숫자로 이뤄진 숫자 배열부터는 쉽지 않았을 것이다. 심리학에서는 마음무대(혹은 의식공간)를 작업기억(working memory)이라고 부르는데 그 크기(혹은 용량)는 일반적으로 7 ± 2 청크(chunk)로 나타낸다. 여기서 청크는 의미 있는 것들의 묶음으로 이해하면 된다. 따라서 위에 나열한 숫자는 하나하나가 청크에 해당하겠지만, 만약에 숫자의 묶음이 하나의 의미를 갖는다면 그 숫자의 묶음이 하나의 청크가 된다. 예를 들어, 위의 숫자 나열에서 8703이 당신의 전화번호라면 870369451은 당신에게는 '8703'69451로 6개의 청크가 된다. 아마도 한 번만 듣고도 쉽게 따라할 수 있었을 것이다.

어쨌든 정보처리용량 제한성으로 인해 인간의 정보처리는 선택적일 수밖에 없다. 주변의 외부환경은 많은 자극을 포함하고 있지만 주의를 보낸 일부만이 선택되어 정보의 구성에 사용된다. 또한 나 자신, 즉 내부환경에도 많은 정보가 저장되어 있지만 그 중 일부만이 선택되어 정보의 구성에 이용된다.

정보의 선택에 동기, 인지, 정서 각각의 관련성이 영향을 준다. 배가 고플 때는 배고픔을 해결하려는 동기와 관련된 기억이 더 잘 활성화되고 주변자극들 중에도 음식과 관련된 것들이 더 잘 들어온다. 인지적으로도 관련된 의미의 정보들이 서로를 활성화시켜준다. 의사에 대한 정보처리를 할 때는 간호사에 대한 정보를 떠올리기가 더 쉬워지는데 이런 현상을 점화 효과(priming effect)라고 한다.

정서의 경우에도 기억이 떠오를 때 현재의 기분과 일치하는 내용의 기억이 잘 떠오르는데 이를 기분일치성 효과(mood-congruity effect)라고 한다. 화가 날 때는 화와 관련된 기억이 잘 떠오르고 우울할 때는 우울과 관련된 기억이 잘 떠오르며 불안할 때는 불안과 관련된 기억이 잘 떠오른다. 기분일치성 효과는 정보처리용량의 제한성을 고려할 때 나름 효율적으로 정보처리 하기 위해서 현재의 기분과 일치되는 기억을 떠올리는 방식으로 진화한 결과로 보인다.

만약 정보처리용량에 제한이 없다면 우리의 작업기억은 크게 확장되어 매우 다양한 정보를 담을 수 있으므로 균형감각 있는 공정한 정보처리를 할 수 있을 것이다. 그러나 정보처리용량이 제한되어 있고 게다가 기분일치성 효과까지 가세해서 우리의 정보처리는 균형을 잃고 한쪽으로 치우쳐 극단적인 감정에 빠지게 되고 나중에 후회할 행동을 하는 경우도 적지 않다. 이와 같이 정보처리용량 제한성은 균형감각 있고 합리적인 정보처리를 어렵게 한다. 마치 'winner-gets-all.'처럼 특정한 감정이 활성화되면 마음의 무대는 그 감정 및 그 감정과 관련된 생각들로만 채워지게 된다.

남편과 부부싸움을 할 때 남편이 잘해주었던 기억도 작업기억에 들어올 수 있다면, 남편에 대한 미움이 극단으로 가지는 않을 것이다. 자녀에게 화가 날 때 자녀의 사랑스러운 모습에 대한 기억도 함께 작업기억에 떠오른다면, 과도하게 야단쳐서 나중에 후회하게 되는 일은 없을 것이다. 면접시험에 떨어져서 의기소침할 때 과거에 성공적으로 일을 잘 했던 기억도 작업기억에 함께 있을 수 있다면, 지나친 우울감에 빠지지는 않을 것이다.

정보처리용량 제한성은 인간 정보처리의 부정편향성 효과와도 관련이 있다. 지구상의 모든 생명들은 행복보다 생존을 위해 진화했다. 인간은 생존 이외의 다른 목적을 의도적으로 선택할 수 있는 종이지만 기본적으로 생존이 진화의 큰 압력인 것은 부정할 수 없다. 따라서 정보처리용량 제한성을 감안할 때 생존에 위협이 될 수 있는 부정적인 정보에 더 많은 주의를 보내는 부정편향성을 갖게 되었다. 우리는 느긋하고 태평한 조상의 후손이 아니라 위협에 예민하고 그것에 대처해온 조상의 후손이다. 결과적으로 인간은 자신에게 동기좌절이나 동기좌절예상을 일으키는 정보에 더 민감하게 된다. 따라서 고통(동기좌절)에 더 주의를 보내게 되고 미래를 걱정(동기좌절예상)하는 경향을 갖는다.

이와 같이 정보처리용량 제한성으로 인해 인간이 고통 받는 것을 볼 때 인간에게 원죄가 있다면 정보처리용량의 제한성이 바로 그 원죄라고도 볼 수 있다. 이브가 뱀의 유혹을 받았을 때 작업기억용량이 충분히 커서 하느님의 말씀이 떠오를 수 있었다면 금단의 사과를 따먹지는 않았을 것이다.

그러나 모든 현상은 양면이 있어서 정보처리용량 제한성은 원죄로 볼 수도 있지만 복음의 역할도 한다. 작업기억의 용량이 작기 때문에, 정보를 선택하는 마음기술을 양성하면, 우리는 스스로 자신의 기분을 결정할 수 있다. 즉, 정보처리용량 제한성으로 해서 우리는 원하는 기분 상태를 만들어낼 수도 있는 것이다. 심리적 장애를 겪고 있는 사람들은 자신도 모르게 작업기억에 불안/우울/분노를 부르고 유지하는 마음기술을 사용하는 경우가 많다. 작업기억에서 원하는 정보를 주체적으로 불러오는 마음기술을 양성함으로써 심리적 건강을 회복하고 유지할 수 있다.

4. 마음사회이론

마음사회이론(Mind Society Theory)은 마음을 여러 '나'들로 이루어진 사회로 설명한다(김정호, 2011, 2016, 2018a). 달리 표현하면 나는 여러 '나'들로 이루어져있다. 내 마음은 사회와 같아 그 안에 많은 '나'들이 구성원으로 산다. 각각의 '나'들은 내 마음의 다양한 욕구-생각들을 반영한다.

지킬 박사와 하이드 씨처럼 극단적인 경우는 아니지만 우리 마음에는 여러 '나'들이 살며 하나의 몸을 사용하고 있다. 공부하고 싶은 나도 있고 놀고 싶은 나도 있다. 옹졸한 나도 있고 너그러운 나도 있다. 이기적인 나도 있고 이타적인 나도 있다. 외향적인 모습의 나도 있고 내향적인 모습의 나도 있다.

역사적으로 커다란 공헌을 한 사람들 중에는 매우 상치되는 모습을 가졌던 인물들도 있다. 그들은 위대한 면모 외에 건강하지 못한 모습도 지니고 있었음을 알 수 있다. 프랑스의 위대한 작가이며 사상가인 루소(Jean J. Rousseau, 1712-1778)는 교육소설 『에밀(Emile)』로도 유명하고 당시 계몽주의 사상가들과 함께 프랑스 혁명의 정신적 지주였으며, 페스탈로치(Johann H. Pestalozzi, 1746-1827)에게도 많은 영향을 준 인물이다. 그러나 그는 동시에 모두 다섯 명의 자식을 고아원에 버리기도 했고 자기 집의 가정부와 자기가 부렸던 아랫사람, 그리고 하숙집 딸 등을 성희롱을 한 인물이기도 했다. 링컨(Abraham Lincoln, 1809-1865)이나 처칠(Winston L. S. Churchill, 1874-1965)은 각각 노예해방을 이끌었고 2차 대전의 승리에 크게 기여했던 위인이기도 하지만 내면적으로는 평생 우울에 시달린 사람들이다.

　마음사회이론은 내 마음을 이해하고 관리하는 데 도움을 줌으로써 마음의 건강에 기여한다. 무엇보다 마음사회이론을 갖게 되면 나에 대해 좀 더 객관적인 관심을 갖게 되고 나에 대한 이해와 수용이 커진다. 마음사회이론을 이해하면 내 안의 부정적인 모습을 받아들이는 것이 쉬워진다. 마음은 여러 나들이 사는 사회이므로 부정적인 욕구나 생각이 올라와도 크게 놀라 억누를 필요가 없다. 여러 나들 중 하나일 뿐이기 때문이다. 이성적으로 용납할 수 없는 욕구나 생각이 올라와도 여러 나들 중의 하나, 즉 $1/n$일 뿐이다. 그것이 나 전체일 필요가 없는 것이다. 그러므로 그것을 부정하거나 억압할 필요가 없다. 욕구나 생각은 올라올 수 있는 것이다. 욕구나 생각조차 못하게 한다면 더 큰 부작용을 만나게 된다. 부정하고 억압할 때 그것은 마음 한구석에서 썩어 들어가거나 분노의 칼을 간다. 마음 안의 여러 나들에 대해 있는 그대로 받아들이게 되면 나를 종합적으로 이해할 수 있게 되고 소외되거나 억압받는 나들이 없어지므로 마음의 건강에 도움이 된다.

부정적으로 인식되는 나를 인정하지 않고 비난하면 결과적으로 자존감의 저하에 빠진다. 그러나 마음사회이론은 부정적인 모습도 잘 수용할 수 있으므로 자존감 문제로부터 자유롭게 된다. 또 마음을 사회로 보지 못하면 자기 자신에게 여러 가지 모습이 있다는 것이 모순되게 느껴지고 어떤 것이 진짜 나인가 하는 정체성의 고민을 하게 되는데 이런 고민도 할 필요가 없다.

마음사회이론은 마음을 관리하는 데도 도움을 준다. 마음이 극단적으로 우울이나 불안 또는 분노에 사로잡혔을 때도, 마음은 사회라는 관점을 잘 이해하고 있으면 지금 우울-나, 불안-나, 분노-나가 마음의 무대를 점거하고 있지만 무대 뒤에는 여전히 밝고 건강한 나들이 있음을 인정할 수 있다. 또한 어떤 나도 마음의 무대를 오래 점유할 수는 없음을 잘 알고 현명한 선택을 하거나 주변의 도움을 요청하기가 쉬울 것이다. 극단적인 우울-나 또는 극단적인 분노-나에게 지배 당해 스스로를 해치거나 다른 사람을 해치는 일을 예방할 수 있을 것이다. 이와 같이 마음사회이론을 갖게 되면 심리적 유연성이 높아진다.

마음을 사회로 보는 관점에서 우리에게 필요한 것은 여러 나들을 잘 이해하고 조화롭게 조율해가는 것이다. 어떤 나들이 살고 있는지, 또 각각 다양한 모습의 나들이 어떤 주장들을 하고 있는지 잘 귀를 기울이고 이들이 조화롭게 살아가도록 하는 것이다. 사회에서 구성원들 간의 소통, 즉 개인 간 소통(inter-personal communication)이 중요한 것처럼 내 마음의 사회에서도 나들 간의 소통, 즉 개인 내 소통(intra-personal communication)이 중요하다. 우리는 일반적으로 개인 간 소통에는 비교적 관심을 갖는 편이지만 개인 내 소통에 대해서는 관심이 거의 없다. 내 마음을 여러 나들이 사는 사회로 볼 줄 알게 되면 내 안의 여러 나들 간의 소통에도 관심을 갖게 될 것이다.

A라는 사람 속에 A1호, A2호, A3호 등 수많은 A가 살고 있다. B라는 사람 속에도 B1호, B2호, B3호 등 수많은 B가 살고 있다. 매 순간 나는 어떤 나로 살고 있는지 잘 아는 것이 필요하다. 더 나아가 어떤 때 어떤 나를 사용하는 것이 좋은지 잘 알고 불러내는 운용의 지혜도 필요하다. 마치 영화감독이 각 상황에 따라 필요한 배우를 등장시키듯이, 축구 감독이 상대팀에 따라 선수를 기용하고 배치하며 상황에 따라 선수 교체를 하듯이, 내 안의 여러 나들을 잘 운용하는 것이다.

마음을 사회로 보면 대인관계에도 도움이 된다. 내 안에 수많은 나가 있을 수 있는 것처럼 다른 사람 안에도 여러 나들이 있다는 것을 알고 인정하게 되면 다른 사람들에 대한 이해가 높아진다. 내가 조건과 상황에 따라 각각 다른 내가 나타나는 것처럼 다른 사람도 조건과 상황에 따라 다른 모습이 나타난다. 특정한 조건과 상황에서 나타내는 내 모습만으로 나를 규정하는 것이 옳지 않듯이, 다른 사람에 대해서도 지금 내 눈앞에 보이는 모습만으로 그 사람을 단정 지으려고 하면 공정하지 않다. 오히려 내 앞에서 상대가 부정적인 모습을 보일 때 내가 그 사람의 부정적인 모습을 불러내는 조건을 제공한 것은 아닌지 돌아볼 줄 알게 된다.

다른 사람과의 상호작용에서도 나는 지금 나의 몇 호를 등장시키고 있고 등장한 내가 상대의 몇 호를 불러내고 있는지 잘 아는 것이 필요하다. 평소에 남편이 밉다면, 나는 남편3호만을 보고 있는 것이다. 남편 마음에는 남편3호 말고도 많은 남편들이 살고 있다. 그런데 왜 남편은 내 앞에서 남편3호만을 보여주고 있을까? 내가 많은 남편 중에 남편3호만을 부르고 있는 것은 아닐까? 마음을 사회로 보는 관점을 취하면 나 자신과 상대를 잘 이해하고 대인관계에서의 갈등을 많이 줄일 수 있을 것이다.

아래에 소개하는 〈좋은생각〉의 발행인 정용철 작가의 시 '나는 청개구리'는 내 마음이 사회임을 잘 통찰하고 있음을 보여준다. 우리가 이 정도의 자기인식(메타인지)을 갖추고 있다면 그만큼 성숙하다고 하겠다.

나는 청개구리 (정용철, 〈좋은생각〉 2002년 10월호, 저작권자의 게재 허락 받았음)

나는 믿는다고 하면서 의심도 합니다.
나는 부족하다고 하면서 잘난 체도 합니다.
나는 마음을 열어야 한다고 하면서 닫기도 합니다.
나는 정직하자고 다짐하면서 꾀를 내기도 합니다.
나는 떠난다고 하고서 돌아와 있고 다시 떠날 생각을 합니다.
나는 참아야 한다고 하면서 화를 내고 시원해합니다.
나는 눈물을 흘리다가 우스운 일을 생각하기도 합니다.
나는 외로울수록 바쁜 척합니다.
나는 같이 가자고 하면 혼자 있고 싶고, 혼자 있으라 하면 같이 가고 싶어집니다.
나는 봄에는 봄이 좋다 하고 가을에는 가을이 좋다 합니다.
나는 남에게는 쉬는 것이 좋다고 말하면서 계속 일만 합니다.

나는 희망을 품으면서 불안해하기도 합니다.

나는 벗어나고 싶어 하면서 소속되기를 바랍니다.

나는 변화를 바라지만 안정도 좋아합니다.

나는 절약하자고 하지만 낭비할 때도 있습니다.

나는 약속을 하고 나서 지키고 싶지 않아 핑계를 찾기도 합니다.

나는 남의 성공에 박수를 치지만 속으로는 질투도 합니다.

나는 실패도 도움이 된다고 말하지만 내가 실패하는 것은 두렵습니다.

나는 너그러운 척하지만 까다롭습니다.

나는 감사의 인사를 하지만 불평도 털어놓고 싶습니다.

나는 사람들 만나기를 좋아하지만 두렵기도 합니다.

나는 사랑한다고 말하지만 미워할 때도 있습니다.

흔들리고 괴로워하면서 오늘은 여기까지 왔습니다.

그리고 다음이 있습니다. 내일이 있습니다.

그 내일을 품고 오늘은 이렇게 청개구리로 살고 있습니다.

5. 스트레스와 웰빙의 이해와 관리

1. 스트레스와 웰빙의 원인: 동기, 인지, 행동

스트레스는 동기좌절 또는 동기좌절예상의 동기상태이다. 따라서 스트레스의 원인은 동기를 좌절시키거나 좌절을 예상하게 하는 것들이다. 구성주의에서 봤듯이 우리의 경험은 밖조건과 안조건의 상호작용에 의해 만들어지므로 스트레스의 원인은 밖조건과 안조건으로 나눠진다.

여기서 안조건에 초점을 두고 살펴보면 안조건을 이루는 동기, 인지, 정서, 감각, 행동에서 스트레스의 원인을 찾아볼 수 있다. 이들은 서로 밀접하게 상호작용하며 영향을 준다.

스트레스의 원인으로 생각할 수 있는 첫 번째는 동기다. 동기가 없다면 동기의 좌절이나 좌절예상도 없기 때문이다. 그렇다고 동기를 제거하는 것이 스트레스의 원인을 없애는 첩경은 아니다. 동기가 없다면 동기로 인한 웰빙도 없기 때문이다. 중요한 것은 스트레스의 원인이 되는 동기가 참으로 내가 원하는 동기인가를 분명히 하는 것이다. 진정으로 내가 원하는 것이면 그것으로 인한 스트레스는 감내할 수 있을 것이다. 라캉이 '인간은 타자의 욕망을 욕망한다.'고 했는데, 과연 내가 경험하는 스트레스가 진정으로 내가 원하는 동기의 좌절이나 좌절예상에서 오는 것인가? 누군가 심어놓은 동기 때문에 고통을 경험한다면 억울한 일 아닌가?

또한 동기의 목표 상태가 비현실적이거나 과도한 경우에도 그것을 충족시키기 어렵고 그에 따라 충족예상도 어려워 쉽게 동기좌절이나 동기좌절예상의 스트레스를 구성하게 될 것이다.

스트레스의 원인이 동기인 것처럼 웰빙의 원인 역시 동기다. 동기가 없다면 동기의 충족이나 충족예상도 없기 때문이다. 결국 마음공부를 통해 나의 유한한 삶 속에서 추구할 건강하고 의미 있는 동기를 바르게 알고 추구하는 것이 스트레스를 줄이고 웰빙을 늘리며 동기를 조화롭게 충족시키는 행복에 중요하다.

동일한 밖조건이라고 해도 동원되는 인지에 따라 동기상태는 달라진다. 실직이라는 밖조건을 만난 경우에 경제적 동기의 좌절로 생각한다면 큰 스트레스로 경험될 것이다. 게다가 실직 상태가 오래 지속될 것이라고 생각하게 되면 동기좌절예상까지 겹쳐 스트레스는 더 커지게 된다. 그러나 만약 '그동안 직장을 다니며 별로 보람도 못 느꼈었어. 새로 적성에 맞는 직장을 찾을 수 있는 좋은 기회야!'라고 생각한다면 직장 다니며 경험하던 스트레스가 소멸한 것이고 새로운 직장을 얻을 수 있다는 동기충족예상의 웰빙을 경험할 수도 있다.

동기와 인지의 차이는 행동의 차이를 가져오고, 이것은 다시 동기의 상태와 인지에 영향을 주는 순환적인 관계를 형성하게 된다. 앞으로 MMPT의 마음공부를 통해 건강한 동기와 인지를 양성하는 것이 중요하다.

2. 스트레스와 웰빙의 확대와 지속: 생각

인지는 밖조건 없이 혼자서도 스트레스를 잘 만들어낸다. 특히 동기좌절이나 동기좌절예상을 만들어내는 생각을 많이 하는 것은 생각병이라고 부를 수 있을 정도로 스트레스의 주요한 원인이다. 이미 돌이킬 수 없는 과거에 대한 원망이나 후회를 반추하는 것은 동기좌절을 더 크게 확대하고 더 오래 지속시킨다. 오지 않을지도 모를 미래에 대한 걱정을 반복하는 것은 동기좌절예상을 키우고 지속시킨다. 제8장에서 좀 더 자세히 다루겠지만, 동기유형 중에 회피동기는 특정한 상황이 오지 않을까 늘 전전긍긍하는 동기좌절예상으로 몰고 가는 경향이 있다.

실제 경험하는 동기좌절, 동기좌절예상의 스트레스를 1차 스트레스라고 하면 1차 스트레스를 수용하지 못하고 저항하면서, 즉 1차 스트레스를 놓지 못하고 붙잡으며 지속하는 데서 오는 스트레스를 2차 스트레스라고 할 수 있다. 여기서 우리는 아래와 같은 '스트레스 공식'을 만들 수 있다[2](김정호, 2016).

$$총 스트레스 = 1차 스트레스 + 2차 스트레스$$

(2차 스트레스 = 1차 스트레스 × 저항)

(저항↔수용: 저항은 수용에 반비례함)

주어진 스트레스 경험을 완전히 수용하게 되면 저항값이 0이 되고 그에 따라 2차 스트레스도 소멸하게 되어 우리가 경험하는 총 스트레스는 단지 1차 스트레스만 남게 된다. 1차 스트레스는 시간이 지나면서 소멸하게 된다. 붓다께서는 『잡아함경』에서 두 번째 화살을 맞지 말라고 했다. 첫 번째 화살, 즉 1차 스트레스(혹은 1차 고통)는 누구나 살면서 피할 수 없지만 2차 스트레스(혹은 2차 고통), 즉 두 번째 화살은 자기 자신이 스스로에게 쏘는 화살이므로 피할 수 있다. 그러나 주어진 밖조건이 같을 때 스트레스를 잘 만들어내는 사람은 동기좌절을 수용하지 못하고 계속 곱씹는 반추(rumination)라는 저항을 하며 스트레스를 증폭시키고 오래 지속시킨다.

　미래에 대한 불안과 걱정이 많은 사람은 첫 번째 화살도 맞지 않고 두 번째 화살을 쏘는 사람일까? 그들도 알고 보면 과거 어느 때의 1차 스트레스를 놓지 못하고 지금껏 지속하고 있는 것이다. 그때의 고통을 매우 두려워하며 회피동기를 형성하고 미래에 또 경험하게 되는 것은

---

2 김정호(2016, p.47)의 '고통 공식'에서 고통을 스트레스로 바꿔서 표현했다.

아닌지 끊임없이 생각을 반복해서 돌리며 동기좌절예상 상태에 빠져 있는 것이다.

생각으로 과거와 미래를 오가는 사람은 일종의 시간여행자라고 하겠다. 시간여행 자체가 잘못된 것은 아니다. 과거의 행복했던 기억을 떠올리거나 미래에 있을 즐거운 일을 생각한다면, 즉 과거의 동기충족이나 미래의 동기충족예상을 생각한다면 즐거운 시간여행이라고 하겠다. 과거를 돌아보며 교훈을 찾고 미래를 예상하며 적절한 대비를 한다면 좋은 일이다. 문제는 조정이 안 되는 고장 난 타임머신을 타고 과거의 동기좌절이나 미래의 동기좌절예상을 끊임없이 왔다 갔다 하며 나쁜 시간여행을 하는 것이다. 스트레스에 취약한 사람들은 대부분의 시간 동안 지금을 살지 못하고 생각이라는 타임머신을 타고 과거와 미래를 산다.

스트레스를 잘 만드는 사람들의 또 다른 특징은 여기를 살지 못하고 생각을 타고 다른 곳을 산다. 마치 순간적으로 공간을 이동하는 스페이스머신을 타고 다니는 것 같다. 몸은 카페에서 동창들과 만나서 담소를 나누는 자리에 있는데, 마음은 집에 있는 치매 걸린 시어머니를 생각하며 답답해하고 있다. 몸은 직장의 사무실에 앉아 있는데, 마음은 집에서 공부는 안 하고 컴퓨터 게임만 하는 아들을 걱정하고 있다.

이와 같이 마음이 몸이 있는 시간과 장소에 있지 못하고 다른 시간대, 다른 장소에 있어 몸과 마음이 따로 존재하니 몸은 정신을 잃은 좀비고, 마음은 몸을 떠나 있으니 귀신이라고 하겠다(김정호, 2018a).

생각에 빠져있을 때 지금-여기와 연결되지 못하고 단절된 상태다. 마음이 지금이 아닌 다른 때, 여기가 아닌 다른 곳에 접속하고 있는 것이다. 'Happiness is nowhere.'라고 외치는 사람이 있다면 nowhere를 다음처럼 나눠보라. 'Happiness is now here.'가 된다. 그렇다. 행복은 우리의 마음이 다른 곳, 다른 장소가 아니라 지금-여기에 온전히 연결되고 깨어있을 때 경험할 수 있다.

생각이 문제인 것은 동기좌절이나 동기좌절예상을 만들어낼 뿐만 아니라 확대하고 지속시키기 때문이다. 동기가 없다면 관련된 생각을 하지도 않을 것이다. 앞으로 MMPT의 마음공부를 통해 욕구-생각을 멈추고 지금-여기에 쉬는 마음기술도 배우고, 욕구-생각을 있는 그대로 떨어져서 보는 마음기술도 양성하고, 건강한 욕구와 생각을 확립하고 기르며 사용하는 마음기술도 숙달해서 스트레스를 줄이고 웰빙을 늘릴 수 있도록 하자. 특히 이이제이(以夷制夷), 이열치열(以熱治熱)처럼 생각으로 생각을 다스리는 마음기술을 배워 생각을 통해 스트레스가 아니라 웰빙을 더 확대하고 더 오래 지속할 수 있도록 하자. 이 과정에서 행복과 성장이 따라올 것이다.

3. 스트레스와 웰빙의 원인: 인내력(tolerance)

대체로 현대인은 불편에 대한 인내력이 낮고 그것이 스트레스를 더 많이 더 자주 경험하게 한다. 다른 말로 하면 스트레스의 역치가 낮아 웬만한 일에도 스트레스를 느끼게 되는 것이다.

과거에 우리는 불편에 대해 비교적 편안했다. 겨울에는 추운 것이 당연했다. 집 밖은 물론이고 집 안에서도 웃풍이 셌고, 재래식 화장실에서 볼일 볼 때도 추웠다. 그러나 지금은 한겨울에도 어딜 가나 따뜻하다. 잠시 밖에서 걸을 때를 빼고는 지하철이나 버스 안도 따뜻하다. 여름에는 더운 것이 당연했다. 어느 곳에 가도 더웠고 땀을 흘리는 것이 다반사였다. 그러나 지금은 한여름에도 어딜 가나 에어컨으로 시원하다.

과거에는 미국에 엽서 한 장 부치면 가는 데 일주일 오는 데 일주일 해서 답장 받기까지 보름이 걸렸다. 그러나 지금은 세계 어느 곳에 있어도 즉각적으로 문자를 주고받을 수 있다.

상황이 이렇다보니 현대인은 조금만 불편해도 스트레스를 많이 느낀다. 신체적 불편에 대한 인내력도 낮지만 심리적 불편에 대한 인내력도 낮다. 문자 보내고 금방 답장이 없으면 답답해하거나 초초해한다.

이와 같이 역설적이게도 밖조건이 크게 편리해지면서 우리의 안조건은 인내력이 약해지고 불편에 대한 역치가 낮아졌다. 신체적이든 심리적이든 웬만한 불편함에 대해서는 편안할 수 있는 인내력을 기르는 것이 필요하다.

경험에 욕구-생각을 붙이지 않고 있는 그대로 순수한 감각으로 느끼는 마음기술은 고통 자체를 줄여준다. 마음에 일어나는 어떤 경험도 초연하게 바라보는 마음기술은 경험을 온전히 수용하는 힘을 키워주고 이는 인내력의 증진으로 이어진다. 욕구-생각을 자유롭게 전환하는 마음기술은 불편을 오히려 성장의 기회로 해석해줄 것이다. 앞으로 MMPT의 마음공부를 통해 건강한 동기와 인지를 양성하고 불편이나 고통에 대한 인내력을 키우자.

제 3 장

마음기술: 마음수행법[3]

---

3 이 장에서 다루는 명상과 마음챙김에 대한 설명의 일부는 김정호(2011, 2018b, 2019)에 바탕을 두고 보완한 것이다.

1. 마음기술(마음수행법)의 개관

명상, 마음챙김, 긍정심리는 MMPT를 구성하는 대표적인 마음기술이다. 간단하게 특징을 정리하면 명상은 마음을 쉬는 기술이고, 마음챙김은 마음을 보는 기술이며, 긍정심리는 마음을 쓰는 기술이다. 조금 더 상세히 기술하면 명상은 욕구와 생각을 쉴 줄 아는 마음기술이고, 마음챙김은 내 마음 또는 나를 객관적으로 관찰하는 마음기술이며, 긍정심리는 욕구, 생각, 행동 등을 긍정적으로 사용하는 다양한 전략들로 구성된 마음기술이다. 명상, 마음챙김, 긍정심리는 그림 8처럼 간단하게 도식적으로 나타낼 수 있다.

　욕구와 생각을 쉰다는 것은 욕구와 생각을 멈춘다, 비운다, 내려놓는다 등으로 표현할 수 있는데 명상이 좋다고 욕구와 생각을 쉬기만 해서는 안 된다. 마음을 있는 그대로 바라보는 마음챙김도 단지 마음을 보기만 해서도 안 된다. 욕구와 생각을 쉬는 것도, 또 마음을 있는 그대로 바라보는 것도 욕구와 생각을 잘 쓰기 위함을 잊어서는 안 된다. 욕구와 생각을 잘 쓰는 데 명상과 마음챙김이 도움이 되지만 욕구와 생각을 잘 사용하는 긍정심리의 마음기술을 배우고 연마하는 것도 중요하다. 최근에 명상이나 마음챙김에 대한 긍정적 선호가 높아지는 것은 좋지만 자칫 명상과 마음챙김이 만병통치처럼 여겨지는 것은 피하는 것이 좋겠다.

　명상, 마음챙김, 긍정심리는 전통적으로 마음수행법(mind cultivation)에 해당한다. 최근에 명상에 대한 긍정적 인지도가 높아지면서 명상이라는 용어로 모든 수행법을 대표하는 총칭으로 사용하는 경우가 많다. 이는 마음수행법의 이해에 혼란을 줄 수 있고 마음수행법의 과학적 연

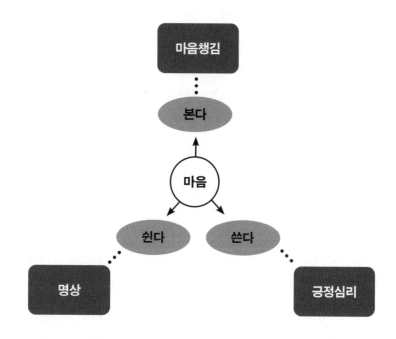

< 그림 8 >　MMPT 마음기술(마음수행법)의 유형: 3가지 기본유형

구를 방해할 수 있으므로 마음수행법의 유형에 대한 정리를 하는 것이 필요하다.

최근에 명상에 대한 긍정적 인지도가 높아지면서 명상이라는 용어의 오남용이 많아진 것 같다. 호흡 명상, 행위 명상, 몸 명상, 소리 명상, 점 명상 등 비사변적인 대상에 주의를 집중하여 생각을 비우는 전형적인 명상(김정호, 1994) 외에 감사 명상, 자비 명상, 죽음 명상 등 방법상 동일한 유형으로 묶기 어려운 수행방법들이 명상으로 불리기도 한다. 자비 명상, 감사 명상까지는 그래도 명상이라는 용어를 사용할 수도 있겠다는 생각이 들다가도 '부자가 되는 명상', '성공을 위한 명상', '다이어트 명상'이라는 용어에 접하게 되면 이런 것들도 명상이라고 해야 하는지 의문이 든다(김정호, 2019). '나는 배가 부르다. 나는 먹고 싶은 게 아무것도 없다.'라며 주문을 외는 것을 명상이라고 할 수 있을까? 미래에 부를 이루는 장면을 그리는 것도 명상인가? 명상이라면 혹은 아니라면 이런 것들은 '주 예수 그리스도여! 자비를 베푸소서.'를 반복하는 만트라 명상이나 '내가 안전하기를, 평화롭기를, 행복하기를.' 등의 자비 문구를 반복하는 자비 명상과는 어떻게 비슷하고 또 어떻게 다른가?

어떤 사람들은 저녁에 가만히 눈 감고 앉아 그날 하루 있었던 일을 정리하는 것이 자신의 명상이라고 말하기도 한다. 이것이 스트레스 관리로 좋을 수 있지만 이런 방식도 명상이라면 삶에 대한 성찰이나 반성과 명상은 어떻게 다른가? 아예 삶에 대한 성찰과 반성도 명상으로 넣는 것이 좋을까?

명상이 가져오는 효과의 기제를 제대로 다루기 위해서는 명상의 유형을 내적 과정에 따라 구분하는 것이 중요하다(김정호, 1994, 1996). 특히 명상에 대한 연구가 확대되면서 또 명상이라는 용어의 오남용이 커지면서 과연 무엇이 명상인지 좀 더 정확한 용어 정의가 필요하게 됐다.

동양에는 마음수양을 위한 다양한 마음수행법이 있었지만 근대 이전까지는 명상이라 용어가 사용되지 않았다. 명상이라는 용어 자체가 없었던 것이다. '명상(冥想)'은 근대에 영어 meditation의 번역어로 일본에서 만든 용어다. 서구에서 meditation은 라틴어 'meditari'에서 왔고, 생각하다(think), 묵상(默想)하다(contemplate) 등의 의미를 갖는다. meditation은 나중에 동양의 다양한 마음수양의 수행법을 지칭하는 데 사용되었다. 밖에서 보기에 말없이 가만히 눈감고 있다고 해서 머릿속에서 동일한 처리를 하고 있는 것은 아니다. 그럼에도 불구하고 동양의 다양한 마음 수행법이 영미권에서 meditation으로 지칭되었고 meditation이 다시 일본에서 명상(冥想)으로 번역되었다. 사정이 이렇다 보니 명상이라는 용어의 개념을 정확하게 정의내리기가 어려워졌다. 이런 상황에서 최근에 명상에 대한 과학적 연구가 급증하고 있는데 내용상 서로 다른 마음수행법들이 동일하게 명상이라고 불리며 연구되는 일이 많다(Young, van der Velden, Craske, Pallesen, Fjorback, Roepstorff, & Parsons, 2018). 마음챙김의 정의 자체도 연구자들마다 다르게 사용되고 있다(Quaglia, Brown, Lindsay, Creswell, & Goodman, 2016). 이것은 마음수행법의 효과와 기제를 이해하는 데 어려움을 준다. 하나의 용어로 담기에는 수행방법들이 서로 너무 다르다. 다양한 수행방법을 정리할 새로운 접근이 필요하다.

다양한 문화적 전통, 특히 종교적 전통에서 마음을 수양하는 수행법이 발달하고 행해져왔다. 수행법의 종류는 다양하고 목적도 조금씩 다르다. 자신의 존재와 우주에 대한 궁극적인 깨달음을 추구하기도 하고 일상생활에서 마음의 평화를 목적으로 하기도 한다. 그러나 기본적으로 수행에는 마음을 조절하는 능력, 구체적으로는 욕구, 생각, 감정 등을 조절하는 능력을 양성하는 것이 포함된다. 이러한 능력은 일반적으로 자기조절(self regulation) 혹은 자기관리(self management)의 능력으로 불리는데 마음조절(mind regulation) 혹은 마음관리(mind management)의 능력이라고 할 수 있다. MMPT에서는 이렇게 마음을 조절하고 관리하는 능력을 마음기술(mind skills)이라고 부른다. 전통적으로는 마음을 수양하는 방법들은 모두 마음을 다루는 능력을 양성하는 방법들로서 마음수행법(mind cultivation)이라는 용어로 묶을 수 있다. 앞에서 MMPT에서는 마음기술을 명상, 마음챙김, 긍정심리 등 3가지 유형으로 구분하며 각각 마음을 쉬는 기술, 마음을 보는 기술, 마음을 쓰는 기술을 뜻한다고 했다. 또한 명상, 마음챙김, 긍정심리는 각각 마음을 쉬는 기술, 마음을 보는 기술, 마음을 쓰는 기술을 양성하는 방법의 의미로 사용될 수도 있다. 이렇게 볼 때 마음수행법은 명상, 마음챙김, 긍정심리의 3가지 유형으로 분류할 수 있다. 전통적인 마음수행법을 포함해서 마음수행법을 도식으로 다시 나타내면 그림 9와 같다. 아래에서는 이들 각각에 대해 전반적으로 살펴보겠다.

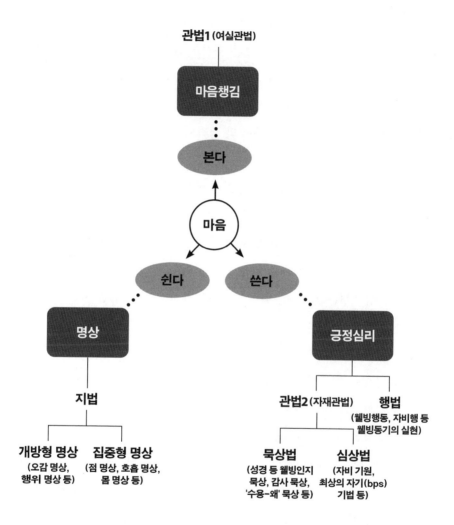

관법1 (여실관법)

마음챙김

본다

마음

쉰다

쓴다

명상

긍정심리

지법

관법2 (자재관법) **행법**
(웰빙행동, 자비행 등
웰빙동기의 실현)

개방형 명상
(오감 명상,
행위 명상 등)

집중형 명상
(점 명상, 호흡 명상,
몸 명상 등)

묵상법
(성경 등 웰빙인지
묵상, 감사 묵상,
'수용-왜' 묵상 등)

심상법
(자비 기원,
최상의 자기(bps)
기법 등)

< **그림 9** > 마음기술(마음수행법)의 유형: 전통적 수행법 분류 포함

2. 명상: 지법(止法)

동양의 전통적 마음수행법에서는 주로 욕구, 생각 등을 비움으로써 마음의 평화를 얻으며 궁극적으로는 자기 자신과 우주에 대한 통찰을 추구한다. 욕구와 생각을 비운다는 말은 쉰다, 비운다, 멈춘다 혹은 내려놓는다는 말로 표현하기도 하는데 전통적으로 이런 수행법을 지법(止法)이라고 부른다. 한마디로 욕구와 생각의 작용을 멈추는 수행법이다. 이러한 전통으로 해서 서양에서도 그렇고 우리나라에서도 일반적으로 명상이라고 할 때는 생각을 하는 것이 아니라 비우는 것이라고 인식하는 경향이 있다. 명상을 하지 않는 사람들도 명상을 통해 복잡한 마음을 고요하게 한다고 이해한다. MMPT에서는 이렇게 욕구와 생각을 비우는 수행법 혹은 마음기술을 '명상'으로 정의한다.

명상에서는 욕구-생각을 멈추기 위해 다양한 방법을 사용하는데 공통적인 특징은 주의를 비분석적 방법으로 집중하는 것이다(김정호, 1996a). 비분석적 방법으로 집중한다는 것은 욕구-생각을 개입시키지 않고 주의를 집중한다는 점에서 명상은 순수한 주의(bare attention)이다(김정호, 2011, 2014).

명상은 순수한 주의를 보내는 대상의 폭에 따라 좁은 경우에는 집중형 명상(zoom-in meditation)으로, 넓은 경우에는 개방형 명상(zoom-out meditation)으로 분류할 수 있다(김정호, 2018b). 여기서 순수한 주의를 보낸다는 것은 주의의 대상에 특정한 욕구나 생각을 붙이지 않고 주의를 보내는 것이다. 집중형 명상과 개방형 명상의 차이는 어느 만큼은 정도의 차이다. 주변의 감각에 마음을 활짝 열고 순수한 주의를 보내는 것이 넓은 개방형 명상이라면, 몸의 감각에만 순수한 주의를 보내는 것은 조금 더 집중형 명상에 가까운 개방형 명상이고, 호흡감각의 변화에만 순수한 주의를 집중하는 것은 더욱 집중형 명상에 가까운 개방형 명상이다. 같은 호흡 명상이라고 해도 호흡의 감각보다는 호흡의 수를 헤아리며 호흡의 횟수에 집중하는 방식의 호흡 명상은 좀 더 집중형 명상이라고 해야 할 것이다. 여기서는 호흡감각에 대한 관찰은 거의 없고 비사변적인 대상에만 주의를 집중하여 욕구와 생각을 차단하는 효과를 얻는다.

1. 집중형 명상

생각은 하지 않으려고 하면 더 떠오른다. 명상에서는 생각과는 무관한 비사변적인 대상에 주의를 집중함으로써 생각을 비운다. 명상에 주로 이용되는 비사변적인 대상은 주로 단순한 감각이다. 대표적인 명상으로 호흡 명상이 있다. 호흡 명상은 호흡에 따라 코나 배에서 느껴지는 감각에 순수한 주의를 모음으로써 생각이 자연스럽게 내려놓아지고 마음이 편안해지는 명상법이다.

몸의 감각에만 주의를 집중하는 몸 명상도 있다. 몸 명상은 몸 전체를 마음의 눈으로 훑는 것 같다고 해서 바디스캔(body scan)으로 불리기도 한다. 호흡 명상도 호흡에 따라 코 안이나 배에서 느껴지는 감각에 집중하는 것이므로 넓게 보면 몸 명상에 속하는 것으로 볼 수 있다.

청각이나 시각의 감각에 주의를 집중하는 명상도 있다. 청각에 집중하는 명상에서는 시냇물 소리나 빗소리 또는 가사 없이 악기로만 연주하는 음악 등에 주의를 집중하는데, 만트라(mantra)라고 하는 특정한 소리를 집중의 대상으로 삼기도 한다. 시각에 집중하는 명상에서는 단순히 작은 점(·) 하나에 집중하기도 하고, 만다라(mandala)처럼 특정한 모양을 주의집중의 대상으로 삼기도 한다.

감각 이외에도 감각에 대한 기억에 해당하는 심상에 집중하는 명상도 있다. '옴 마니 밧메 훔'과 같은 만트라를 소리 내지 않고 속으로 반복하는 것은 청각은 아니지만 청각에 대응하는 청각 심상을 반복적으로 의식에 떠올리는 것이다. 이렇게 심상에 주의를 기울이는 것은 감각에 대한 주의집중과 마찬가지로 비사변적인 대상에 주의를 보냄으로써 생각을 내려놓게 해주는 역할을 한다. 결과적으로 마음의 평화를 가져온다. TM(Transcendental Meditation)이라고도 불리는 초월 명상은 만트라를 속으로 반복하는 대표적인 명상이다.

시각 심상에 집중하는 명상도 있다.[4] 대표적으로 불교 수행법에 속하는 10가지 종류의 까시나(kasina) 수행을 들 수 있다(전현수, 2015). 예를 들어 흰색 까시나 수행을 할 때는 의식공간을 온통 흰색으로 가득 채운다. 전통적인 수행법이 아니더라도 눈을 감고 눈앞에 노란 공을 만들어 보는 것도 시각 심상에 집중하는 좋은 명상이 될 수 있다. 시각 심상이 실제처럼 분명해지도록 만드는 데 모든 주의가 집중되므로 주의집중력이 개발되고 잡생각은 자연히 멀어지게 된다.

수수께끼 같은 화두에 집중하는 간화선(看話禪)은 사변적인 언어를 사용하는 것 같지만 내용적으로는 전혀 생각으로 풀 수 없는 문제에 주

---

4 심상을 사용하는 것은 생각을 사용하는 것으로 분류할 수도 있지만 뒤에 다루는 관법과는 달리 형태가 단순해서 사고 작용이 개입한다고 보기 어렵다. 또 특정한 욕구를 이루기 위한 의도는 없고 다만 일상의 욕구와 생각을 내려놓고 고요히 쉬려는 목적만을 가지므로 명상으로 분류한다.

의를 집중해야 하므로 역설적이게도 생각의 작용을 멈추게 한다.

이상의 방법은 몇 가지가 조합될 수도 있다. 예를 들면 호흡 감각에 주의를 기울이면서 동시에 호흡의 수를 세거나 만트라를 반복할 수도 있다.

집중형 명상에서는 욕구와 생각을 내려놓음으로써 편안한 이완을 얻을 수 있고 궁극적으로는 모든 생각이 끊어진 삼매의 상태를 추구한다. 그러나 집중형 명상에는 관찰의 요소가 없으며 깨어있음의 요소도 없다. 삼매에 들어가면 지금-여기와의 연결도 끊어진다.

2. 개방형 명상

개방형 명상에서는 우리의 욕구와 무관하고 생각과는 관련 없는 비사변적인 대상에 주의를 집중한다는 점에서는 집중형 명상과 유사하지만, 주의를 고정시키지 않는다는 점에서 집중형 명상과 차이가 있다. 한마디로 집중의 대상이 열려 있다.

개방형 명상은 대체로 감각에 주의를 보내며 감각의 대상을 고정시키지 않는다. 또한 감각 대상에 대한 관찰이 포함된다. 카페에 앉아 그곳에서 경험되는 다양한 감각에 마음을 열면 카페의 인테리어, 음악이나 사람들의 대화 소리, 커피 냄새, 커피 맛, 의자의 푹신함 등이 골고루 느껴진다. 어느 하나의 감각에 집중하고 있지는 않지만 의식공간이 감각으로 채워지면서 욕구나 생각은 물러나고 마음의 평화를 경험하게 된다.

건포도 한 알에 모든 주의를 기울여 건포도의 모양, 색깔, 냄새, 맛 등을 느끼는 것도 개방형 명상이다. 카페에 앉아 카페 전체의 감각에 주의를 기울이는 것보다는 집중의 대상이 줄어들었지만 여전히 다양한 감각의 변화에 주의를 보낸다는 점에서 개방형 명상에 속한다.

몸을 움직이는 행위를 하면서 생각을 쉬고 감각에 집중하는 행위 명상도 개방형 명상에 속한다. 행위 명상에는 걷기, 설거지, 이 닦기, 청소하기, 샤워하기, 먹기 등 몸으로 하는 대부분의 행위가 포함된다. 이러한 행위는 이미 충분히 숙달되어 주의가 많이 필요하지 않다. 결과적으로 남아도는 잉여주의가 생각으로 투입되어 잡생각을 만들거나 스트레스의 원인이 되는 과거나 미래의 생각을 만든다. 행위 명상에서는 행위에 따른 감각에 주의를 집중하는데 호흡 명상에서와 마찬가지로 생각을 내려놓게 하여 마음을 편안하게 해준다.

개방형 명상을 통해 경험되는 감각은 나의 욕구나 생각이 개입하지 않은, 즉 위-아래로의 처리(top-down processing)가 개입하지 않은, 아래-위로의 처리(bottom-up processing)의 결과이다. 다시 말하면 순수한 주의(bare attention)에 따라 경험되는 감각이다.

3. 마음챙김: 관법(觀法)1

1. 마음챙김이란?

마음챙김(sati, mindfulness)은 자신의 경험을 있는 그대로 바라보는 특수한 형태의 주의, 즉 순수한 상위주의(bare meta-attention)다(김정호, 2011, 2014, 2016). 마음챙김은 주의에 대한 주의, 즉 상위주의(meta-attention)이고 있는 그대로의 객관적 관찰이므로 순수한 주의(bare attention)다. 이러한 순수한 상위주의를 동양의 수행전통에서는 반조(返照) 또는 자심반조(自心返照)라고 한다. 마음챙김은 경험에 대한 관찰이다. 지금-여기서 경험하는 것을 있는 그대로 바라보는 관찰이다. 경험은 내 마음의 공간에서 일어나는 사건, 현상이므로 마음챙김은 지금 여기서 마음에서 일어나는 사건, 현상을 있는 그대로 관찰하는 것이다(김정호, 1995, 1996b, 2004). 또 경험을 관찰한다는 것은 그러한 경험을 하는 나에 대한 관찰이므로, 마음챙김은 나에 대한 객관적 관찰이기도 하다. 내가 지금 어떤 상태인지, 무엇을 하고 있는지에 대한 객관적인 관찰이다.

마음챙김은 전통적으로 관법(觀法)으로 분류되는 사념처(四念處) 수행 또는 위빠싸나(vipassana) 수행의 형태로 수행된다. 뒤에 다루는 심상이나 묵상을 사용하는 수행법도 관법(觀法)으로 불리므로 마음을 있는 그대로 보는 마음챙김의 관법(觀法)은 '관법(觀法)1' 또는 '여실관법(如實觀法)'이라고 명명해서 구분한다(김정호, 2019).

마음챙김을 언급할 때 알아차림이라는 용어를 사용하기도 한다. 주의(attention)를 보내면 의식(consciousness) 또는 알아차림(awareness)이 따라온다. 마치 보는 행위를 하면 보는 경험을 하는 것과 같다. 마음챙김은 특수한 주의(attention)이므로 마음챙김을 하면 특수한 의식(consciousness) 또는 알아차림(awareness)이 수반한다. 그냥 알아차림이 아니라 마음챙김의 알아차림(mindful awareness)이 수반한다. 좀 더 자세히 표현하면 마음챙김의 순수한 상위주의(bare meta-attention)를 보내면 순수한 상위의식(bare meta-consciousness) 또는 순수한 상위알아차림(bare meta-awareness)이 수반한다. 이것을 '순수한 자각'이라고 표현해도 좋다. 대상에 주의를 보내면 모양과 색, 소리, 냄새, 맛, 촉감 등을 알게 된다. 알게 된다는 말이 의식한다는 뜻이고 알아차림한다는 뜻이다. 내 마음에 주의를 보내면 무엇을 감각할 때 감각하고 있음을, 어떤 감정을 느낄 때 감정을 느끼고 있음을, 어떤 생각을 할 때 생각을 하고 있음을, 무엇을 욕구할 때 욕구하고 있음을 알게 된다. 습관적으로 편의상 '마음챙김의 알아차림'을 그냥 '알아차림'이라고 말하더라도 그 알아차림은 나의 알아차림에 대한 알아차림(awareness of my own awareness), 즉 상위알아차림(meta-awareness)이며 동시에 순수한 알아차림(bare awareness)이므로 순수한 상위알아차림(bare meta-awareness)임을 잊지 말아야 할 것이다.

주의의 유형과 의식(또는 알아차림)의 관계를 정보처리 유형에 따라 정리해 보면 아래의 표 2와 같고, 이것을 도식적으로 표현하면 그림 10과 같다.[5]

정보처리 유형	(정보처리에 동원되는) 주의	(주의에 수반하는) 의식(= 알아차림)
일반적 정보처리	일반적 주의	일반적 의식
상위정보처리	상위주의	상위의식
명상	순수한 주의	순수한 의식
마음챙김	순수한 상위주의	순수한 상위의식(= 순수한 자각)

< 표 2 > 정보처리 유형에 따른 주의의 유형과 주의에 수반하는 의식의 유형

종이에 손을 베고 "아야!"라고 소리칠 때 자신의 통증에 주의가 주어져 있고 통증을 의식하고(알고, 알아차리고, 감각하고) 있다. 그러나 다른 사람

---

5   〈표 2〉와 〈그림 10〉은 각각 김정호(2011, p.33)의 표와 그림을 조금 더 발전시킨 것이다.

마음챙김 = 순수한 상위주의 = 욕구와 생각을 내려놓은 상위주의

의식(consciousness) = 알아차림(awareness)

의식의 내용: 동기, 인지, 정서, 감각, 행동

순수한 상위의식(순수한 상위알아차림) = 순수한 자각

< 그림 10 > 주의의 유형과 주의에 수반하는 의식의 유형의 관계

이 아파하고 있음을 보듯이 자신이 아파하고 있음을 보고 있지는 않다. 자신이 아파하고 있음을 알고 있지는 않다. 즉, 마음챙김의 순수한 상위주의는 없다. 자신의 부주의함에 짜증이 나서 "아, 짜증나!"라고 소리칠 때 자신의 정서 상태에 주의가 주어져 있으며 자신이 짜증남을 의식하고(알아차리고, aware) 있다. 누가 곁에서 짜증나냐고 물으면 짜증난다고 말할 것이다. 그러나 다른 사람이 짜증내는 것을 보듯이 자신이 짜증내고 있음을 보고 있지는 않다. 자신이 짜증내고 있음을 떨어져서 보고 있지는 않다. 즉, 마음챙김의 순수한 상위주의는 없다. 마음챙김은 내 마음 '을' 보는 것이다. 그것도 순수하게 내 마음을 보는 순수한 상위주의다. 마음챙김이 없을 때 우리는 다만 마음 '에서' 세상을 본다. 짜증에서 세상을 보는 것과 짜증을 보는 것은 분명히 다르다.

마음챙김은 또한 있는 그대로의 객관적 관찰이므로 수용, 즉 받아들임(acceptance)을 내포하고 있다(김정호, 2010, 2011, 2016). 있는 그대로 본다는 것은 대상을 내 마음대로, 즉 내 욕구나 생각으로 이리저리 변형시키는 것이 아니고 있는 그대로를 받아들이는 것이다. 마음에 불안이 일어날 때 불안으로부터 도망가거나 불안을 없애려고 하는 것이 아니라 불안을 있는 그대로 바라보는 것이다. 마음에 화가 나타날 때 화를 표출해버리거나 억제하는 것이 아니라 화에서 떨어져서 화를 객관적으로 관찰하는 것이다. 대상에 대한 받아들임이 되어 있다면 그 대상을 있는 그대로 볼 수 있게 될 것이다. 이렇게 볼 때, 마음챙김을 동전이라고 한다면 한쪽 면은 있는 그대로 바라봄이고, 다른 쪽 면은 받아들임이다.

관찰은 순간적으로 이뤄질 수도 있지만 일정한 시간 동안 지속되어야 제대로 관찰할 수 있다. 따라서 마음챙김은 조명탄처럼 순간적으로만 마음의 공간을 비췄다가 사라지는 것이 아니라 지속될 수 있어야 한다. 이렇게 볼 때 마음챙김은 '순간 마음챙김'과 '지속 마음챙김'으로 나눌 수도 있다. 지속적 마음챙김이 될 때 우리는 마음의 현상에 대한 인내력(tolerance)도 갖추게 된다. 마음에 불안, 우울, 분노 등의 부정정서가 자리 잡고 있어도, 마음의 어떤 불편함이 있어도 마음챙김할 수 있을 때 그러한 불편함과 함께 있을 수 있는 힘, 즉 인내력을 갖고 있는 것이다. 마음챙김과 함께 불편함을 버터내는 힘, 삶의 맷집을 키우는 것이다.

그러나 현실적으로 경험을 떨어져서 보려고 해도 어떤 경험은 마치 강한 자석에 쇠붙이가 끌려가듯이 자꾸 습관적으로 끌려가서 경험 안에 매몰된다. 특히 중독행동과 관련된 충동처럼 강한 욕구가 관련되었거나 오랜 습관으로 자동화된 처리로 만들어지는 경험의 경우에 그러하다. 거리를 만들 수 있어야 볼 수 있는데 마음챙김의 힘과 기술이 상대적으로 약할 때는 마음이 만들어내는 경험을 지속적으로 보기가 어렵다.

다행히 비록 지속적 마음챙김은 못하더라도 순간적으로라도 마음챙김을 할 수 있으면 마음챙김의 유익함을 얻을 수 있다. 마치 조명탄처럼 순간적으로만 마음의 공간을 비췄다가 사라지더라도 마음상태를 알아차림 할 수 있으면 현명한 선택을 하는 데 도움을 받을 수 있다. 특히 스트레스 상태에서 습관적인 불건강한 대처로 가지 않고 의도적으로 더 나은 대처를 할 수 있다.

마음챙김은 실무율(悉無律, all-or-none)적이지 않다. 마음챙김은 반복하고 숙달하면 증진되고 사용하지 않으면 약화되는 힘이고 기술이다. 생활 속에 마음챙김을 늘 지속하지는 못해도 간헐적으로라도 꾸준히 실천하면 하는 만큼 마음챙김의 빈도가 늘어나고 마음챙김의 힘과 기술을 증진시킬 수 있다.

2. 마음챙김이 아닌 것

우리는 내가 아닌 다른 사람이나 밖의 현상을 관찰하는 데는 익숙하지만, 나에 대한 관찰에는 낯설다. 나에 대한 관찰을 하더라도 특정한 욕구나 생각이 개입된 관찰이다. 그러나 이 경우도 자세히 보면 관찰이라기보다는 지나간 상태나 행위에 대한 판단이나 평가인 경우가 대부분이다. 지하철에서 멋진 남성을 보고 연애하고 싶다는 욕구와 생각이 일어났고, 그것을 알아차리고는 그것에 대해 스스로 죄책감을 느낀다면 그것은 마음챙김이 아니다. 이미 벌어진 마음의 작용에 대한 판단이며 평가이므로 있는 그대로 보는 마음챙김이 아니다.

지금 마음에서 경험되는 것에 대한 즉시적 관찰이라고 해도 현재의 상태나 행위에 대한 판단이나 평가가 포함되면 마음챙김이 아니다. 이런 평가적 관찰의 경우 대체로 부정적으로 작용한다. 예를 들면, 발표불안이 있는 사람이 여러 사람들 앞에서 발표를 하게 되었을 때 다리가 떨리고 불안해지는 것을 느끼게 되는데, 자신이 그런 상태에 있음을 보지만 있는 그대로 보고 있지 못하다. '떨면 안 돼, 불안해지면 안 돼.' 등의 욕구가 개입하고 있다. '이러다가 발표를 망치고 사람들의 웃음거리가 될 거야.'라는 생각이 개입하고 있다. 이렇게 되면 더욱 긴장하고 불안이 솟구치게 된다. 이런 자기관찰은 마음챙김이 아닐 뿐만 아니라 오히려 역기능적이다. 차라리 자기 자신을 보지 않고 그냥 발표할 내용에만 주의를 주고 발표를 하는 것이 낫다. 자기 자신에 대한 순수한(bare)

명상·마음챙김·긍정심리 훈련(MMPT) 워크북

관찰이 아니라 욕구와 생각이 개입하고 있는 관찰이다. 순수한 주의 (bare attention)가 아니라 신경증적 주의(neurotic attention)를 사용하고 있는 것이다(김정호, 2011).

자기 자신의 행위를 돌아보고 숙고하고 반성함으로써 자기를 향상 시키는 방법은 마음챙김처럼 자기객관화이지만 마음챙김처럼 동시진 행적이지 않고 사후적이다. 마음챙김은 동시자기객관화, 숙고와 반성 은 지연자기객관화라고 부를 수 있다(김정호, 2011). 글을 쓰든 혹은 가까 운 사람이나 상담자와의 대화를 통해서든 사후적으로 자신을 돌아보고 객관화하는 것은 긍정적인 행위지만 마음챙김은 아니다(김정호, 2011).

마음챙김은 순수한 상위주의(bare meta-attention)로서 순수한 상위 의식(bare meta-awareness), 즉 순수한 자각을 수반하게 된다. 즉, 마음챙김 은 지금-여기에서의 마음작용에 대한 주의이고 이러한 주의에 따라 지 금-여기에서의 마음작용에 대한 순수한 자각이 수반된다. 상위주의가 보는 행위라면 상위의식은 보는 경험이다. 그런데 종종 상위의식의 의 미로 메타인지, 즉 상위인지가 사용되기도 한다. 그러나 마음챙김은 반 드시 상위인지를 일으키지는 않는다.

메타인지는 인지에 대한 인지(cognition about cognition)이다(Flavell, 1979). 기본적으로 메타인지는 자신의 인지적 특성에 대한 앎이다. 지금 의 경험에 대한 알아차림이 아니다. 예를 들면, 자신이 사람 이름에 대 한 기억이 약하다고 아는 것은 메타인지다. 자신의 기억이라는 인지의 특성에 대해 알고 있는 것이다. 이런 메타인지가 있으면 사람을 처음 만 나고 이름을 듣게 되면 종이에 적어두는 방식으로 자신의 이름 기억의 약점을 보완하려고 할 것이다. 혹은 내일 아침에 학교 준비물로 농구공을 가져가야 할 때 자신이 아침에 농구공 생각을 못할 것이라고 자신의 인지적 특성에 대해 아는 메타인지가 있으면 신발 신는 곳에 농구공을 미리 놓아 둘 것이다. 이와 같이 메타인지는 마음챙김과는 관련이 없다.

그러나 마음챙김을 잘 하면 자기 자신의 인지적 특성에 대해 더 잘 알게 되기 때문에 메타인지가 좋아질 수 있다는 말은 할 수 있다. 더 나아가 메타인지를 자신의 인지에 대한 인지만이 아니라 자신의 동기, 정서, 성격 등의 특성에 대한 앎으로까지 확장해보면 마음챙김은 이러한 모든 의미에서의 메타인지의 능력을 높이는 데 기여할 수 있을 것이다.

마음챙김을 설명할 때 정신화(mentalization)와의 관계를 궁금해하기도 한다. 정신화는 타인의 행동 뒤의 마음의 상태에 대한 추론이다. 따라서 마음챙김이 정신화는 아니다. 그러나 마음챙김이 정신화를 도울 수는 있다. 일반적으로 정보처리는 위-아래처리(top-down processing), 즉 자신의 욕구, 사전지식, 선입관 등의 작용에 영향을 많이 받으므로 타인과의 상호작용에서 자신의 마음의 작용을 잘 볼 줄 알고 위-아래처리를 중지할 줄 알면 타인에 대한 바른 이해에도 도움이 된다.

때로 하버드 대학의 엘렌 랭어(Ellen Langer, 1989, 1997)가 제안한 마음챙김을 전통적인 마음수행법의 마음챙김과 같은 마음챙김으로 이해하는 경우도 있다. 비록 영어로 'mindfulness'라는 용어를 사용하지만 랭어(Langer)의 마음챙김은 불교적 전통을 갖는 마음수행법으로서의 마음챙김은 아니다(김정호, 2004a, 2018). 랭어(Langer)의 마음챙김은 다음의 특징을 갖는다. 1) 새로운 것에 대한 열린 자세(openness to novelty), 2) 차이에 대한 깨어있음(alertness to distinction), 3) 서로 다른 맥락에 대한 민감성(sensitivity to different contexts), 4) 다양한 조망에 대한 알아차림

(implicit, if not explicit, awareness of multiple perspectives), 5) 현재에 대한 지향 (orientation in the present). 랭어(Langer)의 마음챙김이 비록 전통적인 마음 수행법은 아니지만 충분히 마음수행법이고 마음기술이다. 대체로 긍정 심리의 마음기술을 많이 포함한다.

3. 미시 마음챙김(=안으로 마음챙김) vs. 거시 마음챙김(=밖으로 마음챙김)

마음챙김은 내 마음의 관찰이지만 관찰 대상의 차원에 따라 미시 마음 챙김과 거시 마음챙김으로 나눌 수 있다(김정호, 2016, 2018). 거시 마음챙 김은 거시적 차원에서 전반적으로 내 몸과 마음이 어떤 상태에 있는지, 어떤 행위를 하고 있는지(예: 앉아 있음, 서 있음, 듣고 있음, 생각함, 걷고 있음 등) 있는 그대로 떨어져 보는 것이다. 미시 마음챙김은 미시적 차원에서 그 상태나 행위의 내용에 해당되는 마음의 대상을 낱낱이 나눠서 떨어져 보는 것이다.

　내가 불안할 때 불안한 줄 아는 것이 거시 마음챙김이고, 그때 내 마음에서 어떤 욕구, 생각, 감정이 일어나고 있는지, 몸의 어느 부위에 서 어떤 감각이 느껴지는지 등 세세한 경험을 하고 있음을 아는 것이 미 시 마음챙김이다. 샤워를 하며 물소리, 샴푸 냄새, 물의 온도와 감촉 등 감각이 세세하게 경험될 때 그런 경험을 하고 있음을 잘 알고 그때 기분 좋음을 느끼면 그런 기분을 느끼고 있음을 잘 아는 것이 미시 마음챙김 이라면, 샤워를 하며 이런 감각들과 이런 감정을 느끼며 샤워하고 있음 을 아는 것이 거시 마음챙김이다.

　마음챙김을 수행할 때는 미시 마음챙김과 거시 마음챙김이 함께 이루어져야 온전한 마음챙김 수행이다. 자신을 떨어져서 보는 것만으로 마음챙김하는 것으로 여긴다면 자칫 이인증(離人症, depersonalization)의 해리장애 (解離障礙, dissociative disorder)와 비슷해질 수도 있다. 경험을 세세하게 온전히 느끼면서 떨어져 볼 수 있어야 한다. 마음챙김은 역설적이게도 한편으로는 나를 객관화하며 나로부터 떨어지지만 다른 한편으로는 나의 몸과 마음에 더 가까워지고 친밀해진다.

참고로 마음챙김을 최초로 설명한 「대념처경」에는 마음챙김을 설명할 때 '안으로 마음챙김'과 '밖으로 마음챙김'이 늘 함께 언급된다(각묵, 2004). 경전에서는 충분히 설명되지 않아 학자들마다 주장이 다르지만, 안으로 마음챙김은 미시 마음챙김으로, 밖으로 마음챙김은 거시 마음챙김으로 볼 수 있다(마음챙김에서의 안과 밖의 문제에 대한 논의는 김정호(2004c)를 참조). 하나의 경험을 하면서도 그 경험을 미시적 및 거시적으로 동시에 마음챙김하는 것이 온전한 마음챙김이기 때문에, 붓다는 마음챙김을 설명할 때 언제나 안으로 및 밖으로 마음챙김을 해야 한다고 설명한 것으로 보인다.

4. 긍정심리: 관법(觀法)2 & 행법(行法)

1. 긍정심리란?

기존의 심리학이 인간의 마이너스(-) 상태를 제로(0) 상태로 만드는 것에 관심이 있었다면, 긍정심리학은 제로 상태를 플러스(+) 상태로 만드는 것에 관심이 있다. 또한 마이너스 상태를 플러스 상태로 만드는 것에 관심이 있다.

긍정심리학에서는 문제에 초점을 두기보다는 인간의 잠재력을 개화시키고 건강한 동기를 실현시키는 데 초점을 둔다. 심리적 문제로 고통 받는 사람들을 도울 때도 심리적 문제의 해결만이 아니라 잠재력의 실현을 목표로 삼는다. 예로부터 동양에서는 진기(眞氣)가 있는 곳에 사기(邪氣)는 살 수 없다고 했다. 불건강을 없애려고 하기보다 건강을 증진시키는 방법을 선호했다.

긍정심리학을 소개할 때 나는 '욕실의 곰팡이' 비유로 긍정심리학을 설명한다. 욕실에 곰팡이가 핀다. 세제를 묻혀 솔로 닦아낸다. 닦아도 또 며칠 지나면 다시 곰팡이가 핀다. 곰팡이를 제거하기 위해 여러 가지 방법을 연구한다. 그 결과 새로 개발한 재료로 만든 세제를 사용해서 닦고 나면 곰팡이가 피지 않는 기간이 더 길어서 욕실이 더 오래 깨끗하다. 또 연구를 한 결과 새롭게 만든 솔을 사용하면 곰팡이가 더 잘 닦인다. 또 연구를 한 결과 직선으로 닦기보다 곡선으로 닦으면 곰팡이가 더 쉽게 닦인다. 이러한 노력이 욕실의 곰팡이를 다루는 한 방법이다.

이때 전혀 새로운 접근이 있다. 곰팡이가 핀 곳에 초점을 두고 그곳에서 곰팡이를 제거하려고 애쓰는 것이 아니라 곰팡이가 핀 곳과는 전혀 관계없는 곳, 남쪽 벽에 창문을 낸다. 햇빛이 들어오고 통풍이 된다. 더 이상 곰팡이가 피지 않는다. 이제 곰팡이를 제거하기 위해 어떤 세제 또는 어떤 솔을 사용하는 것이 더 좋은지, 혹은 어떤 방법으로 닦는 것이 더 좋은지 등에 대한 연구와 논의는 의미를 잃어버린다. 곰팡이 자체가 피지 않기 때문에 어떤 세제를 사용해야 하는지, 무슨 솔을 사용해야 하는지, 어떤 방법으로 닦아야 하는지 등이 전혀 의미가 없어진다.

정신과에서 오랜 기간 치료를 받고 약물도 복용했지만 자주 재발

하는 우울증으로 힘들어하던 여성이 있었다. 어느 날 그녀의 가까운 친구로부터 그 친구의 오빠가 사고로 사망했다는 전화를 받고 친구에게 달려가 돕기 시작했다. 장례절차도 도와주고 밤에는 혼자 있기 힘들어하는 친구를 위해 함께 있어 주었다. 장례기간 동안 친구를 도와주고 자신의 삶으로 돌아온 그녀는 문득 자신의 우울증이 사라진 것을 깨닫게 되었다. 어떤 치료나 약물을 복용한 것이 아니다. 친구를 돕고자 하는 마음, 따뜻한 자비의 마음이 활성화되면서 우울의 마음이 물러간 것이다. 우울에서 벗어나려고 애를 쓴 것이 아니었다. 마음 안에 있는 건강한 동기, 사람들의 고통에 공감하고 도우려는 따뜻한 동기가 활성화되고 실현된 것이다. 건강한 동기가 실현될 때 우리 마음에는 건강한 에너지, 진기(眞氣)가 충만해지며, 사기(邪氣)가 물러가게 된다.

잠재력을 개화시키고 건강한 동기를 실현하는 것은 건강과 행복을 가져오고 그 결과 불건강과 고통을 감소시키고 제거하는 데 도움이 될 뿐만 아니라 불건강과 고통을 예방하는 데도 기여한다. 상담이나 심리치료를 할 때도 내담자의 문제에만 초점을 두고 과거의 고통스러운 경험만을 탐색할 것이 아니라 행복한 경험도 탐색할 필요가 있다. 어떤 동기의 충족이 행복을 가져왔는지 알 수 있게 된다. 내담자는 문제를 갖고 있고 고통이 있지만 여전히 충족시키면 진기(眞氣)를 얻을 수 있는 건강한 동기를 지니고 있다. 내담자와 함께 내담자의 남쪽 벽을 찾아 창문을 내야 한다. 내담자가 건강한 동기를 찾고 추구할 수 있도록 도와주는 긍정심리접근의 상담, 심리치료가 되어야 한다. 가급적이면 심리적 문제가 발생하기 전에 건강한 동기를 찾고 추구하며 웰빙을 늘리는 것이 좋다. 우리 속담에 '쌀독에서 인심난다'고 했다.[6] 마음이 건강하고 행복하면 여유 있게 행동하게 되고 스트레스도 잘 받지 않게 된다.

2. 긍정심리의 중재기법

MMPT에서는 긍정심리학의 관점에서 욕구와 생각을 적극적으로 활용하여 잠재력을 개화시키고 건강한 동기를 실현하여 웰빙의 증진을 가져오는 중재기법들을 '긍정심리'의 마음기술로 규정한다.[7] 건강한 욕구와 생각은 건강한 행동으로 이어지므로 긍정심리의 중재기법은 행동을 포함한다.

긍정심리의 마음기술은 이이제이(以夷制夷)의 기법이고 이열치열(以熱治熱)의 기법이다. 오랑캐를 오랑캐로 다스리고 열을 열로 다스리는 것이다. 욕구와 생각으로 인해 생기는 고통을 욕구와 생각으로 다스리는 방법이다. 욕구와 생각을 잘 사용함으로써 욕구와 생각을 잘못 사용해서 오는 고통을 미리 예방한다. 긍정심리의 마음기술을 통해 우리는 욕구와 생각을 잘 사용하는 '지혜로운 나'를 양성할 수 있다.

전통적 마음수행법 중 상당 부분이 긍정심리의 마음기술에 속한다. 욕구와 생각을 멈추는 명상, 즉 지법(止法)과는 반대로 욕구와 생각을 적극적으로 사용하는 관법(觀法)이 여기에 속한다. 여기서 말하는 관법은 앞에서 소개한, 마음을 있는 그대로 바라보는 마음챙김의 관법(觀

---

6 지역에 따라서는 '곳간에서 인심난다'는 표현을 쓰기도 한다.

7 넓은 의미의 긍정심리에서는 명상과 마음챙김도 인간의 잠재력을 개화시키고 웰빙 증진을 가져오므로 긍정심리에 포함할 수 있다. 다만 명상과 마음챙김의 특성상 욕구와 생각을 사용하는 긍정심리의 마음기술들과는 구분되는 점이 크므로 별도의 마음기술로 분류한다.

法)이 아니다. 그러나 동일하게 관법이라는 용어를 사용하므로 혼동할 수 있다. 김정호(2019)는 욕구와 생각을 사용하는 관법에서 심상을 많이 사용하므로 '심상관법(心象觀法)'이라고 명명했었다. 그러나 욕구와 생각을 사용하는 관법은 심상법 외에도 묵상의 방법을 많이 활용하므로 관(觀)을 자재(自在)롭게 사용하는 관법이라는 의미로 '자재관법(自在觀法)' 또는 '관법(觀法) 2'로 명명하는 것이 좋겠다.

관(觀)이란 '보는 눈'이라고 할 수 있다. 보는 눈은 욕구와 생각에 의해 만들어진다. 돈이 중요하다는 믿음과 함께 돈의 욕구가 큰 사람은 사람과 상황을 돈의 눈으로 본다. 자비의 욕구와 생각으로 가득한 테레사 수녀(Mother Teresa, 1910-1997)는 사람과 상황을 자비의 눈으로 봤을 것이다. 관(觀)은 '관점'이기도 하다. 특정한 관을 갖는다는 것은 특정한 관점을 갖는다는 것이다. 우리 인간은 관점을 갖지 않고 살 수는 없다. 북한산을 볼 때 우이동에서 보든 구파발에서 보든 비행기에서 보든, 관점을 갖지 않고는 북한산을 볼 수 없다. '돈의 눈'이든 '자비의 눈'이든 눈이 없으면 볼 수 없다. 욕구와 생각이 관(觀)을 만든다. 건강한 욕구와 생각을 확립하고 사용하는 것이 긍정심리의 마음수행법이고 마음기술이다.

'자재관법(自在觀法)'은 욕구나 생각을 적극적으로 활용하여 마음의 건강한 덕목(사랑, 자비, 관대함 등)을 양성하고 불건강한 욕구와 생각을 버리거나 감소시키는 수행법이다. 초기불교에서는 몸에 대한 탐착심을 끊기 위해 몸의 더러움과 무상함을 깊이 숙고하는 백골관(白骨觀)이나 부정관(不淨觀)을 수행했다. 또 현대에도 많이 수행되는 자비관(慈悲觀)은 나뿐만 아니라 다른 존재에 대한 자비심을 기르기 위해 적극적으로 심상을 활용해서 자비의 마음(욕구)을 일으킨다. 자비관은 자비행(慈

悲行)으로 이어진다. 이밖에도 불교에는 많은 관법수행이 있다. 예를 들면, 『관무량수경(觀無量壽經)』은 일상관(日想觀) 등 시각 심상에 집중하는 십육관법(十六觀法)을 담고 있는데, 십육관법은 정토(淨土)에 태어나는 것을 목적으로 아미타불의 몸이나 정토의 심상을 떠올리는 수행이다. 기독교에서는 『성경』의 말씀을 침묵과 함께 깊이 생각하는 묵상(默想)을 통해 바른 삶의 자세를 양성하고 실천하도록 하고 있다. 유교에서는 성현의 말씀을 담은 유교경전을 소리 내어 읽기, 일일삼성(一日三省) 등의 수행법을 통해 마음을 수양해왔다.

MMPT의 긍정심리에는 욕구와 생각을 사용하는 전통적인 다양한 관법(觀法) 및 행법(行法)의 수행법 외에 현대 심리학에서 발전하고 있는 긍정심리중재법들이 포함된다. 긍정심리의 주요 중재기법으로 다음과 같은 프로그램 또는 치료법이 있다. 포다이스(Fordyce)의 행복훈련 프로그램(Fordyce, 1977, 1981, 1983, 1988), 파바(Fava) 등의 웰빙치료(well-being therapy)(Fava, 1999; Fava, Rafanelli, Cazzaro, Conti, & Grandi, 1998; Fava & Ruini, 2003), 페세스키안(Peseschkian) 등의 긍정심리치료(positive psychotherapy)(Peseschkian, 1997; Peseschkian & Tritt, 1998), 셀리그먼(Seligman) 등의 긍정심리치료(positive psychotherapy)(Seligman, Rashid, & Parks, 2006); 류보머스키(Lyubomirsky)의 행복증진기법(Lyubomirsky, 2007), 문제해결중심치료(solution-focused therapy)(de Shazer, 1985; Berg, 1994; O'Connell & Palmer, 2003); 로페즈(Lopez) 등의 희망치료(hope therapy)(Lopez, Floyd, Ulven, & Snyder, 2000), 동기인지행동치료에 바탕을 둔 통합동기관리(김정호, 2009, 2015; 박수진, 김정호, 김미리혜, 2017; 장지혜, 김정호, 김미리혜, 2017), 웰빙인지기법(고은미, 김정호, 김미리혜, 2015; 김정호, 2000, 2015; 김정호, 김선주, 1998a,

2007; 민경은, 김정호, 김미리혜, 2014; 박은빈, 김정호, 김미리혜, 2020), 웰빙행동기

법(김정호, 2000, 2015; 김정호, 김선주, 1998b, 2007; 김정호, 신아영, 김정은, 2008),

네프(Neff) 등의 마음챙김 자기자비(Mindful Self-Compassion)(Germer, 2009;

Neff, 2003, 2011/2019), 자비중심치료(Compassion Focused Therapy, Gilbert,

2010/2014), 나-지-사 기법(용타, 1997). 이밖에도 감사하기, 음미하기, 친

절의 실천, 강점활용전략 등의 기법이 있다. MMPT에서는 임상장면에

서 적용할 수도 있지만 일상생활에서 누구나 쉽게 적용할 수 있는 웰빙

초점기법, 웰빙행동기법, 웰빙인지기법, 웰빙동기기법(감사수행, 자비수행

등) 등을 중점적으로 활용한다. 이런 방법들은 전통적 마음수행법으로

볼 때 관법(觀法)에 해당한다. 욕구와 생각을 적극적으로 사용하여 자기

자신과 세상을 보는 관점을 긍정적으로 변화시키고 변화된 관점에 따

라 긍정적 행동을 하는 행법(行法)으로 연결된다.

5. 통합 마음기술

이상에서 볼 때 마음의 불건강한 요소들을 제거하거나 약화시키고 건

강한 요소들을 확립하거나 강화시키기 위해 마음을 훈련하는 방법들

을 마음수행법 혹은 마음기술로 정의할 수 있다. 마음기술에는 전통적

인 마음수행법과 현대 심리학을 통해 개발되고 발전하고 있는 심리적

중재법, 특히 긍정심리중재법이 포함된다. 마음기술, 즉 마음수행법은

마음을 운용하는 방법의 차이에 따라 크게 명상, 마음챙김, 긍정심리 등

세 가지 유형으로 나누어진다. 그러나 실제로는 마음기술은 명상, 마음

챙김, 긍정심리 등을 적절하게 통합해서 수행하는 경우도 많다. 통합 마음기술, 즉 통합 마음수행법은 명상과 마음챙김을 함께 수행하는 마음챙김명상, 명상과 긍정심리를 함께 수행하는 긍정심리명상, 마음챙김과 긍정심리를 함께 수행하는 마음챙김긍정심리, 그리고 명상, 마음챙김, 긍정심리를 모두 포함하는 종합수행법 등으로 나눌 수 있다. 확장된 형태의 전체 마음수행법을 도식으로 나타내면 그림 11과 같다.

1. 긍정심리명상

긍정심리명상은 이 책에서는 많이 다루지 않지만 다양한 방식으로 활용되고 있으므로 참고하는 것이 좋다. 긍정심리 명상은 어찌 보면 모순적인 조합이다. 명상은 욕구-생각을 멈추는 수행이고 긍정심리는 욕구-생각을 적극적으로 사용하는 수행이므로, 둘을 함께 통합한 형태의 긍정심리명상을 명상이라고 할 수 있는가, 하는 의문을 제기할 수 있다. 물론 그런 견해가 일리가 있다. 그러나 욕구-생각을 내려놓는다는 것을 실무율(전부 아니면 전무)적으로 보지 않는다면 긍정심리명상이 명상을 배우는 데 도움이 되기도 하고 긍정심리의 효과도 함께 보는 장점을 갖기도 한다. 명상을 한다고 앉아 있어도 주의집중이 쉽지 않기 때문에 실제로는 공상, 망상만 하는 경우도 많다. 이럴 때 간단한 긍정적인 욕구-생각을 도입해서 긍정적 효과도 보면서 마음이 고요해지는 명상의 효과도 볼 수 있다면 좋은 일 아닌가.

　　호흡 명상에서 호흡 감각에 집중하면서 동시에 들숨 때는 우주의 맑고 싱싱한 에너지, 기운이 들어온다고 상상하고, 날숨 때는 내 안의 탁한 기운이 빠져나간다고 상상한다. 이렇게 호흡 명상을 하면 다른 잡

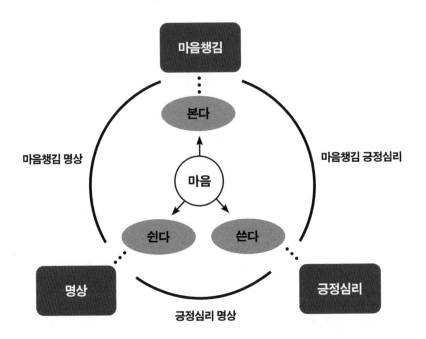

< 그림 11 >　마음기술(마음수행법)의 유형: 3가지 기본유형+통합형

　　　　　　　　　　　　　　명상·마음챙김·긍정심리 훈련(MMPT) 워크북

생각을 하지 않게 되어 고요함을 경험할 수 있고 동시에 심신이 건강해지는 느낌도 함께 받을 수 있다.

이밖에도 호흡과 함께 '평화', '사랑', '감사' 등 긍정적 단어를 속으로 반복하면 마음이 고요해지는 명상의 효과와 함께 긍정적 단어가 주는 건강한 에너지로 마음이 채워지면서 건강한 덕목이 양성될 수 있다. 몸 명상을 하면서도 호흡과 함께 몸의 각 부위에 건강한 에너지를 보내고 탁한 기운이나 통증을 내보내는 심상을 사용할 수 있다. MBSR의 몸 명상인 바디스캔에서는 이와 유사한 심상을 도입하고 있다.

명상과 긍정심리를 통합한 긍정심리명상은 적용하는 명상과 긍정심리에 따라 다양한 형태로 수행할 수 있다. 이 부분은 MMPT의 기본교육 후에 심화교육에서 다루면 좋을 것이다.

2. 마음챙김명상

마음챙김명상은 마음챙김 자체의 숙달을 위해서도 도움이 되지만 명상만 할 때는 얻기 어려운 독특한 긍정적 효과가 있기 때문에 특별히 다룰 필요가 있다. 이 부분은 8주 프로그램에서 마음챙김명상을 공부할 때 자세히 다루도록 한다.

3. 마음챙김긍정심리 및 종합수행법

마음챙김긍정심리는 긍정심리의 마음기술을 적용할 때 동시적 마음챙김을 함께 함으로써 긍정심리의 마음기술을 더 잘 적용할 수 있게 해주며, 다른 한편으로는 마음챙김을 다양한 장면에서 훈련할 수 있는 효과를 주는 장점을 갖는다. 그밖에도 동시적으로 마음챙김을 적용하지는 않아도 다른 치료법이나 심리적 중재기법에 포함되어 그 치료나 중재의 효과를 높이는 경우에 마음챙김과 긍정심리를 통합한 마음수행법으로 볼 수 있다. 이 경우에는 명상도 포함하는 경우가 많아 종합수행법이라고 하겠다.

마음챙김은 남방불교에서 발전한 여러 형태의 위빠사나(vipassana) 수행법에 핵심 요소로 포함되어 수행되고 있으며, 1970년대에 미국의 카밧진(Jon Kabat-Zinn)이 병원 환자들을 위해 개발한 MBSR, 즉 '마음챙김에 기반한 스트레스 감소(Mindfulness-Based Stress Reduction)' 프로그램에도 기본적인 마음기술로 포함되어 있다. MBSR 프로그램이 다양한 질환의 환자들에게 도움이 되는 것이 알려지면서 마음챙김은 여러 심리치료에 중요한 치료 요소로 포함되기 시작했다. 마음챙김을 도입한 대표적인 심리치료법에는 앞에서 잠깐 소개한 변증법적 행동치료(DBT), 수용전념치료(ACT), 마음챙김에 기반을 둔 인지치료(MBCT) 등이 포함된다(김정호, 2009, 2015). MMPT에서도 마음을 있는 그대로 바라보는 마음챙김을 중요한 마음기술로 포함하고 교육한다(김정호, 2018).

전통적으로 수행법은 한 가지 유형 단독으로 수행되기도 하지만 대체로 몇 가지를 묶어서 통합적 방법으로 수행된다. 불교의 팔정도(八正道)나 육바라밀(六波羅蜜)은 마음을 수양하고 바르게 살아가도록 돕는 수행체계로, 요즘 말로 하면 여러 가지 요소들을 포함하는 통합적 '프로그램'이라고 할 수 있다. 특히 마음챙김은 일상생활을 하면서도 수행할 수 있지만 명상을 하면서 적용하는 마음챙김명상의 형태로 수행되기도 한다. 남방불교의 위빠사나나 최근에 서구를 중심으로 교육되는 MBSR도 마음챙김을 핵심으로 하는 통합 수행 프로그램에 속한다. 위빠사나에도 호흡 명상, 걷기 명상 등이 포함되며, 최근에 서구를 중심으로 교육되는 MBSR도 마음챙김을 핵심요소로 포함하되 정좌 명상, 바디스캔, 요가, 일상에서의 마음챙김 등을 포함한다. DBT, ACT, MBCT 등에도 마음챙김 이외에 다양한 인지행동치료적 기법이 포함된다. MMPT 역시 마음챙김을 중요한 요소로 포함하는 수행 프로그램이다.

4. 동기인지행동치료

동기인지행동치료(Motivational Cognitive Behavioral Therapy, MCBT) 혹은 동기인지행동훈련(Motivational Cognitive Behavioral Training, MCBT)에서는 상담기법, 코칭기법, 심리치료 등 다양한 심리중재기법 혹은 마음수행법을 아래의 표 3처럼 동기를 중심으로 정리한다(김정호, 2009, 2015).

	스트레스	웰빙
동기상태	①	②
동기자체	③	④

① 스트레스(혹은 증상)와 관련된 동기의 상태를 변화시키는 기법
② 스트레스(혹은 증상)와 무관하지만 웰빙을 만들어내는 동기의 상태를 변화시키는 기법
③ 스트레스(혹은 증상)와 관련된 동기 자체를 변화시키는 기법
④ 스트레스(혹은 증상)와 무관하지만 웰빙을 만들어내는 동기 자체를 변화시키는 기법

< 표 3 > 동기인지행동치료에서 나누는 심리중재기법의 유형

긍정심리의 많은 중재기법들은 주로 ①이나 ③보다 ②나 ④에 해당한다. ②나 ④를 통해 웰빙이 증진되면 스트레스(혹은 증상)의 감소가 수반한다. 그러나 긍정심리의 중재기법들도 ①이나 ③에 해당할 수도 있다. 예를 들어 웰빙인지를 통해 생각이 변화할 때 그 생각의 변화가 동기상태를 다르게 해석함으로써 스트레스를 제거/감소시키거나(①), 스트레스의 원인이 되는 동기 자체를 내려놓거나 크기를 줄임으로써 스트레스를 제거/감소시킬 수도 있고(③), 스트레스와 무관한 동기의 상태를 충족 또는 충족예상의 웰빙을 만들거나(②), 스트레스와 무관한 동기를 추구하며 동기충족 혹은 동기충족예상의 웰빙을 만들 수 있다(④).

6. 마음수행법 교육의 유의할 점

다양한 마음기술, 마음수행법들을 가르치고 배우는 데 있어서 한 가지 유의할 점이 있다. 모든 수행법이 마음조절 혹은 마음관리의 능력, 즉 마음기술을 양성하는데, 이러한 능력 배양의 목적은 세속적인 욕구를 늘리고 최대한 충족시키기보다는 오히려 줄이는 데 있고 사람들과 더불어 평화롭게 사는 데 있다. 따라서 마음관리의 능력을 제고함으로써 개인적 욕구충족의 극대화를 꾀하거나 사람들에게 고통을 주는 것은 바른 수행이라고 할 수 없다. 이러한 유념사항은 특히 욕구와 생각을 적극적으로 사용하는 긍정심리의 마음기술에 해당된다.

　욕구와 생각을 비우는 명상은 세속적 욕구를 내려놓는 데 도움이 된다. 마음챙김의 수행법 역시 자기 자신을 있는 그대로 보게 하므로 현명한 선택에 도움을 준다. 그러나 욕구와 생각을 사용하는 수행법은 욕구와 생각을 어떻게 사용하느냐에 따라 잘못 사용될 여지가 있다. '부자가 되는 명상'이나 '자비 명상'은 실제로는 둘 다 욕구와 생각을 사용하므로 명상이 아니라 긍정심리의 마음기술인 심상법에 속하는데, 사용의 목적은 서로 전혀 다르다. 개인적으로 부자가 되기 위해 미래에 거부가 된 모습의 심상을 그리며 집중하는 것을 잘못됐다고 할 수는 없을지 모르지만 자칫 개인적인 탐심을 조장하지는 않는지 돌아볼 일이다. 부자가 되기 위해 심상을 사용하는 것이나 살아있는 모든 존재의 평화와 행복을 위해 자비로운 심상을 사용하는 것이 심상을 사용하는 점에서는 같다고 해도 내용상 동일하게 건강하거나 긍정적이라고 말할 수는 없다.

EQ로 많이 알려진 정서지능도 일종의 마음기술로 볼 수 있다. 자신의 마음은 물론 타인의 마음을 이해하고 조절할 줄 아는 능력이다. 한때 정서지능에 대한 관심이 상당히 높았다. 덩달아 정서지능을 가르친다는 사람, 배우겠다는 사람도 많았다. 정서지능이 높아지면 자기 자신도 잘 이해하고 다른 사람의 마음도 잘 헤아려서 협력도 잘하고 좋은 성과도 내고 서로 행복하게 지내는 데 도움이 될 것이다. 그러나 적어도 정서지능에 관심을 가진 적잖은 부모들은 정서지능이 높아야 사회적으로 성공하고 출세한다고 믿었던 것 같다. 즉, 정서지능이 내가 원하는 것을 얻기 위해 내 마음을 통제하고 상대의 마음을 이해하고 조종하는 데 쓸모 있다고 생각한 것이다. 이러한 생각으로 정서지능을 높이려고 한다면 부자가 되기 위해 심상법을 배우는 것과 크게 다르지 않을 것이다.

한편 붓다 당시에 수행된 백골관(白骨觀)이나 부정관(不淨觀)은 몸에 대한 탐심을 줄이려는 좋은 의도로 수행되었지만 결과적으로는 긍정적이지 못한 결과를 가져왔었다. 몸에 대한 탐착심을 버리는 것에서 더 나가 몸을 혐오하게 되고 자살자가 속출하여 다른 수행법으로 대치된 적이 있다.

MMPT에서 욕구와 생각을 사용하는 마음기술을 '긍정심리'로 분류한 것은 현대 긍정심리의 중재법을 도입한 의미도 있지만, 사용되는 욕구와 생각의 내용이 긍정적이고 건강하며 그에 상응하는 결과를 가져와야 한다는 의미도 담는다. 참고로 티베트 수행 전통에서 보면 과거에도 흑마술이라고 하여 마음수행법을 사적인 목적으로 부정적으로 사용한 사례가 보인다. 마음기술을 가르치고 배울 때는 기본적으로 소아적 이기성으로부터 벗어나 개인적으로는 성숙에, 사회적으로는 더불어 행복하게 사는 데 기여하도록 유념해야 할 것이다. 이러한 유념사항은 특히 욕구와 생각을 적극적으로 사용하는 긍정심리의 마음기술에 더 많이 고려되어야 한다.

7. 마음지식과 마음기술

명상, 마음챙김, 긍정심리의 마음기술을 꾸준히 연마하면 나와 세계를 보는 눈, 즉 관(觀)이 바뀐다. 욕구-생각이 바로 관(觀)이다. 우리의 경험은 구성된다. 경험은 안조건인 욕구-생각이 개입하여 만들어지는 것이다. 욕구-생각이 바로 나와 세계를 보는 관(觀)이고, 관(觀)에 의해 경험이 만들어진다.

「반야심경」의 도입부에 관자재보살(觀自在菩薩)이 나온다. 관세음보살(觀世音菩薩)의 다른 이름으로 관(觀)을 자유자재(自由自在)로 사용하는 보살이라는 뜻이리라. 명상, 마음챙김, 긍정심리의 마음수행법을 꾸준히 실천하면 관자재보살(觀自在菩薩)만큼은 아니더라도 조금이라도 관자재(觀自在)하게, 즉 관(觀)을 조금 더 자재(自在)롭게 사용할 수 있게 된다. 나와 세계를 보는 관(觀)을 상황에 따라 자유롭게 사용하는 마음기술이 늘게 된다. 나와 세계를 습관적으로 제한되게만 보는 것이 아니라 보고 싶은 대로 자유롭고 유연하게 볼 수 있는 능력이 향상되는 것이다. 마음사회이론으로 보면 관을 자재롭게 한다는 것은 상황에 따라 자유롭게 필요한 나를 내 마음의 무대에 불러올려 적절히 역할을 수행하도록 하는 것이라고 할 수 있다.

습관적인 불건강한 욕구-생각이 자동적으로 작용하기 때문에 고통으로부터 벗어나기 어렵다. 명상은 욕구-생각을 멈추는 마음수행이며, 마음기술이다. 욕구-생각을 멈추는 만큼 마음의 평화를 경험한다. 불건강한 욕구-생각이 감소하고, 정보처리용량 제한성으로 인해 불건강한 욕구-생각 때문에 못 나타나던 건강한 욕구-생각이 나타나게 된다. 명상은 지법(止法)이지만 수행을 꾸준히 하면 불건강한 관(觀)을 멈추게 하여 건강한 관(觀)이 드러나게 해준다. 동기상태이론으로 볼 때 욕구가 없으면 스트레스가 없다. 스트레스를 만드는 데 관여하는 욕구가 제거되거나 약화되면 스트레스가 감소하고, 건강한 욕구를 추구하면 웰빙이 증가한다.

명상을 하는 만큼 불건강한 욕구-생각은 줄어들지만 사라지는 것은 아니다. 마음챙김은 불건강한 욕구-생각을 직면하고 떨어져 있는 그대로 봄으로써 불건강한 욕구-생각 자체로부터 자유롭게 되는 마음 훈련이며, 마음기술이다. 더 이상 욕구-생각을 나라고 동일시하지 않게 되는 것이다. 고통으로부터 회피하거나 고통을 억압하는 것이 아니라 고통 자체를 직면하고 있는 그대로 바라봄으로써 고통에 대한 인내력이 증가하고 고통으로부터 회피하려는 욕구 자체가 감소함으로써 삶이 자유로워진다. 정보처리용량 제한성으로 인해 고통을 회피하려는 회피동기에 주로 쓰이던 정신자원이 건강한 욕구-생각을 추구하는 접근동기에 투입됨으로써 웰빙이 증가하게 된다.

마음챙김은 내 마음을 있는 그대로 보는 관(觀)을 훈련한다. 나 자신을 객관적으로 초연하게 바라보는 마음챙김-나를 양성하는 훈련이다. 평소에 습관적으로 작용하는 나들로부터 탈동일시하며 초연한 마음챙김-나와 동일시하는 마음수행이다. 마음챙김을 꾸준히 하면 내 마음에 여러 나들이 살고 있음을 알게 된다. 반대로 마음사회이론을 이해하면 마음챙김에 도움이 된다. 마음사회이론을 이해함으로써 수치스럽거나 취약하거나 부정적인 나들에 대해서도 억압하거나 부정하지 않고 있는 그대로 볼 수 있게 된다. 이렇게 있는 그대로 보게 됨으로써 마음사회의 여러 나들을 객관적으로 초연하게 볼 수 있는 마음챙김-나가 커가는 것이다. 또한 명상과 함께 하는 마음챙김은 명상 상태에서 드러나는 고요한 영점-나를 자각하게 해줌으로써 영점-나와의 동일시에 기여한다.

긍정심리는 적극적으로 욕구-생각을 건강하게 사용한다. 다양한 건강한 관(觀)을 마음대로 쓰는 훈련이다. 건강한 나들을 자꾸 기르는 마음수행이다. 웰빙을 만들어내는 데 기여하는 웰빙동기를 탐색하고 확립하고 추구한다. 그 과정에서 자연스럽게 웰빙을 만들어내는 웰빙행동을 하게 된다. 웰빙동기의 탐색, 확립, 추구에는 웰빙인지 또한 중요하다. 웰빙의 구성에 기여하는 건강한 웰빙인지를 공부하고 묵상하고 심상화하며 웰빙인지를 키운다. 이러한 수행을 통해 지혜로운 나, 감사를 잘 느끼고 표현하며 자비롭고 관대하고 친절한 따뜻한 나를 양성하게 된다. 할 수 있다면 유머를 포함한 다양한 덕목을 갖춘 나도 기른다. 건강한 웰빙동기, 웰빙인지 그리고 그에 따르는 웰빙행동을 자꾸 사용하면 마음사회에 건강하고 성숙한 나들이 자란다.

정보처리용량 제한성으로 건강한 욕구-생각을 사용하면 그만큼 불건강한 욕구-생각은 하기 어렵게 된다. 불건강한 욕구-생각과 싸우는 것이 아니라 건강한 욕구-생각을 마음의 무대에 자꾸 부르는 것이다. 불건강한 욕구-생각이 우리를 고통스럽게 하지만 건강한 욕구-생각은 우리를 행복하게 하고 성장시켜 준다. 긍정심리는 이이제이(以夷制夷), 이열치열(以熱治熱)의 수행법이다.

제2부

MMPT의 실제:
MMPT 8주 프로그램

제 4 장 1주

기본교육 및 명상(1) : 감각과 친해지기

1. MMPT의 마음가짐

MMPT를 통해 마음지식과 마음기술을 배우고 연마함에 있어서 아래와 같은 마음가짐을 갖추는 것이 도움이 된다.

1. 성장동기의 확립

성장동기란 인간적으로 성장하고자 하는 동기다. 삶에서 물질적인 풍요, 지위, 명예 등을 성취하고 성공을 이루는 것이 아닌 내면에서의 성장을 향한 동기다. 성장동기의 성장은 인격적 성장이라고 할 수도 있고 영적 성장이라고 부를 수도 있다. 1장에서 성장이란 자기성장(self-growth)을 말하며 마음공부를 통해 성숙한 인간이 되는 것이며, 성숙한 인간은 마음지식에 대한 이해가 깊고 마음기술의 숙달도가 높은 사람이라고 정의했다. 따라서 성장동기란 마음지식을 배우고 마음기술을 연마하고자 하는 동기를 말한다. 다른 동기를 무시한다는 의미는 아니지만 내면의 성장을 위한 동기를 삶의 중요한 동기로 확립하는 것이 마음공부에 도움이 된다. 성장동기가 분명할 때 여러 방해요소를 만나도 포기하지 않고 마음공부에 매진할 수 있다.

달리 말하면 성장동기는 넓은 의미의 메타인지를 양성하고자 하는 동기라고 할 수 있다. 성장동기와 함께 어떤 조건에서 어떤 스트레스/웰빙을 경험하며, 스트레스/웰빙을 만드는 데 관여하는 동기, 인지, 행동은 무엇인지 알아간다. 나아가 어떤 동기, 인지, 행동을 어떻게 내려놓거나 줄일 것이며 어떤 동기, 인지, 행동을 어떻게 확립하고 북돋워나갈지를 배워나가고자 한다. 이런 마음공부는 당연히 스트레스를 줄이고 웰빙을 늘리는 행복을 가져온다. 이 점을 분명히 이해하는 것이 성장 동기를 확립하고 유지하는 데 도움이 될 것이다.

현대인은 경쟁이 치열한 자본주의 속에 살아가기 때문에 대체로 학업이나 일에 관한 동기, 다른 사람들과의 비교 속에서 돈이나 지위를 추구하는 동기 등이 강하다. 한마디로 성공과 성취의 동기가 높다. 정보처리용량 제한성으로 볼 때 상대적으로 성장의 동기는 낮을 수밖에 없다. 그러나 성취와 성공도 행복하기 위한 것이 아닌가. 상대적 비교 속에서 평가되는 성취와 성공에만 몰두되어 행복을 잃는 삶을 산다면 한 번밖에 살지 않는 삶인데 억울한 일이다. 나의 행복을 위해서도 성장동기를 확립하는 것은 중요하다.

또한 성장동기의 추구과정에서 나 자신이 성숙한 사람으로 변화되어 가는 과정 자체가 만족스러운 행복을 줄 것이다. 천문학에 대한 지식을 더 많이 알고 있는 사람을 성숙한 사람이라고 부르지는 않는다. 갑골문자에 능통하다고 성숙한 사람이라고 하지 않고, 기린의 특성을 오래 연구해서 잘 아는 사람을 성숙한 사람이라고 하지 않는다. 테니스를 오래 해서 잘 하거나 요리에 대한 연구를 많이 해서 잘한다고 해도 성숙한 사람이 되지는 않는다. 이런 일반적 지식이나 기술은 아무리 늘어도 더 좋은 사람이 됐다고 할 수는 없다. 그러나 마음지식과 마음기술을 배우고 연마하는 마음공부가 깊으면 성숙한 사람이 될 수 있다. 마음공부를 통해 자신이 어떤 상황에서 구체적으로 어떤 조건이 주어질 때 화가 잘 나는 줄 알게 되고 이제는 그 사인(sign)을 알아차림으로써 화를 좀 더 잘 다스리게 되었다면 자신의 마음에 대한 지식과 기술이 향상된 것이다. 자신의 감정을 잘 다스리는 사람을 우리는 성숙한 사람이라고 부르는 데 주저함이 없다.

사회적 성공을 위해서도 자신의 마음을 이해하고 다루는 능력은 필요하다. 자신의 마음을 모르고 다룰 줄 몰라 스트레스 관리가 안 되는 사람이 학업이나 일에서 좋은 성과를 내기는 어렵다. 다른 사람들과 사이에서도 좋은 관계를 맺기 어려울 것이다.

따라서 마음지식의 내용을 생활 속에서 끊임없이 확인하며 마음지식을 지혜로 전환시키고 삶의 각 장면에서 마음기술을 꾸준히 적용하며 닦아나가고자 하는 동기를 적어도 다른 성공의 동기 못지않은 크기로 확립하는 것이 필요하다.

마음공부라고 해서 도 닦는 것처럼 무겁게 생각할 필요는 없다. 태어나서 죽을 때까지 사용하는 마음이라는 디바이스(device)에 호기심을 가지고 마음의 특징과 사용법을 익혀나간다는 자세를 갖는다. 또 마치 인생이라는 게임에서 기술치와 경험치를 쌓으며 캐릭터의 역량을 증진하며 한 스테이지, 한 스테이지 레벨 업(level-up) 한다는 태도로 임하면 마음공부가 조금은 즐거울 수 있다. 게임이 적당히 어려울 때 재미있는 것처럼 성장동기를 갖게 되면 삶에서 여러 방해요소를 만나도 포기하지 않고 마음공부에 매진할 수 있다.

실제로 성장동기는 마음공부를 통해 마음에 대한 지식과 기술을 발전시키고자 하는 동기이므로 마음지식과 마음기술을 배우고 적용하면서 성장동기의 충족이라는 행복을 경험할 수 있다. 또한 성장동기가 있으면 특정 동기가 좌절되거나 좌절이 예상되는 스트레스의 상황에서도 마음에 대한 지식과 기술을 배울 수 있으므로 성장동기가 충족되거나 충족이 예상되는 웰빙을 경험할 수 있다. 성장동기가 없는 사람에게 그 상황은 단지 스트레스를 일으키는 조건이지만 성장동기가 있는 사람에게는 마음공부하며 성장할 수 있는 기회가 되는 것이다. 따라서 성장동기는 다른 모든 동기들의 추구과정에서 경험할 수 있는 좌절이나 좌절예상을 좀 더 쉽게 받아들일 수 있도록 해줌으로써 그 동기들의 지속적인 추구를 도와줄 수 있다. 성장동기는 스트레스를 배움으로 승화시킨다고 할 수 있다. 이렇게 성장동기는 모든 동기와 연결된다. 모든 동기의 추구과정에서 경험되는 것들이 성장동기를 충족시키는 먹이가 된다.

2. 나에 대한 관심과 호기심: 연구하는 자세

마음공부의 출발은 나에 대한 관심이다. 배우자와 몇 십 년을 살아도 잘 모르겠다고 말할 때가 있는데, 정작 배우자보다도 더 오래 함께 살아온 나 자신에 대해서는 얼마나 잘 아는가? 나를 좀 더 이해하고자 하는 관심, 호기심이 MMPT의 마음공부에 도움이 된다.

대부분의 스트레스와 웰빙은 사람과 사람의 관계에서 온다. 내 뜻대로 움직이지 않는 상대에게 바꾸기를 요구하기 전에 나를 돌아보는 것이 필요하다. 결국 내 경험(스트레스, 웰빙)은 내가 만드는 것이 아닌가. 구성주의를 통해 살펴보았듯이 나의 경험(스트레스, 웰빙)이 내 마음의 작용으로 만들어지는 것이므로 스트레스를 줄이고 웰빙을 늘리고 싶다면 내 마음을 잘 알고 잘 다룰 줄 알아야 한다. 스트레스를 줄이고 웰빙을 늘리는 삶을 행복의 삶이라고 할 때 행복한 삶을 살고자 한다면 내가 어떤 동기, 인지, 행동으로 스트레스를 만들고 웰빙을 만드는지 알 필요가 있다. 자신의 마음을 잘 모르고 다룰 줄도 모른다면 원하는 경험(스트레스, 웰빙)을 만들기는 쉽지 않을 것이다.

돈을 벌기 위해서는 점포를 하나 내더라도 어떤 아이템으로 할지 어느 곳이 목이 좋은지 궁리를 한다. 그러나 배우자와 잘 지내기 위해, 직장 동료와 좋은 관계를 맺기 위해서는 어떻게 하는 것이 좋은지 연구하지 않는다. 이런 일을 한다고 돈이 생기는 것도 아니고 승진고과에 반영되는 것도 아니고 자격증을 얻는 것도 아니다. 그래서 그런지 연구하지 않고 변함없이 맨날 똑같이 산다. 부부싸움 할 때마다 동영상으로 찍어놓는다면 어제의 부부싸움이나 10년 전의 부부싸움이나 똑같을 것이다.

같이 살아가는 사람들에 대한 관심도 필요하지만 우선 다른 사람들과의 관계에서 나의 동기와 인지는 무엇이며 어떤 행동을 하는지 관심을 가지고 호기심과 함께 연구하는 자세가 필요하다. 여기서 얻게 되는 마음에 대한 통찰은 다른 사람들의 마음을 이해하는 데 도움이 된다.

나에 대한 관심과 호기심은 자연스럽게 마음지식을 배우고 마음기술을 연마하고자 하는 성장동기로 이어진다.

3. '오직 할 뿐'의 자세: 과정 즐기기

무엇을 하든지 동기가 없으면 꾸준히 하기 어렵다. 마음공부를 하기 위해서는 성장동기가 필요하다. 그러나 마음공부를 할 때 너무 잘하려고 하면 오히려 공부가 더디게 된다. 특히 명상은 함(doing)이 아니라 쉼(resting)이다. 잘하려고 하다보면 쉼이 아니라 함이 된다.

무엇을 하든 너무 잘하려고 하는 것은 과정을 즐기지 못하고 결과에 연연하게 만든다. 그저 '오직 할 뿐'으로 과정에 집중한다. 그러면 빨리 원하는 결과를 보려고 하는 조급함도 내려놓을 수 있다. 조급함은 지나치게 애쓰게 만들어 쉽게 좌절하고 지치게 만든다. 과유불급(過猶不及). 뭐든지 지나치는 것은 좋지 않다. 공부는 때로 이해가 어렵고 더디게 진행되기도 한다. 심지어 뒤로 퇴보하는 것처럼 느껴질 때도 있다. 그래도 8주 전체 과정이 끝나는 순간까지 '오직 할 뿐'의 자세로 프로그램에 참여하고 과제를 실천하며 끝까지 완주한다.

너무 잘하려고 하는 마음은 또한 완벽주의와 연결되는 경우도 많다. 무엇을 배우든 완벽주의는 배움에 방해가 되는 요인으로 작용하는 경우가 많다. 완벽하게 하지 못할 것 같으면 아예 시작도 하지 않거나 하다가 완벽할 것 같지 않으면 쉽게 포기해 버리기 쉽다. '오직 할 뿐'의 자세는 완벽주의에 대한 좋은 해독제 역할을 한다. 매 순간 자신이 할 수 있는 것을 할 뿐이다.

'오직 할 뿐'으로 집중하는 것이 자신의 일에 무책임한 것이 아니냐, 결과를 이루기 위해 최대한 노력해야 하는 것 아니냐 등의 반론이 있을 수 있다. 그러나 이것은 모르는 소리다. 오히려 결과를 신경 쓰게 되면 원하는 결과를 얻지 못하는 확률을 높이게 된다. 왜냐하면 결과에 신경 쓰게 되면 이뤄지지 않으면 어떻게 하나 하면서 걱정하기 쉽고 그러다 보면 걱정하는 만큼 일에 집중하지 못하니 오히려 걱정하는 일을 스스로 만들 수도 있게 되는 것이다. 필생즉사(必生則死) 필사즉생(必死則生)이라는 말이 있다. 특정 결과를 반드시 얻어야 한다고 바랄 때는 이뤄지지 않고 결과에 초연할 때 오히려 원하는 결과를 이룬다는 말이다.

'오직 할 뿐'으로 집중할 때 일을 더 잘 즐길 수 있는 장점도 있다. '오직 할 뿐'으로 일에 집중하면 결과에 연연하지 않고 정신자원을

100% 집중할 수 있으므로 몰입에 따른 즐거움을 맛볼 확률이 더 증가한다. '오직 할 뿐'으로 하면 집중력이 높아 결과도 좋아지고 몰입에 따른 즐거움도 느낄 수 있으니 일석이조로 좋다.

'오직 할 뿐'은 진인사대천명(盡人事待天命)과 통한다. 사람인 나는 사람으로서의 일을 다할 뿐이다. 일이 이루어지고 안 이루어지고는 하늘이 할 일이다. 사람이 하늘의 일까지 신경 쓸 필요는 없다. 다만 '오직 할 뿐'이다. 성장동기를 세웠다면 죽을 때까지 '오직 할 뿐'으로 나아가면 좋다.

'오직 할 뿐'이 너무 비장하게 느껴진다면 '그냥 한다.' '그냥 할 뿐', '다만 할 뿐', 'Just do it.' 등도 좋다. 어떤 욕구나 생각도 넣지 않고 그냥 할 뿐이다. 그 외에 무엇이 더 필요하겠는가.

2. MMPT 집단 프로그램의 참가자세

MMPT 프로그램을 집단으로 참가해서 공부할 때는 아래의 자세를 갖추는 것이 도움이 된다.

1. 적극적 참여: 타산지석(他山之石)과 내면의 전구

프로그램에 적극적으로 참여하며 수동적 수강태도는 지양한다. 프로그램의 진행은 일방적 강의가 아니다. 일방적 강의라면 책을 통해서도 전달할 수 있는 내용이다. 또한 자기 혼자만의 경험에 빠져있지 않고 다른 사람의 경험을 들어보고 진행자의 피드백을 받아보는 것은 다양한 시각

명상·마음챙김·긍정심리 훈련(MMPT) 워크북

을 배우게 되고 자신의 시야를 넓혀주어 마음기술의 학습에 중요하다.

타산지석이라는 말이 있다. 남의 산의 돌도 자신의 옥(玉)을 가는 데 도움이 된다는 뜻이다. 지도자의 안내와 피드백뿐만 아니라 참가자들 간의 상호작용을 통해서도 많이 배우게 된다. 때로는 누군가 지나가는 듯이 흘린 한마디 말이 자신의 오래된 미해결 문제를 푸는 실마리 역할을 하기도 한다.

우리 자신을 구슬에 비유해 본다면 그 구슬의 내면에는 LED보다 더 밝은 빛을 낼 수 있는 수많은 전구들이 있다. 이 전구들은 다른 구슬들과 서로 부딪힐 때 빛을 내기 시작한다. 참가자들이 적극적으로 참여하며 상호작용할 때 각자 내면의 전구들이 깨어난다.

상호작용할 때 중요한 것은 상대를 판단하거나 비난하지 않는 것이다. 상대가 질문하거나 의견을 말할 때 자신과 관련 없다고 무시하지 않는다. 상대가 말을 할 때 경청하며 있는 그대로 들어주는 과정 속에 내면의 빛이 밝혀진다.

전구가 한 번 깨어나도 시간과 함께 불빛이 약해지고 소멸할 수 있다. 꾸준한 상호작용을 통해 유지하는 것이 필요하다. 프로그램 시간에 만나서 서로 상호작용하는 것은 탁마(琢磨)의 과정이고 그 가운데 성장과 성숙이 이루어진다.

2. 발표: 메타인지와 새로운 통찰

자신의 소감이나 의견을 말하다보면 자신의 생각이 좀 더 명료해진다. 무엇을 아는지 모르는지도 분명하게 알 수 있다. 자신의 인지에 대한 인지, 즉 메타인지(meta-cognition)가 증진된다.

뿐만 아니라 말하다 보면 머릿속 개념들이 새롭게 연결되어 새로운 통찰로 이어지기도 한다. 때로는 자기가 말하고도 근사한 말을 했다고 느끼게 된다.

3. 경청: '딸깍' 배움

다른 참가자들의 질문과 지도자의 답변을 경청한다. 마음챙김이나 명상의 기술은 말로 전달하는 것이 어렵다. 특히 눈으로 보이는 기술이 아니기 때문에 더욱 그렇다. 그러나 가르치고 배우기 위해서는 말을 사용할 수밖에 없다. 다른 참가자의 말을 듣다가 문득 '딸깍' 하고 연결될 수 있다. 다른 참가자가 질문할 때 잘 듣다 보면 어느 순간 '딸깍' 하고 자신이 궁금해하던 것이 풀리고, 막혀있던 부분이 뚫리고, 안 보이던 것이 보이게 된다. 스스로 직접 질문하는 것도 필요하지만 다른 참가자의 질문을 경청하는 것이 중요하다.

이러한 '딸깍' 배움이 마지막 8회기에 올 수도 있다. 또 '딸깍' 배움은 한 번이 아니라 여러 번 온다. 어떤 사람의 질문이나 의견이든 자신의 선입견을 내려놓고 경청하다보면 스스로 깨우치는 것이 있게 된다.

4. 기차를 탔으면 짐을 내려놓는다

인도의 위대한 영성가로 추앙받는 라마나 마하리쉬(Ramana Maharshi, 1990)가 이런 말을 했다. '기차를 탔으면 짐을 내려놓아라.' 그렇다. 기차를 탔으면 짐을 내려놓아도 된다. 기차를 타고도 짐을 머리에 이고 있을 필요는 없지 않은가.

마찬가지로 프로그램에 참가하기 위해 프로그램의 진행 장소에 들

명상·마음챙김·긍정심리 훈련(MMPT) 워크북

어서면 모든 마음의 짐을 내려놓는다. 마치 템플스테이나 피정 온 것처럼 온전히 쉰다는 태도를 갖는다. 직장, 가족 등 모두 것을 내려놓고 프로그램을 즐긴다는 자세로 임한다. 프로그램 동안은 온전히 나를 위한 시간으로 삼는다. 휴대폰도 꺼두는 것이 좋다.

5. 익힘 연습

일주일에 한 번 프로그램 진행하는 날만 참석해서는 마음기술을 충분히 숙달할 수 없다. 프로그램에 참가하지 않는 동안 꾸준히 마음기술을 훈련해야 한다. 그러기 위해서는 프로그램에서 권장하는 익힘 연습을 성실하게 실천하는 것이 중요하다.

성인이 백지 상태에서 학습하는 경우는 드물다. 기존에 이미 익숙한 정보처리방식이 있다. 문제는 익숙하지만 건강하거나 효율적이지 않은 정보처리방식이 건강하거나 효율적이지만 새로운 정보처리방식을 방해한다는 것이다. 따라서 꾸준히 연습하는 것이 필요하다.

수영을 책으로만 배울 수는 없다. 마음기술도 마찬가지다. 꾸준히 반복하며 숙달해서 익숙해져야 한다. 한 번이라도 실제 연습을 해야 한다. 실제 실천을 통해 체험하는 것이 필요하다. 커피를 아무리 성분분석하고 말로 설명해도 커피를 알 수는 없다. 마셔봐야 안다. 일상생활에서 실천을 통해 온전히 느끼고 체험하는 시간을 갖는 것이 중요하다.

3. 기본교육

○ 1장의 MMPT 기본교육을 이때 교육한다.
○ 2장의 명상, 마음챙김, 마음챙김명상을 간단하게 설명한다.

교육은 8명 내외의 소집단으로 진행한다. 혹은 24명 정도까지는 4-6명 정도를 한 팀으로 4팀 정도 진행하면 좋다. 시작할 때 팀별로 서로 간단한 인사와 참가동기를 나누면 서먹함도 없애고 함께 공부하는 데 도움이 된다.

팀별 인사가 끝나면 MMPT의 핵심을 간략하게 교육한다. 교육을 시작할 때 먼저 '스트레스 잘 받는 사람의 특징'에 대해 각자 생각해보고 팀별로 잠시 토론시간을 가지면 MMPT의 마음공부를 설명해 나가는 데 유익하다. 팀별 토론 때 '행복한 사람의 특징'을 포함하는 것도 좋다.

4. 명상(1): 감각과 친해지기

명상은 순수한 주의(bare attention)의 훈련이다. 특히 개방형 명상은 일상 생활에서 평소에 습관처럼 자동적으로 작용하는 욕구-생각을 쉬는 훈련이다. 욕구-생각을 쉬면 나와 세계가 새롭게 경험된다. 욕망과 개념으로 채색되지 않은 나와 세계를 경험하게 된다. 그 세계는 바로 감각의 세계다. 욕구-생각으로 위-아래로의 처리(top-down processing)를 하지 않으니 아래-위로의 처리(bottom-up processing)를 하게 되어, 있는 그대

명상·마음챙김·긍정심리 훈련(MMPT) 워크북

로의 실재인 감각이 드러난다.

　욕구-생각을 내려놓기는 쉽지 않다. 욕구-생각은 내려놓으려고 하면 오히려 더 강하게 나타난다. 그래서 명상에서는 주로 감각에 주의를 보내는 연습을 한다. 일상생활 속에서 경험되는 감각에 좀 더 주의를 보내면 정보처리용량 제한성으로 욕구-생각으로 가는 주의는 줄어들게 된다. 감각에 주의를 보낸다고 억지로 감각을 찾아오는 것은 아니다. 문득 '쉰다'는 태도로 마음의 문을 열면 감각이 들어오는 것이다. 그래서 감각에 주의를 보낸다는 표현보다는 '감각과 친해진다'는 표현이 더 적절하다.

　명상을 통해 감각과 친해지면 욕구-생각을 쉴 수 있어서 마음이 편안해진다. 내면의 평화를 회복하는 것이다. 평소에 욕구-생각이 끊임없이 작용하여 과거에 대한 후회나 원망 또는 미래에 대한 걱정으로 마음이 괴롭다면 적어도 명상하는 동안은 이러한 스트레스로부터 벗어나게 된다.

　명상을 꾸준히 하면 나와 세계를 다르게 보게 된다. 나의 정체성과 세계에 대한 이해가 달라진다. 이러한 변화는 명상을 하며 마음챙김을 함께 하는 마음챙김명상을 할 때 더 뚜렷해진다. 우리가 평소에 알고 있는 나와 세계는 나의 욕구-생각이 덧칠해진 모습이다. 욕구-생각이 내려놓아졌을 때 나와 세계는 다르게 경험된다.

　명상은 일상의 삶에 녹아들어야 한다. 따로 시간을 내서 특별한 자세로 하는 호흡 명상만이 명상이 아니다. MMPT의 첫째 주에는 일상생활 속에서 감각과 친해지는 연습을 통해 명상의 마음기술을 익히게 된다.

　많은 사람들이 지금-여기를 온전히 경험하지 못하며 산다. 아침부터 쫓기듯 출근 준비로 하루를 시작한다. 걸으면서도 지나간 일을 생각하거나 할 일을 걱정한다. 일에 몰입할 수 있으면 다행인데 일의 중압감만 느껴지고 제대로 집중이 안 될 때도 많다. 잠시 시간이 나도 눈과 손은 스마트폰에 꽂혀있을 뿐 지금-여기를 느끼지 못한다. 매일 똑같은 환경이고 어제와 크게 다르지 않은 생활이라고 생각하기 때문에 지금-여기의 실제인 감각의 세계에 무뎌져 있고 자꾸 새로운 자극만을 좇는다. 심지어 잠이 들기 직전까지도 스마트폰을 들여다본다.

가만히 쉬어본다. 욕구-생각을 멈추고 지금-여기의 주변 환경과 내 몸에서 느껴지는 감각에 주의를 보내보면 바쁘게 돌아가던 일상도 잠시 정지한다. 지금-여기의 감각의 세계에 온전히 접속하며 고요한 내면의 평화를 경험한다.

말없이 쉴 때 지금-여기가 드러난다. 지금-여기는 감각의 세계다. 욕구-생각을 쉴 때 지금-여기의 감각의 세계가 생생하게 드러난다. 기독교에서 계시(啓示) 또는 묵시(默示)로 번역되는 'revelation'은 '드러난다'는 뜻이다. 우리가 잃어버렸다는 에덴의 동산은 바로 감각세계다. 선악과를 따먹으며 쫓겨났다는 에덴의 동산은 우리의 욕구와 생각이 오염시킨 순수한 감각의 세계다. 욕구와 생각이 개입되지 않은 순수한 실재의 세계다. 감각의 세계를 찾으려고 애쓸 필요가 없다. 먼 길을 가야 하는 것이 아니다. 다만 욕구-생각을 쉬면 드러난다.

감각자극은 나의 주변에 그리고 내 몸에 항상 존재하지만 주의를 보내지 않으면 인식하지 못한다. 평소 다니면서 자주 멍을 때리거나 주로 혼자만의 생각이나 번뇌에 빠져서 정작 지금 여기에 있는 것들에 주의를 보내지 못하고 경험하지 못한다. 사람들은 한평생 온갖 자극에 노출되어 살아가지만 막상 그걸 느끼지는 못하는 경우가 많다. 머릿속이 욕구와 생각으로 가득 차서 감각이 비집고 들어올 공간이 없기 때문이다. '감각과 친해지기'는 내 주변의 자극들을 느끼고 생각을 내려놓게 해준다.

정보처리용량 제한성으로 의식공간에 감각이 들어오면 욕구-생각은 나갈 수밖에 없다. 욕구-생각을 안 하려고 하면 '정신역설효과'로 더 떠오르지만(Wegner, 1994; Wegner, Erber, & Zanakos, 1993) 그냥 의식공간을 감각으로 채우면 욕구-생각이 줄어든다. 한마디로 욕구-생각과 감각은 제로섬(zero-sum) 관계다(김정호, 2014). 감각이 커지면 욕구-생각은 작아지는 것이다(그림 12 참조).

감각자극에 마음을 열고 감각과 친해지는 것이 명상의 시작이다. 대부분의 명상, 특히 개방형 명상은 넓은 의미에서 감각 명상이다. 서 있든 앉아 있든 움직임이 없이 가만히 있는 상태에서 특별히 집중의 대상을 정하지 않고 지금-여기서 경험할 수 있는 감각에 주의를 보내는

< 그림 12 >   생각과 감각의 제로섬(zero-sum) 관계(김정호, 2014)

감각 명상을 비롯해서, 몸의 감각에만 주의를 보내는 몸 명상, 호흡감각에만 주의를 보내는 호흡 명상, 일상의 행위를 하면서 경험되는 감각에 주의를 보내는 행위 명상 등이 모두 감각에 주의를 보내는 명상이다. 첫째 회기에서는 먼저 감각 명상과 행위 명상을 다룬다.

정신역설효과의 체험을 위해 다음과 같이 짧은 실습을 해도 좋다. 1분 동안 하얀 북극곰을 생각하지 않도록 한다. 어떤 방법을 쓰든 1분 동안 머릿속에서 하얀 북극곰을 생각하지 않도록 한다. 시간이 지나면 각자 어떤 경험을 했는지 그리고 무엇을 느꼈는지 기록한 후 경험과 소감을 함께 나눠본다.

1. 감각 명상

1. 설명

감각 명상은 '우두커니 명상'이라고도 하는데 가만히 서 있거나 앉아 있는 자세에서 지금-여기서 경험할 수 있는 모든 감각, 즉 시각, 청각, 후각, 미각, 촉각 등 다섯 가지 감각을 온전히 느끼는 것이다. 감각 명상은 주변에 지천으로 널려 있는 감각자극에 마음을 열고 감각과 친해지는 것이다. 그저 보이면 보일 뿐, 들리면 들릴 뿐, 냄새가 느껴지면 냄새를 느낄 뿐, 맛이 느껴지면 맛을 느낄 뿐, 접촉되면 접촉을 느낄 뿐이다. 감각에 주의가 가면서 자연스럽게 욕구-생각을 내려놓고 쉴 수 있게 된다.

명상을 할 때는 '쉰다'의 마음자세가 중요하다. 무엇을 하려고 하는 것이 아니라 쉬는 것이다. '쉰다'의 자세로 문득 마음을 열어보면 주변에서 경험되는 감각들이 있다. 보이는 것, 들리는 것, 냄새 맡을 수 있는 것 등이 느껴진다. 자신의 입안에 주의를 보내보면 어떤 맛의 감각이나 감촉을 느낄 수 있고, 몸에 주의를 보내보면 몸에서의 감각도 느낄 수 있다.

'쉰다'가 명상의 핵심기술이라고도 할 수 있다. 마치 자전거 타는 것을 배울 때 균형을 잡는 것을 배우는 것처럼 욕구-생각을 쉬는 것을 배우는 것이 명상을 배울 때 매우 중요한 부분이다. 너무 조급해하지 말고 꾸준히 수행하며 몸으로 익히는 것이 필요하다. '쉰다'에 도움이 되는 요령이 있다면 관심이나 호기심을 갖거나, 음미하거나 즐긴다는 기분으로 감각에 주의를 보내는 것이다.

어느 곳이든 자신이 있는 곳에서 문득 '쉰다'는 마음자세로 주변을 느껴본다. 그곳이 집 안 거실일 수도 있고 화장실일 수도 있다. 아파트 단지일 수도 있고 지하철 승강장일 수도 있고 버스 안일 수도 있다. 직장 복도일 수도 있고 사무실 책상일 수도 있다. 음식점일 수도 있고 카페일 수도 있다. 종로일 수도 있고 강남일 수도 있다. 어느 곳에서든 그곳에서 경험할 수 있는 감각들을 느껴본다.

우리는 평소에 감각을 제대로 느끼지 못하고 산다. 길을 걸으면서도 이런 저런 걱정을 하고 있거나 이런 저런 후회나 원망을 하고 있기 때문에 나무의 나뭇잎이 제대로 안 보인다. 보도블록의 색깔이 제대로 안 보인다. 걸어가며 지나치는 나무에서 새가 아름다운 목소리로 노래하고 있는데 그 소리를 듣지 못한다. 욕구, 생각, 개념의 포로가 되어, 그들의 담장에 가려 감각을 제대로 경험하지 못한다. 생각을 사용하지 않을 때는 가급적 감각에 깨어 있도록 한다. 그것이 명상이다.

'날것' 그대로의 감각을 느껴본다. 평소에 우리는 욕구와 생각 혹은 개념이라는 먼지가 뿌옇게 덮인 안경을 쓰고 세상을 보고 있다. 명상이란 욕구와 생각이라는 먼지를 닦아내고 세상을 보는 것이다. 그때 세상은 빛나고 생생하게 느껴진다. '날것' 그대로 신선한 감각을 경험하게 된다. 빛깔이 더 생생하고 살아있고, 소리가 더 분명하고, 냄새가 더 또렷하며, 맛이 더 강렬하고 깊으며, 감촉이 더 분명하다.

예수께서는 '마음이 가난한 자 복이 있나니 천국이 저들의 것이다.' 라고 했는데 명상상태를 말씀하신 것이 아닌가 생각된다. 가난한 마음은 바로 욕구-생각을 내려놓은 마음이라고 할 수 있고, 욕구-생각을 내려놓을 때 경험되는 감각의 생생함과 마음의 평화로움은 바로 천국과 같다고 하겠다. 마음이 가난하면 지하철 2호선 바닥의 초록색도 신비하다.

감각의 생생함이 실무율(悉無律, all-or-none)적이지는 않다. 감각의 생생함은 우리가 욕구-생각을 내려놓은 만큼, 즉 내면의 침묵이 깊은 만큼 그 정도에 비례해서 커진다. 늘 날것 그대로의 생생한 감각을 느끼지는 못해도 욕구-생각을 안 해도 될 때는 가급적 욕구-생각을 내려놓도록 한다. 생각 모드가 필요하지 않을 때 스위치를 바꾸듯 감각 모드로 들어간다. 안타까운 것은 감각을 더 잘 느끼려는 사람들 대부분이 욕구-생각을 내려놓는 방법이 아니라 감각의 자극을 더 높이는 방법을 따른다는 것이다. 인간은 높아지는 자극에 대해서 적응을 하기 때문에 감각의 역치가 올라간다. 결과적으로 점점 더 큰 자극을 제공해야만 그 전의 감각 강도를 느낄 수 있어 자칫 감각중독에 빠질 수도 있다. 우리에게 필요한 것은 'feel *better*'가 아니라 '*feel* better'이다(Hayes & Smith, 2005). 경험 일반에 적용되는 말인데 감각에 있어서도 '더 좋은 감각만을 느끼려고 하는 것'이 아니라 어떤 감각이든 '느끼는 감각을 더 잘 느

명상·마음챙김·긍정심리 훈련(MMPT) 워크북

끼도록 하는 것'이 필요하다.

감각을 주의의 대상으로 삼는 다른 명상도 마찬가지지만, 외부감각 명상을 할 때는 각 감각을 처음 경험하는 듯한 자세를 갖는 것도 좋다. 마치 지구에 처음 온 목성인 과학자가 지구인 아바타에 들어와 호기심을 가지고 감각을 경험하듯이 경험하는 것이다.

쉰다는 것에 죄책감을 느끼는 현대인이 의외로 많다. 지나치게 성실하게 살도록 교육받았는지도 모른다. 혹은 쉬면 불안감을 느끼는 현대인도 많다. 아무래도 과도한 경쟁사회 속에 살다 보니 쉬면 남들에게 뒤쳐진다는 생각을 하는지도 모르겠다. 그러나 기계도 쉴 때는 쉬어주어야 제대로 기능한다. 더구나 사람은 말할 것도 없다. 아무리 가벼운 물컵도 계속 들고 있으면 점점 무거워진다. 나중에는 팔이 떨려올 것이다. 물컵은 마실 때만 들면 된다. 그렇지 않을 때는 내려놓는 것이다. 근육도 쉬어 주어야 제 기능을 발휘할 수 있다. 생각도 쉬어 주어야 필요할 때 제대로 작용한다. 그러니 욕구-생각을 쉬고 잠시 쉬며 감각에 마음을 여는 것에 저항감을 갖지 않기 바란다.

어떤 사람은 인간이 고등한 존재인 까닭은 생각을 하기 때문이라고 믿고, 감각 같은 하찮은 것에는 가급적 주의를 보내지 않고 깨어있는 동안에는 계속 생각, 생각, 생각을 하려고 한다. 앞에 말한 것처럼, 그렇게 존귀한 생각이 제대로 작동하기 위해서도 생각을 멈추고 감각에 마음을 열고 친해지는 것이 필요함을 잊지 말자.

감각에 마음을 여는 명상은 생각병을 다리스리는 효과를 가져 온다. 생각에는 과거나 미래에 대한 생각이 있지만, 감각에는 과거나 미래에 대한 감각은 있을 수 없다. 감각은 오직 지금-여기의 감각만이 있다. 과거나 미래의 감각이라면 그것은 감각이 아니고 과거의 기억과 관련된 심상이고 상상의 심상이다. 감각에 주의를 보낼 때, 정보처리용량의 제한성으로 자연스럽게 욕구-생각은 우리 의식의 무대에서 내려가게 된다.

어떤 상황에서 스트레스를 경험할 때 문득 그곳에서 경험할 수 있는 감각에 주의를 보내 보라. 그곳의 실내장식, 각각의 모양, 색깔, 그곳에서 느껴지는 냄새, 들리는 소리, 신발에서의 감각 등에 주의를 보내 보라. 스트레스가 줄어드는 것을 느낄 수 있을 것이다. 감각으로 주의가 보내지면 스트레스를 악화시키고 지속시킬 생각으로 가는 주의가 줄어들기 때문이다. 생각할수록 화가 나는 법이다. 감정이라는 불은 생각이라는 연료가 주어지지 않으면 오래지 않아 꺼지게 된다.

2. 실습

아래의 실습을 할 때는 편안하게 쉰다는 기분으로 임한다. 너무 애쓰지 않는다. '이번 명상에서는 반드시 감각을 제대로 느껴볼 거야.'라는 욕구-생각을 내려놓는다. 현미경을 들이대고 보듯이 하지 말고, 과제를 하듯이 하지 말고, 문득 쉰다는 태도로 무심히 감각에 마음을 연다. 감각은 문밖에서 들어올 준비를 하고 있다. 문을 열어주기만 하면 들어온다.

감각을 경험할 때 욕구-생각이 따라오는 경우가 많을 것이다. 에어컨을 보며 에어컨을 장만해야겠다는 욕구를 일으키거나, 볼펜을 보고는 디자인이 멋지다 혹은 형편없다는 판단을 할 수도 있다. 특정한 냄새에 대해 좋다, 싫다는 감정을 느낄 수도 있다. 그러나 감각명상을 할 때는 가급적 욕구-생각을 내려놓고 감각에 좀 더 주의를 보내도록 한다. 밖으로도 침묵, 안으로도 침묵하고 감각을 느껴본다.

명상·마음챙김·긍정심리 훈련(MMPT) 워크북

감각을 느끼려고 애쓸 필요는 없다. 애쓰면 애쓸수록 어려워진다. 단순하다. 감각을 느끼는 것은 단순하다. 어린 아이도 팔십 노인도 감각한다. 감각은 그냥 일어난다. 그냥 보이고, 그냥 들리고, 그냥 냄새가 느껴지고, 그냥 맛이 느껴지고, 그냥 감촉이 느껴진다.

약간의 관심이나 호기심을 갖고 마음을 연다. 보이고 들리고 느껴지는 것들을 음미한다, 즐긴다, 감상한다는 자세가 도움이 될 수 있다. '쉰다', '문득', '툭', '슬쩍', '무심히' 이런 단어를 머릿속에 떠올리는 것도 도움이 될 수 있다. 중요한 것은 쉰다는 것, 감각을 느낀다는 것에 대한 '감'을 한 번 잡으면 그 다음에는 쉬워진다. 마음의 힘을 빼고 '오직 할 뿐'으로 연습하다보면 감이 온다.

실습은 보통 앉은 자세로 진행하지만 때로는 서서 진행해도 좋다. 좀 더 편안하게 이완감을 잘 느낄 수 있게 하기 위해서는 누워서 진행하는 것도 괜찮다. 집단으로 진행하는 경우에 실습 1을 필수로 진행하고 나머지 실습은 상황에 따라 추가로 실시해도 좋다. 실습 시간은 3분 내외로 한다.

1) 실습 1: 오감

정해진 시간 동안 지금 있는 곳에서 경험할 수 있는 감각들을 느껴 본다. 가급적 마음의 힘을 빼고 침묵한다. 몸의 입만이 아니라 마음의 입도 닫고 깨어있도록 한다. 지금 있는 이곳을 온몸의 감각으로 느껴 본다. 시각, 청각, 후각, 미각, 촉각 등 오감으로 느껴 본다. 가능하면 처음에는 눈을 감고 느낄 수 있는 청각, 후각, 미각, 촉각 등의 모든 감각을 느껴 본다. 느낄 수 있다면 얼굴 피부에서 바람도 느껴

본다. 몸의 각 부위에서 느껴지는 감각도 가만히 하나씩 느껴 본다. 모든 감각이 일어나는 지금-여기의 공간도 느껴 본다. 충분히 느낀 다음에는 눈을 뜨고 보이는 시각감각을 느껴본다. 얼마나 많은 색깔과 모양이 있는지 느껴 본다. 가능하다면 뭐라고 표현할 수 없는 기운도 느껴 보라.

시간이 지나면 각자 각 감각별로 어떤 감각을 느꼈는지 그리고 감각을 관찰하며 무엇을 느꼈는지 기록한 후 경험과 소감을 함께 나눠 본다.

2) 실습 2: 시각1

정해진 시간 동안 지금 있는 곳에서 볼 수 있는 것들의 모양과 색깔에 대해서만 관찰하고 느껴 본다. 이 방에 얼마나 다양한 모양과 색깔이 있는지 관찰하고 느껴 본다. 유명한 예술가의 설치미술을 감상한다는 자세가 도움이 될 수도 있다. 시간이 지나면 각자 어떤 모양과 색깔들을 보았는지 그리고 모양과 색깔을 관찰하며 무엇을 느꼈는지 기록한 후 경험과 소감을 함께 나눠 본다.

3) 실습 3: 시각2

지금 앉아 있는 곳의 바닥 혹은 책상이 있다면 책상의 한 부분을 정하고 그곳만을 정해진 시간 동안 가만히 바라본다. 힘 빼고 바라본다. 욕구와 생각을 내려놓고 그냥 그곳에 서 볼 수 있는 모양, 무늬, 색깔 등을 무심히 바라본다. 시간이 지나면 경험하고 느낀 것을 기록한 후 함께 나눈다.

4) 실습 4: 시각3

평소에 사용하는 펜이나 시계 등 익숙한 사물을 가만히 무심히 바라본다. 처음 보는 사물처럼 본다. 욕구와 생각을 내려놓고 그냥 그 대상에서 볼 수 있는 모양, 무늬, 색깔 등을 무심히 바라본다. 시간이 지나면 경험하고 느낀 것을 기록한 후 함께 나눈다.

5) 실습 5: 시각4

종이 위에 지름 2-3mm의 점을 찍고 가만히 무심히 바라본다. 눈은 깜박여도 괜찮지만 가급적 눈동자는 움직이지 않도록 한다. 시간이 지나면 경험하고 느낀 것을 기록한 후 함께 나눈다.

6) 실습 6: 시각5

모래시계를 놓고 가만히 모래가 떨어지는 모습을 지켜본다. 무심히 바라본다. 시간이 지나면 경험하고 느낀 것을 기록한 후 함께 나눈다.

7) 실습 7: 청각1

종소리를 듣는다. 종소리의 시작부터 소리의 여운이 끝날 때까지 가만히 듣는다. 그리고 경험하고 느낀 것을 기록한 후 함께 나눈다.

8) 실습 8: 청각2

가급적 가사가 없는 음악을 듣는다. 3분에서 5분 정도 오케스트라의 일부나 짧은 피아노 곡 또는 바이올린 곡을 듣는다. 가만히 소리에만 귀를 기울인다. 이런 저런 생각이나 상상으로 빠지지 않고 온전히 음악의 소리 특성에만 주의를 보낸다. 그리고 경험하고 느낀 것을 기록한 후 함께 나눈다.

3. 경험 및 소감

경험과 소감의 예시를 소개한다.

- 교수님이 5분간 누워서 이 공간에서의 감각을 느껴 보라고 하셨던 것이 너무 좋았다. 그 짧은 시간 동안에 강의실 위층에서 돌아가는 기계 소리나 사람들이 조금씩 움직이는 소리, 요가매트나 내 옷의 촉감, 강의실 천장의 무늬 등을 천천히 보고 듣고 느끼면서 몸도, 마음도 모두 편안해졌을 뿐 아니라 비 때문에 좋지 않았던 기분도 나아졌다.
- 천장을 보며 그냥 하얗다고만 생각했었는데 다양한 모양, 색깔들이 있었다. 평소에 놓치고 있었다.
- 색의 질감도 느껴졌다.
- 옷에 관심이 없는 편인데 평소 입던 옷인데도 다양한 색이 있었다는 것을 처음 느꼈다.
- 창가의 햇빛이 찬란하게 느껴졌다.
- 색깔에 집중을 하니까 그냥 흘려봤던 사물들이 빠르게 의식이 됐다. 교실 전체가 순식간에 확 눈에 들어오는 느낌이었고 신기한 경험이었다.
- 늘 익숙했던 나의 펜이었는데, 특히 더 예쁘게 보이는 면이 있다는 것이 즐거운 마음을 깨우는 것 같았다.

- 점을 보고, 점의 색을 보고, 점의 표면을 반사하는 빛을 보았다. 오늘 몸이 많이 피곤해서 처음에는 집중이 잘 안 되고 눈이 뻑뻑했다. 3분이라는 시간을 어떻게 집중할 수 있을까 걱정도 됐다. 그런데 집중을 할수록 오히려 눈이 맑아지는 느낌이 들었다. 점에 집중하다가 다른 곳으로 주의가 이동하려고 할 때 다시 점에 집중하고 그것을 반복할수록 점만 바라보니 여유가 생겼다고 말해야 하나 오히려 점에만 집중하므로 편한 기분을 느꼈다.
- 평소에 익숙한 펜을 호기심을 가지고 처음 본 펜처럼 보는 것이 단순히 점을 바라보는 것보다 훨씬 감각에 주의를 잘 보낼 수 있었고, 시간도 지루하게 느껴지지 않았다.

지하철 교향곡

지하철을 타고 가며 가만히 소리에 주의를 기울여 보면 마치 교향곡처럼 들린다.
또르르~~ 하는 음향소리와 함께
워워워~ 촤아아~ 하며 문이 닫힌다.
ㅇㅇㅇㅇ~~~~
수수수~~~~~~
우우우우~~~
달리기 시작하고 속도가 붙으며 소리가 점점 커져간다.
그러다가 간간이 덜커덩~ 덜커덩~

ㄷㄷㄷ~~~

쭉 달리다가 속도를 줄이기 시작하고

드디어 멈춘다.

촤아~~~ 문이 열린다.

문이 열리는 소리.

사람들이 나가고 들어오는 소리.

문이 닫히는 소리.

주변 사람들의 움직이는 소리.

말하는 소리.

날이 더워져 에어컨까지 가동하면 소리는 더 다채롭다.

앉아 있으면 온몸으로 소리의 진동까지 느껴진다.

마치 시각 자극 외에 몸으로 느껴지는 자극까지 합한 4차원 영화처럼.

몸으로 느껴지는 진동으로 지하철 오케스트라 연주는 더욱 다이내믹해진다.

중간중간 곁들여지는 안내방송 소리는 감칠맛을 더해준다.

반대편 지하철이 지나가면 또 멋진 소리를 만들어낸다.

문득

이렇게 소리를 들을 수 있음이 감사하다!

2. 행위 명상

1. 설명

감각 명상이 아무 것도 하지 않으면서 경험되는 감각자극에 마음을 열고 감각과 친해지는 것이라면, 행위 명상은 일상의 행위를 하면서 경험되는 감각자극에 마음을 열고 감각과 친해지는 것이다. 이때의 행위는 대체로 생각을 필요로 하지 않는 습관적이고 단순한 행위다. 샤워하고, 식사하고, 이 닦고, 설거지하고, 청소하고, 걷는 등 일상생활에서 늘 반복되는 행위다.

일상의 반복되는 행위를 할 때는 대체로 행위에 별로 주의를 주지 않는다. 너무 익숙하고 자동화된 행동이라서 특별히 주의를 필요로 하지 않기 때문이다. 그러다보니 남는 잉여주의가 불필요한 생각으로 투입된다. 특히 과거에 대한 후회나 원망, 미래에 대한 걱정 등에 주의가 사용되는 경우가 많다. 행위 명상은 이러한 행위를 할 때 행위에 주의를 보내고 경험되는 감각을 온전히 느끼는 수행이다.

행위 명상도 기본적으로 '쉰다'의 자세로 한다. 비록 몸은 특정 행위를 하지만 특별히 어려운 행위가 아니며 생각을 거의 필요로 하지도 않는다. 따라서 욕구-생각을 쉬고 다만 행위와 행위에 따른 감각에만 가만히 주의를 보내며 편안한 휴식시간을 갖는다. 행위와 행위에 따른 감각을 음미한다, 즐긴다는 자세도 도움이 된다.

이렇게 행위 명상을 수행하다보면 평소에 귀찮고 싫던 행위도 좋아하게 될 수 있다. 평소에는 요리하기를 싫어하던 사람이 요리하는 행위를 명상으로 하니 요리하며 나는 소리를 들을 수 있고 그 소리가 음악처럼 아름답고 신비하게 느껴지기도 한다.

행위 명상을 할 때는 행위 그 자체를 위해서 하는 자세가 필요하다. 설거지를 한다면 그릇을 깨끗이 씻으려는 목적을 갖고 하기보다는 그냥 그릇을 씻기 위해 씻는 것이다. 아침에 출근하기 위해 지하철역으로 걸어간다면 지하철역에 도착하기 위해 걷는 것이 아니고 그냥 걷기 위해 걷는다. 행위 그 자체를 위해 행위를 해도 결과적으로 행위의 목적은 달성된다. 그저 설거지를 하다 보면 그릇이 깨끗이 닦이고, 걷다 보면 목적지에 도달하는 것이다. 다만 행위 명상을 할 때는 행위에 집중하며 감각을 온전히 느끼도록 한다.

여기서 알 수 있는 것은 행위 명상의 자세는 바로 '오직 할 뿐'의 자세다. 행위 명상을 꾸준히 하다 보면 일상에서 '오직 할 뿐'의 태도를 기를 수 있고 이것이 일상의 행위를 넘어 모든 일을 함에 있어서 유익하게 적용될 것이다.

2. 실습

모든 감각 명상에서 그렇듯이, 행위 명상을 실습할 때도 편안하게 쉰다는 자세로 임하며 너무 애쓰지 않도록 한다. 오히려 약간의 호기심을 가지고 행위와 행위에 따른 감각을 즐기고 음미한다는 자세를 갖는 것이 도움이 된다.

실습 1을 필수로 진행하고 나머지 실습은 상황에 따라 추가로 실시해도 좋다.

1) 실습 1: 걷기 명상

잠시 밖으로 나가 10분 정도 걸으며 경험할 수 있는 감각들을 느끼고 온다. 일반적으로 걷기 명상에서는 발바닥의 감각에만 집중하는 집중형 명상으로 진행하지만 여기서는 발바닥의 감각뿐만 아니라 걸으며 노출되는 외부환경의 자극들이 주는 감각에 주의를 보내며 경험할 수 있는 감각들에 주의를 보내는 개방형 명상으로 진행한다.

욕구와 생각을 쉰다는 자세로 임한다. 감각을 찾듯이 하기보다는 마음을 열면 감각이 들어오는 것이다. 밖으로도 안으로도 침묵한다. 말 없이 걸으면서 감각에 주의를 둔다. 하늘. 나무. 그냥 보이는 것을 본다. 모양도 보고 색깔도 본다. 생각을 넣지는 않는다. 그래도 생각이 떠오를 수는 있다. 바깥의 사물이나 지나가는 사람의 얼굴을 보고 연상된 생각이 일어날 수 있다. 그러면 '아, 생각.'이라고 짧게 명명하고 다시 감각으로 돌아온다. 불어오는 바람에서 촉각을 느낄 수도 있다. 그냥 느끼면 된다. 걷는 발걸음 소리가 들리면 그냥 그 소리를 듣는다. 도로의 단단함을 느낄 수 있고 발바닥에서의 감각을 느낄 수도 있다. 주변의 차 소리가 들리면 그저 들으면 된다. 냄새가 느껴지면 냄새를 느낀다. 조금 전에 커피를 마셨다면 입안에서 커피 맛의 여운을 느낄 수도 있다. 그저 우리의 의식공간인 작업기억을 시각, 청각 등의 감각으로 채운다. 그러면 다른 욕구나 생각은 밀려나가게 된다.

밖에서 무엇을 경험했고 무엇을 느꼈는지 기록한 후 경험과 소감을 함께 나눠 본다.

2) 실습 2: 물건 옮기기

책상 위에 자신이 사용하거나 소지하고 있는 작은 물건을 다섯 개 정도 준비한다. 볼펜, 지우개, 책, 커피 잔, 스마트폰 등 책상 위에 올려놓을 수 있으면 다 좋다.

먼저 책상의 왼쪽에 소품들을 모아 놓는다. 그 다음 소품들을 하나씩 오른쪽으로 옮긴다. 모든 행위는 천천히 그리고 가급적 소리를 내지 않고 수행한다. 책상의 왼편에 소품들을 모을 때부터 자신의 행위, 그에 따른 감각 등에 주의를 보낸다. 손과 팔의 움직임에 따른 감각, 소품을 눈으로 바라봤을 때의 모양과 색깔, 손에 잡았을 때의 감촉이나 온도 감각, 들었을 때는 무게, 옮기는 행위, 내려놓는 행위, 소품이 책상에 닿을 때 닿는 느낌과 소리가 나면 들리는 소리 등 모든 행위와 감각에 주의를 보내며 온전히 느끼도록 한다. 가급적 말없이, 속으로도 말없이 침묵하며 천천히 주의를 모아 수행한다.

소품을 모두 오른쪽으로 옮긴 다음에는 각자 몸과 마음을 통해 무엇을 경험했는지 그리고 행위를 하고 관찰을 하며 무엇을 느꼈는지 기록한 후 경험과 소감을 함께 나눠 본다.

3. 경험 및 소감의 나눔
경험과 소감의 예시를 소개한다.

- 소리, 햇볕의 따뜻함, 바람의 차가움을 느끼면서 가만히 걸어가니까 다른 생각이 안 들고 편안했다.
- 코로 들어오는 바람은 서늘하고, 차 소리, 새소리 들리고, 사이사이 딴생각이 들기도 했다. 그래도 틈틈이 감각 느끼며 천천히 걸으니까 여유로운 느낌이 들었다.
- 뺨에서 바람을 느꼈다. 그동안 한 번도 느끼지 못했던 것

명상·마음챙김·긍정심리 훈련(MMPT) 워크북

같다. '왜 그동안 바람을 느끼지 못했을까?' '이게 오감이구나.' 하는 생각도 들었다.

- 나가자마자 차가운 바람을 맞으면서 발끝이 시린 느낌을 느꼈다. 파란 하늘도 보았고, 자동차 바퀴 굴러가는 소리도 들었고, 큰 바퀴, 작은 바퀴도 보았다. 흙냄새가 나서 어디서 흙냄새가 나는지 보게 되었다. 마음이 편안하고 평온했다.

- 예전에는 걷기 명상을 할 때에는 호흡에 맞춰서 '한 번', '두 번' 이렇게 마음속으로 걸음을 세면서 집중하려 했는데 이번에는 그냥 주변을 보면서 감각을 즐기면서 걷기 명상을 했더니 무척 좋았다.

- 처음에 연필 세 자루를 옮길 때에는 천천히 옮겨야 한다는 미션에 집중한 탓인지 팔 근육이나 손가락의 움직임이 잘 전해오지 않았다. 핸드폰이 좀 커서 손이나 팔의 움직임을 좀 더 필요로 해서인지 핸드폰을 옮길 때 손목과 손가락의 움직임에 잘 집중할 수 있었다. 집중해서 보니 손목의 근육들의 움직임과 손가락 마디마디의 촉감들이 더욱 생생히 느껴졌다. 굉장히 신선하고 신기했다.

5. 익힘 연습: 감각 명상 및 행위 명상

1. 목표

아래의 목표를 유념하며 일주일 동안 익힘 과제를 수행한다.

- 지금-여기에서 하는 행위에 주의를 보내고 지금-여기에서 느껴지는 감각에 주의를 보내는 새로운 정보처리방식을 학습한다.

- 일상의 생활 속에서 감각과 친해지기를 숙달한다. 문득문득 주변의 감각에 접속한다. 감각에 주파수를 맞추듯 동조(tuning)한다.

- 개념이 아니고 실제를 산다. 잠시라도 욕구와 생각을 멈추고 있는 그대로의 세계, 욕망과 개념의 필터를 내려놓은 순수한 감각의 세계에 산다. 차츰차츰 감각의 세계와 친숙해진다. 조금씩 세상을 보는 눈이 달라진다.

- 일상의 행위를 할 때 그 행위에만 집중하도록 한다. 밥 먹을 때 뭐 하냐고 물으면, 밥 먹지 뭐하냐고 대답할 것이다. 그러나 진정으로 밥 먹고 있을까? 아마도 이런저런 욕구와 생각을 일으키고 있었을 것이다. 지금-여기의 실제인 감각에 접속하는 마음기술, 지금 하는 행위에 집중하는 마음기술을 숙달한다.

- 행위에 집중하고 감각에 접속하며 온전히 쉬는 능력을 기른다.

명상·마음챙김·긍정심리 훈련(MMPT) 워크북

2. 구체적 익힘 과제

1. 생활 속의 장소에서 감각 느끼기

생활 속에서 감각에 주의를 보내며 욕구와 생각을 쉰다. 욕구와 생각을 쉴 때 온전히 쉴 수 있다.

각 장소에서 느껴지는 감각(시각, 청각, 후각, 미각, 촉각)을 마치 처음 대하듯이 자세히 관찰하고 느껴 본다. 열심히 찾는 것이 아니라 힘 빼고 관찰한다. 가급적 욕구-생각은 내려놓고 감각을 느껴 본다. 욕구-생각을 내려놓는다는 자세와 감각을 느껴 본다는 자세가 마치 줄탁동시(啐啄同時)처럼 작용하도록 한다.

지하철이나 버스를 타고 있다면 지하철 공간을 느껴 본다. 그리고 그 안에 가득 찬 시각 자극, 청각 자극, 후각 자극 등에 주의를 보낸다. 하나하나 가만히 느껴 본다. 모양과 색깔. 덜컹거리는 소리, 지나다니는 사람들의 걷는 소리, 부스럭거리는 소리, 통화하는 소리, 안내방송 소리 등 다양한 소리들, 냄새, 입안의 느낌. 발바닥이나 등에서의 감각. 가만히 음미하듯이 느껴 본다. 이런 저런 욕구나 생각이 일어나면 '음, 그래.' 하고 그냥 지금-여기의 지하철 또는 버스 안의 공간과 그 안에서 느껴지는 감각에 주의를 가져간다.

지하철이나 버스의 승강장에서 다음 차편을 기다리고 있을 때, 혹은 엘리베이터 앞에서 엘리베이터를 기다릴 때, 스마트폰으로 주의를 가져가기 전에 그곳에서 경험할 수 있는 감각에 가만히 주의를 보내 보자. 지금-여기의 감각을 온전히 느껴 보자.

사무실 공간에서도 작업을 하다가 잠시 쉴 때 가만히 그곳의 공간과 그 공간에 담겨 있는 다양한 자극들의 감각을 느껴 보자. 감각을 느끼며 조금 전까지 사용하던 욕구와 생각을 내려놓고 쉬어 보자.

그밖에 화장실, 복도, 아파트 단지, 백화점, 영화관, 카페 등 어떤 곳에서든 문득 그곳의 공간과 그 공간에서 경험할 수 있는 감각들을 가만히 느껴 보자.

늘 익숙한 공간이라고 해도 새로이 여행을 온 곳처럼 주의를 보내고 느껴 본다.

2. 행위 중에 감각 느끼기

생활 속에서 행위와 그에 다른 감각에 주의를 보내며 욕구와 생각을 쉰다. 욕구와 생각을 쉴 때 온전히 쉴 수 있다.

별로 생각을 필요로 하지 않는 일상의 행위를 할 때 가급적 욕구-생각을 쉬며 그 행위와 하나가 되도록 한다. 그리고 그 행위를 하며 경험되는 감각을 온전히 느낀다. 이 닦을 때는 이만 닦는다. 샤워할 때는 샤워만 한다. 설거지할 때는 설거지만 한다. 이와 같이 행위를 할 때 욕구와 생각을 내려놓고 오직 행위만 한다. 그때 멍 때리지 말고 행위를 할 때 어떤 동작을 하고 어떤 감각을 느끼는지 온전히 느끼도록 한다.

일상의 행위를 하면서 느껴지는 감각을 온전히 느껴 본다. 쉰다는 기분, 음미하고 즐긴다는 자세로 임한다. 최소한 한 가지 행위(예, 샤워)만이라도 행위 명상의 대상으로 정하고 꾸준히 하면서 점차 다른 행위도 행위 명상의 대상으로 수행한다.

샤워를 행위 명상의 대상으로 삼는다면 샤워하는 공간, 그곳에서 경험할 수 있는 감각들, 샤워하는 행위를 하며 경험하는 감각들을 온전히 느껴 본다. 물의 온도와 감촉. 물줄기의 세기. 물이 쏟아지는 소리. 바닥에 떨어지는 소리. 손과 팔을 움직이는 느낌. 비누나 샴푸의 냄새. 비누 거품의 매끄러움. 피부에서 느껴지는 감각. 느낄 수 있는 모든 감각을 가만히 음미하듯 느껴본다.

아래에 행위 명상의 대상을 예시한다.

- 샤워, 면도/화장, 손 씻기, 이 닦기, 세수하기, 머리감기.
- 옷 벗고 입기, 양말 신고 벗기, 신발 신고 벗기.
- 요리, 먹기, 설거지, 청소.
- 문 열고 닫기, 엘리베이터 단추 누르기.
- 지하철 개찰구 통과하기, 버스나 전철 타고 내리기.
- 화장실 사용하기.
- 걷기.
- 운동.

3. 수행일지

o 위의 익힘 과제에 대해 적어도 하루에 한 가지씩 '수행일지'에 기록을 남긴다.

o '수행일지'는 이 책의 부록에 있고 또 파일이 나의 블로그 (MMPT 마음공부)에 올려 있으니 자유롭게 다운 받아서 사용해도 좋다.

https://blog.naver.com/peace_2011/221196712253
[출처] 명상·마음챙김·긍정심리 훈련(MMPT) 도우미

3. 익힘 연습을 위한 도움말

1. 쉰다: 목적 중심 행위 vs. 과정 중심 행위

명상은 욕구-생각을 쉬는 것이라고 했다. 일상의 행위를 할 때만이라도 욕구-생각을 쉬자. 설거지를 할 때도 그릇을 깨끗하게 씻겠다는 목적, 즉 욕구를 놓지 못한다. 이를 닦으면서도 음식을 먹고 난 후 입에서 냄새가 나지 않도록 깨끗하게 해야 한다는 욕구를 붙잡고 있다. 이런 욕구는 목적 중심 행위를 하게 한다. 이런 사람은 행위의 결과 상태, 즉 목적을 이룬 결과가 중요하다. 과정은 가급적 빠를수록 좋고 경제적일수록 좋다. 생략할 수 있다면 더욱 좋다. 그릇을 씻으면서도 빨리 씻고 TV 보며 쉬어야 한다고 생각한다. 이를 닦을 때 빨리 닦아버려야 한다고 생각한다. 길을 가면서도 빨리 목적지에 도착하려고만 한다. 목적에 너무 꽂히지 말고 과정을 즐기도록 하자.

목적 중심 행위는 힘이 들어간 행위로 비유할 수 있다. 수영이든, 테니스든, 골프든 모든 운동에서 힘을 빼야 함을 강조한다. 마찬가지다. 마음의 운용도 마찬가지다. 마음의 힘을 빼야 한다.

'쉰다'의 마음자세가 도움이 된다. 특히 행위 명상을 하고자 할 때 의도적으로 '쉰다'를 떠올린다. 이 닦으러 갈 때도 샤워하러 욕실에 들어갈 때도 이를 닦거나 샤워한다는 목적을 위한 행동을 하러 가는 것이 아니라 '쉬러 가는 거야.'라고 스스로에게 말해준다. 출근길 지하철을 타기 위해 걷는 동안도 지하철역에 도착하기 위한 목적 행동을 하는 것이 아니라 '짧은 여행이야. 쉬는 거야.' 이렇게 스스로에게 상기시켜준다. 요가 명상을 할 때도 '쉰다'. 내 몸은 움직이지만 내 마음은 '쉰다.' '쉰다'가 핵심이다.

'쉰다'의 요령이 몸에 익도록 한다. 그래서 명상만 하려 하면 '툭' 하고 '쉰다.' 일하다가 잠시 나갔다 오기 위해 일어나는 순간에도 '쉰다'를 떠올린다.

참고로 여행을 많이 다니는 사람은 일상생활의 행복도가 좀 떨어지는 경우가 있다. 어떤 사람은 세계 명산을 다 다녀서 청계산 가자면 시시해서 안 간다고 한다. 명상하는 사람들은 모든 것이 늘 아름답다. 아파트 단지의 새소리도, 길거리의 보도블록도, 직장 건물의 엘리베이터도 아름답다. 남산에서 단풍의 아름다움을 느낄 때 '요세미티(Yosemite)국립공원의 단풍은 더 예쁜데.'라고 생각한다면 불행한 거다. 과거의 기억, 더 멋진 곳을 봐야 한다는 욕구, 기억과 욕구에 기초한 비교 등으로 지금의 감각경험을 훼손하고 있는 거다.

2. 숙제처럼 하지 않는다

'오직 할 뿐'의 자세를 상기하기 바란다. 그리고 즐긴다, 음미한다는 기분으로 한다. 약간의 호기심을 가지고 한다. 이런 자극에서 어떤 감각을 느낄 수 있는지, 이런 행위를 할 때 느껴지는 감각은 어떤 것인지 호기심을 가지고 한다. '이게 뭐지?!' 하며 지금 느껴지는 감각을 온전히 느껴 본다. 미술관에서 명품을 관람하듯이, 값비싼 와인을 음미하듯이 경험하는 자세도 도움이 된다.

3. 여유를 가지고 한다

샤워, 이 닦기, 요리, 설거지, 출근길 걷기 등 일상의 행위를 명상의 대상으로 삼을 때는 별도의 수행시간이 필요한 것은 아니다. 그러나 평소보다 5분 정도 혹은 1-2분 정도 여유를 두고 한다. 그렇지 않으면 일상의 행위는 일처럼 되고 마음은 결과에 가 있게 된다. 행위의 과정을 충분히 음미하듯 느끼기 어렵다.

특히 시간에 쫓기거나 하기 싫은데 억지로 하는 경우에는 행위를 빨리 마쳐야 한다는 것(욕구)에 대부분의 주의가 할당되어 감각에 충분한 주의를 보내기 어렵다. 조금 여유 시간을 가지면 행위와 그에 따른 감각, 주변의 경험되는 감각 등에 온전히 주의를 보낼 수 있다.

또한 이렇게 여유시간을 두려는 시도 자체가 행위 명상을 하려는 동기를 강화시켜서 행위 명상의 연습에 도움이 된다.

여유를 갖고 감각에 주의를 보내는 명상을 하면 우리의 마음은 더 편안하고 여유로워진다. 그러면 감각을 더 잘 음미할 수 있다. 우리가 일상에서 여유로울 때를 떠올려 보라. 이때 우리는 욕구나 생각으로부터 자유롭다는 것을 알 수 있다.

4. 처음 하듯이 행동하기

가급적 모든 행위를 처음 하듯이 행동하며 행위에 집중하고 감각을 느껴 본다. 사실 우리가 하는 모든 행위는 처음 하는 행위다. 지금 하는 행위는 어제의 행위도 아니고 내일의 행위도 아닌 지금의 행위다. 지금의 행위는 늘 새롭다. 나의 몸과 마음도 매일 매 순간 변화하고 있다. 내가 사는 환경도 매일 매 순간 변화하고 있다. 엄밀하게 볼 때 우리는 한순간도 똑같은 환경에서 똑같은 나로 살 수 없다. 우리는 흘러가는 강물처럼 늘 새로운 환경에서 새로운 나로 살고 있다.

오감을 경험하는 행위도 처음 하듯이 한다. 평생 앞을 못 보다가 처음 눈을 뜬 사람처럼, 평상 못 듣다가 처음 귀가 열린 사람처럼 보고 듣는다. 다른 감각도 마찬가지다. 이렇게 하는 것이 습관적으로 경험하는 것을 멈추고 있는 그대로의 감각을 경험하도록 하는 것을 도와준다.

5. 느리게 행동하기

모든 행위를 언제나 느리게 행동할 필요는 없다. 기본적으로 평소처럼 행동하며 감각을 온전히 느끼도록 한다. 그러나 때로는 평소보다 약간 느리게 행동하는 것이 행동을 부지불식간에 습관적으로 하지 않고 감각을 온전히 음미하듯 느끼는 데 도움이 된다.

예를 들면, 커피 한 잔을 마실 때도 천천히 팔과 손을 움직여서 커피 잔을 잡고 천천히 들어서 천천히 마신다. 의자에 앉고 일어설 때도 천천히 앉고 일어선다. 모니터 화면이나 전등 스위치를 켤 때도 손과 팔을 천천히 움직여서 천천히 켠다. 음료수 뚜껑을 열 때도 천천히 돌려서 연다. 어디를 보려고 할 때도 고개를 천천히 움직여서 본다. 스마트폰을 사용할 때도 가급적 모든 동작을 천천히 한다. 스마트폰을 켜고 터치를 하고 화면을 바꾸고 끄고 하는 모든 동작을 천천히 한다. 귀나 코가 가려워 긁을 때도 가급적 천천히 긁는다. 이와 같이 일상의 모든 행위를 천천히 한다. 이렇게 하면 행동에 좀 더 주의를 집중하게 된다. 또한 모든 과정에서 욕구와 생각이 더 줄어들고 더 온전하게 감각을 느낄 수 있다.

6. 다르게 행동하기

모든 행위를 언제나 다르게 행동할 필요는 없다. 기본적으로 평소처럼 행동하며 감각을 온전히 느끼도록 한다. 그러나 때로는 평소와 약간 다르게 행동하는 것이 행동을 습관적으로 하지 않고 감각을 온전히 느끼는 데 도움이 된다.

예를 들면, 오른손잡이라면 가능하면 왼손을 사용해 본다. 이를 닦을 때 주로 오른손으로 닦았다면 왼손으로 닦는다. 식사할 때 왼손으로 수저를 사용해 본다. 물건을 잡고 옮길 때도 가능하면 왼손을 사용해 본다. 가능하면 오른손이 사용하던 모든 일을 왼손으로 해 본다. 바지를 입을 때 왼쪽 다리를 먼저 넣었다면 오른쪽 다리를 먼저 넣고 입는다. 단추를 채울 때 위부터 채웠다면 아래부터 채워 본다. 신발을 신을 때 왼발을 먼저 넣었다면 오른발을 먼저 넣고 신는다. 깍지를 낄 때도 평소에 왼손이 위로 올라간다면, 오른손이 위로 올라가게 해 본다. 이렇게 하면 행위에 좀 더 주의를 집중하게 되고 감각도 더 잘 느낄 수 있다.

느리게 행동하거나 다르게 행동하는 등 평소와 다르게 행동하면 자신에게 평소와 다른 조건을 제공하는 것이 된다. 평소와 조건이 달라지면 평소에 습관적으로 작용하는 특정한 패턴의 욕구와 생각이 자동적으로 나타나기 어렵게 된다. 이럴 때 지금-여기에서 하는 행위에 주의를 보내고 지금-여기에서 느껴지는 감각에 주의를 보내는 새로운 정보처리방식을 학습하기가 더 용이해진다. 그러나 중요한 것은 일상의 방식으로 행동하면서도 행동에 온전히 주의를 보내고 감각을 느낄 수 있어야 한다.

7. 속으로 말하기: '감각, 감각, 감각'

감각 명상이나 행위 명상을 할 때 속으로 마치 주문을 외우듯, 만트라(mantra)를 외우듯 '감각, 감각, 감각'이라는 말을 반복한다. 너무 많이 반복할 필요는 없다. 잡생각에 빠지지 않고 감각에 주의를 집중하는 것을 도와주는 정도에서 적절하게 반복하면 된다. 이것이 습관적으로 생각에 빠지는 것을 방지하며 지금-여기의 감각에 주의를 집중하고 유지하는 것을 도와줄 수 있다.

8. 속으로 말하기: 연합단어(trigger)

감각 명상이나 행위 명상을 할 때 속으로 '쉰다', '문득', '툭', '슬쩍', '무심히', '스위치 오프(switch-off)' 등의 단어를 머릿속에 떠올리며 명상 상태와 연결을 짓는다. 이렇게 하다 보면 이런 단어가 욕구-생각을 내려놓고 명상 상태로 되는 데 도움이 된다.

9. 마음사회이론의 활용: 명상시간의 의미부여

우리 문화에는 감각에 대한 경시가 팽배해 있다. 정신적인 것만 존중한다. 생각만 존중한다. 공부하고 일하는 것만 가치 있게 여긴다. 감각과 관련된 일들(이 닦기, 음식 준비하기, 설거지 등)을 경시한다. 가치 있는 데 사용해야 할 시간을 좀먹는 일로 여긴다. 이런 믿음이 강한 사람은 감각에 주의를 보내기가 어렵다. 이런 사람은 뭔가 가치 있는 일을 해야 하고 의미 있는 생각을 해야 한다는 강박이 강한 사람이다. 그러면서도 실제로는 그런 욕구와 생각 때문에 마음만 불안하고 일을 효율적으로 하지도 못한다. 이런 사람이야말로 명상이 필요한 사람이다. 근육도 쉬어주면서 사용해야 더 효율적으로 쓸 수 있는 것처럼 생각도 쉬어주면서 사용해야 효율적으로 사용할 수 있다. 명상에 임할 때 생각을 쉬어주면 일을 더 잘할 수 있다고 스스로에게 말해주면 의미 있는 일을 해야 한다고 주장하는 강박적인 나를 다독일 수 있고 협조를 구하기가 쉬워진다. 성장동기를 다시 활성화하며 설득하는 것도 좋다. 마음사회이론으로 볼 때 내 안의 나들을 설득하고 협조를 얻는 개인 내 소통(intra-personal communication)이 중요하다.

10. 포스트잇 활용

우리의 욕구, 생각, 행동은 맥락에 의존한다. 특정한 맥락에 놓이면 그 맥락과 연합된 익숙해진 욕구, 생각, 행동이 나타나게 된다. 일상의 거실, 화장실, 주방, 아파트의 보도, 지하철, 사무실 주변 공간, 사무실 등에 있을 때 우리는 그 환경에서 익숙한 방식의 습관적 욕구, 생각, 행동을 하게 된다. 일상생활에서 감각에 온전히 주의를 보내는 것은 매우 드문 일이다.

익숙해질 때까지는 새로운 정보처리방식을 습관들이기 위해서는 그것을 떠올릴 수 있도록 돕는 것이 필요하다. 포스트잇을 활용하는 것이 도움이 된다. 작은 포스트잇에 '감각', '쉰다', '천천히' 등을 써서 화장실 거울에 하나, 문의 눈높이에 하나, 모니터 옆에 하나 등 자주 눈이 가는 곳에 붙여 둔다. 이렇게 하면 이 닦으러 화장실 들어가다가도 '쉬러 가는 것이지.'를 상기하고 습관적으로 이 생각, 저 생각 하며 이 닦는 것이 아니라 감각에 집중하며 이를 닦게 된다.

스트레스와 감각 명상

감각 명상은 감각에 주의를 보내며 문득 쉬는 것이다. 이렇게 되면 다음을 깨닫는다. 감각이 있을 때 스트레스는 없다. 의식공간에서 감각과 생각은 제로섬 관계에 있다. 카페에서 종업원의 불친절에 화가 나려고 할 때 감각 명상을 떠올려본다. 문득 타일을 본다. 카페의 음악을 듣는다. 카페의 공간을 채우고 있는 냄새를 느낀다. 의식을 감각으로 열어놓는 것이다.

감각이 새로 나타나는 것이 아니다. 이미 있었다. 주의가 화에 가 있을 때는 안 보이고, 안 들리고, 안 맡아진다. 문득 쉬고 문을 여니까 소리가 들리고, 타일이 보이고, 냄새가 느껴진다. 이때 한 고비 넘기게 된다. '욱'하는 것을 한 고비 넘긴다. 명상을 많이 안 배워도. 요것만 배워도 '욱'하는 사람은 꽤 도움이 된다.

감각! 그 순간 감각! 욱하려고 할 때 지금-여기! 명상은 지금-여기와 연결, 접속하는 것이다. 화에 내 마음을 다 뺏겼었는데 지금-여기, 타일의 색깔, 모양, 귀에 들리는 카페의 음악 소리, 코에 들어오는 커피 냄새. 지금-여기와 접속! 마음이 스트레스에 빠졌다는 것은 지금-여기와 단절된 것이다. 생각은 과거, 미래로 간다. 명상은 지금-여기와 연결해 준다. 접속시켜 준다. 감각이 바로 지금-여기다.

- 이번 주 익힘 연습에서 새롭게 배운 점은 무엇인가?

- 이번 주 익힘 연습이 마음공부에 도움이 된 점은 무엇인가?

- 이번 주 익힘 연습을 통해 새롭게 깨달은 점은 무엇인가?

제 5 장 2주

명상(2): 몸과 친해지기

앞 주에서는 몸의 감각을 포함해서 감각 전체와 친해지는 감각 명상, 행위 명상을 배웠다. 이번 주에는 좀 더 몸의 감각에 초점을 두고 몸과 친해지는 요가 명상, 몸 명상, 호흡 명상을 공부하도록 한다.

앞 주에서는 감각 명상, 행위 명상을 통해 지금-여기의 세계, 즉 감각의 세계와 연결하는 훈련을 했다. 우리는 평소에 욕구나 생각에 빠져 몸은 지금-여기에 있으나 마음은 과거나 미래, 여기가 아닌 다른 장소에 가 있다. 마치 몸은 정신을 잃어버리고 좀비로 살고 정신은 몸을 놓치고 귀신으로 사는 형국이다(김정호, 2018a). 욕망과 개념의 세계에만 살다가 감각 명상, 행위 명상을 통해 지금-여기의 실제의 세계, 감각의 세계와 다시 접속되고 연결된다. 좀비로 설거지하고 좀비로 이 닦고 좀비로 걷다가 다시 살아 있는 인간의 삶을 살게 된다. 이번 주의 요가 명상, 몸 명상, 호흡 명상 역시 지금-여기의 실제 세계, 감각의 세계와 연결시켜 줄 것이다. 특히 지금-여기의 몸과 연결시켜 줄 것이다. 더 이상 몸과 분리되어 좀비로 살지 않게 해줄 것이다.

1. 익힘 연습 나눔과 피드백

지난 한 주 동안의 익힘 연습을 하며 경험한 것과 느낀 것에 대해 나눈다. 아래에 경험과 소감의 예시를 소개한다. 집단으로 진행하는 경우 지도자는 참가자의 경험, 소감, 질문 등에 대해 피드백을 준다. 혼자 공부하는 경우에는 이 책의 설명, 특히 익힘 연습을 위한 도움말을 반복해서 읽어 보면 스스로 피드백을 받을 수 있다.

- 화장실 타일이 조금은 충격적이었다. 꽤나 긴 시간 동안 사용한 화장실인데 명상 모임 때 떠올려 보니 타일의 모양과 색깔이 생각이 나지 않아 의아했었다. 명상 모임이 끝나고 집에 오자마자 화장실의 타일을 들여다보며, '맞아 이런 무늬였는데 늘 쳐다보고 있었는데 좀비의 눈으로 타일을 보았구나.' 하는 생각이 들어 그 시간 잠시 주의 깊게 타일의 무늬를 섬세하게 들여다보았다.

- 버스 안에서는 항상 자리에 앉고 싶다는 욕구 때문에 스트레스를 받곤 했는데 버스가 움직일 때마다 몸에서 느끼는 진동, 핸드크림 냄새, 소리 등 감각에 집중하다 보니, 어느새 자리에 앉아야만 한다는 생각에서 벗어날 수 있었다. 평소 버스라는 공간은 나에게 항상 '빨리 앉고 싶다. 힘들다.'는 생각만 들었던 공간이었는데 매일 타는 버스에서 오랜만에 새롭고 재미있는 감각들을 느낄 수 있었다.

- 샤워하며 머리 감을 때 물소리를 듣고 깜짝 놀랐다. 폭포 소리보다 더 큰 소리가 났다. 물소리도 하나가 아니라 다양했다.

- 옷장의 스웨터가 모두 파란색이라는 것을 깨달았다. 평소에 파란색을 좋아하기는 하는데 깜짝 놀랐다. 내가 이렇게까지 파란색을 좋아했나! 다음 날 직장 가서 얘기했더니 사람들이 그걸 인제 알았느냐고 했다.

- 평소에 세수할 때는 이후에 무엇을 할지, 무엇을 먹고 입을지 등을 생각하느라 이런 감각들을 느낄 겨를이 없었다.

물론 이렇게 감각을 느낄 때도 잡다한 생각들이 들었지만 평소가 감각 30, 생각 70이었다면, 이번엔 감각 60, 생각 40 정도였던 것 같다. 감각을 느끼면서 내가 평소에 익숙했지만 자세히 들여다보지 않았던 것들에 대해 좀 더 알게 된 것 같다.

- 어제 학교를 가기 위해 지하철을 타려고 하는데 눈앞에서 문이 닫혀서 허탈함을 느끼던 차였다. 평소였으면 짜증난 채로 그냥 하릴없이 스마트폰이나 들여다보고 있었을 텐데 이번에는 잠시 감각 명상을 해 보았다. 그러자 지하철 역사의 정적이 느껴지기 시작했다. 지하철이 방금 떠나 아무도 없는 승강장에서 이런 소리가 난다는 것을 처음으로 알게 되었다. 한 번도 의식해 본 적 없던 것을 알게 되니 늘 살아온 일상 속에 이런 감각도 존재함을 알게 되면서 얼마나 많은 것들을 내가 그저 흘려보내면서 살아왔을까 싶기도 하다.

2. 요가 명상

요가 명상은 행위 명상에 속하므로 기본적으로 앞 장에서 설명한 행위 명상의 지침들을 따르면 된다. 다만 요가 명상은 다른 행위 명상과 달리 다른 감각보다 몸의 감각에 초점을 두고 주의를 기울인다. 요가라는 행위를 통해 몸을 알고 몸과 친해지며 몸을 건강하게 변화시키도록 한다.

요가는 스트레칭이라고 볼 수도 있지만 스트레칭과 요가의 큰 차이는 각 동작을 하며 온전히 주의를 기울이는 명상으로 수행한다는 점이다. 몸은 움직여도 마음은 고요한 자리에 있도록 한다. 태풍의 눈처럼 고요한 자리에 있도록 한다. 태풍은 강력한 움직임 한가운데 맑고 고요한 태풍의 눈을 갖고 있다.

요가는 명상 수행으로도 좋지만 기본적으로 스트레칭이기 때문에 몸의 건강에 주는 효과도 좋다. 우리의 몸은 사용하지 않으면 점차로 굳는 경향이 있다. 관절이 뻑뻑해지고 근육은 뭉치게 된다. 또 몸을 움직이지 않으면 혈액이나 림프액의 순환도 좋지 않다. 따라서 요가를 하며 몸을 풀어주는 것은 몸을 유연하게 해주고 혈액과 림프액의 순환도 좋게 해준다. 또한 요가는 근육을 강건하게 해주고 균형감각을 발달시켜주는 등 건강에 많은 도움이 된다.

요가 실습은 아래에 소개하는 '5-아사나 요가'와 '6-아사나 목 요가'로 진행하며 시간적 제한이 있으면 둘 중에 한 가지만 실시해도 된다. 이밖에 다른 책(김정호, 2014)에서 소개한 '6-아사나 의자 요가' 및 서서하는 '6-아사나 요가'도 요가 명상으로 추천한다. 또한 집단으로 공부하는 경우 가능하다면 지도가가 안내하는 방식으로 요가를 마친 후에 참가자 각자 자율적으로 자신의 속도에 맞춰 한 번 더 요가를 진행하면 좋다. 외부의 안내 없이 스스로 천천히 진행하며 각 동작과 감각을 온전히 느끼는 고요한 시간을 가질 수 있다.

1. 주의사항과 마음가짐

1. 주의사항

지도자는 요가를 진행하기 전에 참가자들에게 목이나 허리에 디스크가 있거나 고혈압 등 질병이 있는 경우에는 가급적 의사와 먼저 상의 후에 하도록 하고, 할 수 있는 동작만 무리하지 않는 범위 안에서 따라하도록 안내한다.

요가를 따라 할 때 참가자는 무리하지 말고 할 수 있을 정도만 한다. 가급적 천천히 수행하고 동작에 주의를 잘 기울여 감각을 잘 느끼되 과도하게 따라하지 않도록 한다. 특히 옆 사람을 의식해서 더 잘 하려고 하는 것은 금물이다. 지도자의 진행이 자신에게 과하다고 느껴지면 언제든지 먼저 기본자세로 돌아오도록 한다.

끝으로 한마디. 요가를 잘하겠다는 마음에 너무 진지하고 심각하다 못해 얼굴이 무섭게 보이지 않도록 한다. 요가를 하며 간간이 얼굴 표정을 느껴 보며 얼굴 표정을 부드럽게 한다. 입술 끝의 힘을 빼고 미간을 순하게 한다.

2. 마음가짐

요가를 행위 명상으로 할 때는 몸의 운동을 위해서라기보다 움직임과 함께 나타나고 변화하는 몸의 감각을 온전히 느끼기 위해 요가를 한다. 요가의 각 동작을 처음 할 때는 익숙하지 않아 동작을 배우는 데 주의가 많이 필요할 것이다. 그러나 요가의 동작을 익힌 다음에는 '쉰다'의 자세로 동작과 동작에 따른 몸의 감각에 마음을 열고 온전히 느끼며 일상의 욕구와 생각을 쉰다. 요가의 각 동작과 그 행위에 따른 감각을 음미한다, 즐긴다는 자세도 도움이 된다. 너무 열심히 하려는 자세보다는 '오직 할 뿐'의 자세로 수행하며 각각의 동작과 그에 따른 감각에 주의를 기울이며 온전히 느끼도록 한다.

몸의 상태는 그때그때 다르다. 요가를 하며 현재 몸의 한계를 잘 알고 그것에 따른다. 한계에 맞춰 동작을 취하고 그때 경험되는 감각을 온전히 음미하고 즐기도록 한다. 요가를 통해 몸의 건강뿐만 아니라 몸과 친해진다는 것도 잊지 않는다. 몸을 잘 챙기며 요가를 한다.

각목 같은 몸이 요가에 더 좋다

"오랜만에 차분하게 생각을 줄이며 요가를 통해 몸의 감각에만 집중을 하니 한결 편한 기분이 되었다. 요가를 하며 교수님은 몸이 각목 같은 사람에게 요가가 더 효과적이라고 하시는 말씀에 예전 같으면 '유연해지려고 하는데 너무 당연한 말이 아닌가?'라고 느꼈겠지만, 진심으로 동의하게 되었다. 생각을 다스리고 한곳에 주의를 집중하여 감각과 친해지는 것이 명상의 기본인데 몸이 유연하고 쉽게 된다면 잉여주의가 발동하여 나도 모르게 주의가 잡생각에 쓰일 수 있겠구나, 하는 생각이 들었다. 반면, 몸이 뻣뻣하다면 자세를 하나하나 따라하면서 힘이 들고 몸의 특정 부분에 감각을 집중하며 자연스럽게 생각을 다스릴 수 있을 것 같았다."

2. 5-아사나 요가

5-아사나 요가는 현대인이 의자 생활을 많이 하므로 의자에 앉은 상태에서 할 수 있는 간단한 다섯 가지 요가 동작으로 구성되어 있다. 현대인이 스마트폰이나 컴퓨터 작업을 많이 해서 목, 어깨, 팔 등에 부담이 많이 가고 경직되기 쉬우므로 몸, 어깨, 팔 등을 풀어주는 동작을 넣었다. 앉아서도 할 수 있지만 서서 수행하면 온 몸의 근육 전체가 참여할 수 있어서 더 좋다.

각 동작은 가급적 천천히 수행한다. 근육을 천천히 조금씩 수축하고 늘려줌으로써 근육과 인대 등의 부상을 방지하고 안전하게 동작할 수 있으며 동작에 관여하는 근육에 미치는 수축과 신전의 효과가 근육 속까지 깊게 이루어지도록 해준다. 뿐만 아니라 동작을 천천히 조금씩 깊게 진행함으로써 매 순간 동작에 참여하는 몸의 부위가 변화하는 것과 느껴지는 감각이 변화하는 것에 주의를 보낼 수 있다. 가급적 주의를 온전히 집중함으로서 매 순간 변화하는 동작과 근육 및 인대의 감각을 빠짐없이 온전히 느끼도록 한다.

음미하고 즐긴다는 자세도 좋다. '이게 뭐지?!' '이 감각이 뭐지?!' 이렇게 움직임에 따른 감각을 음미하듯이 한다. 요가 동작을 취하면 몸은 감각이라는 '선물'을 준다. 몸이 주는 선물인 감각을 온전히 느끼고 음미한다. 내 몸을 즐긴다. 특별한 장난감, 도구도 필요 없다. 내 몸은 나를 행복하게 해주는 훌륭한 도구다. 내 몸의 감각은 어떤 것보다도 훌륭한 경험을 준다. 감각을 좀 더 온전히 느끼고 음미하기 위해 때로 눈을 감는 것도 좋다. 동작을 취하며 몸에 귀를 기울이며 몸의 각 부위에서 들려주는 소리를 경청하듯이 한다. 동작을 완성한 다음에는 호흡하는 몸도 함께 느끼며 몸에서의 감각을 온전히 즐기듯 음미한다. 이 과정에서 몸을 더 잘 알게 되고 몸과 더 친해지게 된다.

요가의 아사나와 아사나 사이에는 가급적 충분한 쉼의 시간을 두고 쉼의 시간에 요가 동작 후에 온 몸을 통해 느껴지는 '감각의 여운'을 잘 느껴보고 음미한다.

요가 명상을 수행하는 과정에서 주의가 다른 생각으로 가게 되면 그것을 쫓아가거나 쫓아내지 말고 알아차린 후에 그냥 지금의 동작에 좀 더 주의를 보낸다.

1. 기본자세

앉은 자세로 수행할 때는 허리를 적절히 세우고 어깨에서 힘을 툭 떨어뜨린다. 손은 편안하게 허벅지 위에 내려놓거나 앞에 모아 둔다. 얼굴 표정은 편안하고 부드럽게 한다.

서서 수행할 때는 양발을 어깨 너비로 벌리고 안정되게 선다. 어깨의 힘을 빼고 양손은 양쪽 허벅지 옆에 편안하게 늘어뜨린다. 옷걸이에 옷이 걸려 있듯이 어깨 부위의 근육을 툭 내려놓는다. 얼굴 표정은 편안하고 부드럽게 한다.

시작하기 전에 머리끝에서 발끝까지 온몸을 가만히 느껴보는 시간을 갖고 천천히 아사나를 시작한다.

2. 손깍지 끼고 기지개 켜기

1) 양손을 깍지 낀다. 깍지 낀 손의 감각을 느껴본다.
2) 깍지 낀 손을 앞으로 쭉 뻗는다. 팔과 어깨 사이의 관절에 여유가

생기도록 몸통은 제자리를 지키면서 팔만 앞으로 기분 좋게 쭉 뻗는다.

3) 2-3회 자연스럽게 호흡하며 이 동작에서 느껴지는 감각을 음미하듯, 즐기듯 온전히 느껴본다.

4) 깍지 낀 손을 손바닥이 하늘을 향하도록 하면서 위로 시원하게 올려준다. 어깨 죽지가 기분 좋게 늘어난다. 이때 골반은 의자 위에 잘 밀착되어 있는 상태에서 기지개 켜듯이 몸통도 위로 쑥 딸려 올라가며 복부 근육과 허리 근육도 시원하게 스트레칭 된다.

5) 3-4회 자연스럽게 호흡하며 이 동작에서 느껴지는 감각을 음미하듯, 즐기듯 온전히 느껴본다.

6) 천천히 기본자세로 돌아온다. 몸통은 바르게 세운 상태에서 깍지 낀 손바닥을 앞으로 쭉 뻗으며 천천히 내린다. 양팔이 바닥과 수평이 되면 한 번 더 쭉 앞으로 뻗어보고 조금씩 힘을 풀며 중력과 함께 팔이 천천히 내려오도록 한다.

7) 기본자세에서 자연스럽게 호흡하며 몸의 감각에 주의를 보낸다. 방금 마친 동작으로 인해 몸에 감각의 여운이 남아 있다. 따뜻함, 화끈거림, 이완감 등 감각의 여운을 온전히 느끼도록 한다. 음미하듯, 즐기듯 온전히 느낀다.

3. 어깨 올리고 목 돌리기: 좌우

1) 양손의 손등을 허리춤에 가볍게 붙이고 어깨를 바짝 올려 귀에 붙이듯이 한다.

2) 고개를 떨어뜨린 후에 왼쪽 방향으로 천천히 돌린다. 고개를 돌린다기보다 마치 목으로 어깨를 지압하듯이 한다.

3) 목으로 어깨를 꾹꾹 눌러주며 천천히 정성껏 한 바퀴 돌려 준다.

4) 이와 같은 방법으로 왼쪽으로 목 돌리기를 모두 4회 반복한다.

5) 고개를 떨어뜨린 후에 오른쪽 방향으로 천천히 돌린다. 고개를 돌린다기보다 마치 목으로 어깨를 지압하듯이 한다.

6) 목으로 어깨를 꾹꾹 눌러주며 천천히 정성껏 한 바퀴 돌려 준다.

7) 이와 같은 방법으로 오른쪽으로 목 돌리기를 모두 4회 반복한다.

8) 천천히 기본자세로 돌아와서 자연스럽게 호흡하며 몸의 감각에 주의를 보낸다. 방금 마친 동작으로 인해 몸에 남아 있는 따뜻함, 화끈거림, 이완감 등 감각의 여운을 온전히 느끼도록 한다. 음미하듯, 즐기듯 온전히 느낀다.

4. 어깨 돌리기: 상하

1) 양손을 각각의 어깨 위에 가볍게 얹으며 양 팔꿈치가 앞을 향하도록 한다.

2) 양 팔꿈치를 앞으로 쭉 밀어낸다. 팔과 어깨 사이의 관절에 여유가 생기도록 몸통은 제자리를 지키면서 양 팔꿈치만 앞으로 기분 좋게 쭉 뻗는다.

3) 2-3회 자연스럽게 호흡하며 이 동작에서 느껴지는 감각을 음미하듯, 즐기듯 온전히 느껴 본다.

4) 양 팔꿈치가 하늘을 향하도록 최대한 위로 높게 올려 양어깨가 귀에 붙도록 한다.

5) 양어깨가 서로 마주할 수 있도록 어깨를 최대한 뒤로 민다.

6) 양 팔꿈치를 천천히 수직으로 쭉 내리며 양어깨가 최대한 아래로 내려가도록 한다.

7) 양 팔꿈치를 천천히 올리며 앞으로 쭉 밀어낸다.

8) 1)-7)의 동작을 자연스럽게 이어서 부드럽게 '위로 돌리기'를 천천히 4회 반복한다. (어깨가 가급적 크게 움직일 수 있도록 돌린다.)

9) 양손을 각각의 어깨 위에 가볍게 얹으며 양 팔꿈치가 앞을 향하도록 한다.

10) 양 팔꿈치를 앞으로 쭉 밀어낸다. 팔과 어깨 사이의 관절에 여유가 생기도록 몸통은 제자리를 지키면서 양 팔꿈치만 앞으로 기분 좋게 쭉 뻗는다.

11) 2-3회 자연스럽게 호흡하며 이 동작에서 느껴지는 감각을 음미하듯, 즐기듯 온전히 느껴 본다.

12) 양 팔꿈치를 천천히 수직으로 쭉 내리며 양어깨가 최대한 아래로 내려가도록 한다.

13) 양어깨가 서로 마주할 수 있도록 어깨를 최대한 뒤로 민다.

14) 양 팔꿈치가 하늘을 향하도록 최대한 높게 올려 양어깨가 귀에 붙도록 한다.

15) 양 팔꿈치를 천천히 내리며 앞으로 쭉 밀어낸다.

16) 9)-15)의 동작을 자연스럽게 이어서 부드럽게 '아래로 돌리기'를

천천히 4회 반복한다. (어깨가 가급적 크게 움직일 수 있도록 돌린다.)

17) 천천히 기본자세로 돌아와서 자연스럽게 호흡하며 몸의 감각에 주의를 보낸다. 방금 마친 동작으로 인해 몸에 남아 있는 따뜻함, 화끈거림, 이완감 등 감각의 여운을 온전히 느끼도록 한다. 음미하듯, 즐기듯 온전히 느낀다.

5. 양팔 당겨주기: 좌우

1) 왼쪽

(1) 양 손바닥이 마주 보게 하면서 양팔을 앞에 나란히 한다. 이때 어깨는 올라가지 않도록 충분히 낮춘다.

(2) 왼팔의 바깥 팔꿈치를 오른팔의 안쪽 팔꿈치에 대고 오른팔을 굽혀서 왼팔은 오른쪽으로 쭉 뻗어있고 오른팔이 감싼 형태를 취한다.

(3) 감싼 오른팔로 왼팔을 천천히 당겨 왼쪽 팔과 어깨 사이의 바깥 관절이 시원하게 늘어나도록 해 준다. 이때 고개는 반대로 왼쪽 방향으로 천천히 돌린다.

(4) 척추는 바르게 서 있는 상태에서 마치 빨래를 짜듯이 왼팔은 오른쪽으로, 고개는 왼쪽으로 천천히 조금씩 비틀어 준다.

(5) 한계에 도달하면 그 상태에서 3-4회 자연스럽게 호흡하며 몸에서 느껴지는 감각을 음미하듯, 즐기듯 온전히 느껴 본다.

(6) 천천히 기본자세로 돌아와서 자연스럽게 호흡하며 몸의 감각에 주의를 보낸다. 방금 마친 동작으로 인해 몸에 남아 있는 따뜻함, 화

끈거림, 이완감 등 감각의 여운을 온전히 느끼도록 한다. 음미하듯, 즐기듯 온전히 느낀다.

2) 오른쪽

(오른쪽에 대해서도 마찬가지의 방법으로 진행한다.)

6. 양팔 비틀어 올리기: 좌우

1) 왼쪽

(1) '양팔 당겨주기'에서처럼 양 손바닥이 마주 보게 하면서 양팔을 앞에 나란히 한 후에 양 손등이 서로 마주 볼 수 있게 양팔을 제자리에서 180도 회전한다. ('양팔 당겨주기'에서와는 달리 엄지가 아래를 향하고 새끼손가락이 위를 향한다.) 이때 어깨는 올라가지 않도록 충분히 낮춘다.

(2) 왼손을 올려 오른손으로 가져가 깍지를 낀다. (왼팔이 오른팔 위로 올라간 상태에서 깍지 낀 형태가 된다.)

(3) 깍지 낀 상태에서 팔을 앞으로 쭉 뻗는다. 팔과 어깨 사이의 관절에 여유가 생기도록 몸통은 제자리를 지키면서 팔만 앞으로 기분 좋게 쭉 뻗는다.

(4) 2-3회 자연스럽게 호흡하며 이 동작에서 느껴지는 감각을 음미하듯, 즐기듯 온전히 느껴 본다.

(5) 깍지 낀 손을 몸 쪽으로 당겨오며 한 바퀴 뒤집어 깍지 낀 손을 앞으로 쭉 뻗으면 왼팔이 비틀린 상태에서 늘어나게 된다. (이때 무리하지 않는다. 팔꿈치가 제대로 펴지지 않으면 무리해서 펴지 않고 그 상태에서 진행한다.) 이때도 팔과 어깨 사이의 관절에 여유가 생기도록 몸통은 제

자리를 지키면서 팔만 앞으로 기분 좋게 쭉 뻗는다.

(6) 2-3회 자연스럽게 호흡하며 이 동작에서 느껴지는 감각을 음미하듯, 즐기듯 온전히 느껴 본다.

(7) '(6)'번 상태에서 팔을 천천히 위로 조금씩 올려준다. 어깨와 팔 사이가 시원하게 늘어나고 몸통도 따라서 쭉 딸려 올라가며 복부 근육과 허리 근육도 기분 좋게 스트레칭 된다. (이때도 무리하지 않고 할 수 있을 만큼만 한다.)

(8) 3-4회 자연스럽게 호흡하며 이 동작에서 느껴지는 감각을 음미하듯, 즐기듯 온전히 느껴본다.

(9) 천천히 다음 자세로 옮긴다. 몸통은 바르게 세운 상태에서 깍지 낀 양손을 앞으로 쭉 뻗으며 양팔이 바닥과 수평이 될 때까지 천천히 내린다. 양팔이 바닥과 수평이 되면 깍지 낀 손은 풀지 않은 상태에서 깍지 낀 손을 몸 쪽으로 당겨 뒤집은 팔을 풀어주며 깍지 낀 손을 앞으로 쭉 뻗는다. 이때도 팔과 어깨 사이의 관절에 여유가 생기도록 몸통은 제자리를 지키면서 깍지 낀 상태에서 팔만 앞으로 기분 좋게 쭉 뻗는다.

(10) 그 상태에서 천천히 깍지 낀 양손을 머리 위로 높게 들어올린다. 가능하면 팔이 귀 뒤로 넘어갈 수 있도록 한다. 이때 골반은 의자 위에 잘 밀착되어 있는 상태에서 기지개 켜듯이 몸통도 위로 쑥 딸려 올라가며 복부 근육과 허리 근육도 시원하게 스트레칭 된다.

(11) 3-4회 자연스럽게 호흡하며 이 동작에서 느껴지는 감각을 음미하듯, 즐기듯 온전히 느껴본다.

(12) 천천히 기본자세로 돌아온다. 몸통은 바르게 세운 상태에서 깍지

낀 양손을 앞으로 쭉 뻗으며 천천히 내린다. 양팔이 바닥과 수평이 되면 한 번 더 쭉 앞으로 뻗어보고 힘을 풀며 중력과 함께 팔이 천천히 내려오도록 한다.

(13) 기본자세에서 자연스럽게 호흡하며 몸의 감각에 주의를 보낸다. 방금 마친 동작으로 인해 몸에 감각의 여운이 남아 있다. 따뜻함, 화끈거림, 이완감 등 감각의 여운을 온전히 느끼도록 한다. 음미하듯, 즐기듯 온전히 느낀다.

2) 오른쪽

(오른쪽에 대해서도 마찬가지의 방법으로 진행한다.)

7. 전체 휴식

모든 동작을 마친 후에 자연스럽게 호흡하며 몸 전체에서 느껴지는 감각을 음미하듯이 느껴본다. 나중에는 뒤에서 배울 몸 명상이나 호흡 명상으로 자연스럽게 이어져도 좋다.

8. 기록 및 소감 나눔

요가 명상을 모두 마친 다음에는 각자 몸과 마음을 통해 무엇을 경험했는지 그리고 행위를 하고 관찰을 하며 무엇을 느꼈는지 기록한 후 경험과 소감을 함께 나눈다. 경험과 소감의 예시는 6-아사나 목 요가를 마치고 소개한다.

3. 6-아사나 목 요가

현대인이 컴퓨터 작업이나 스마트폰 사용으로 목이 거북목, 일자목 등이 될 정도로 몸에 부담이 많으므로 목 6 아사나는 목을 중심으로 몸을 풀어주고 강화시켜주는 요가다.

1. 기본자세

서서 수행할 수도 있지만 일반적으로는 그냥 의자에 앉은 자세에서 수행한다. 의자 뒤에 깊숙이 앉는 것보다 가급적 의자 앞 끝에 앉는 것이 동작을 수행하기에 좋다.

　허리를 적절히 세우고 어깨에서 힘을 툭 떨어뜨린다. 손은 편안하게 허벅지 위에 내려놓거나 앞에 모아 둔다. 얼굴 표정은 편안하고 부드럽게 한다.

2. 전굴

1) 얼굴을 정면으로 하고 상체는 바로 세운 상태에서 자신의 한계에 도달할 때까지 고개를 천천히 앞으로 숙인다.
   ○ 어깨는 편안하게 이완되어 있도록 한다.
   ○ 고개를 앞으로 꺾는다기보다는 목을 앞으로 쭉 늘린다는 기분으로 숙인다.
   ○ 정수리부터 시작해서 꼬리뼈까지 목과 연결된 등 전체가 쭉 늘어나는 것을 잘 느껴 본다. 피부, 근막, 근육, 바깥쪽 척추관절, 혈관, 림프관, 신경 등이 모두 늘어나고 펴진다.
   ○ 목을 천천히 숙일 때 정수리부터 머리 뒷면, 목, 목과 바로 연결

되어 있는 척추 부위, 중간 척추 부위, 맨 아래 척추 부위가 순차적으로 늘어나는 것을 느껴 본다.

2) 자신의 한계에 도달하면 멈춘 상태에서 자연스럽게 호흡한다.
   ○ 무리하게 숙이지 않는다.
   ○ 힘들지 않을 만큼만 자세를 유지하고 다시 돌아온다.

3) 천천히 고개를 들어 기본자세로 돌아온다.
   ○ 꼬리뼈부터 시작해서 제자리로 돌아오듯이 한다.
   ○ 돌아올 때는, 마치 결합은 분해의 역순처럼, 마지막에 늘어난 부위부터 돌아온다. 맨 아래 척추 부위부터 중간 척추 부위, 목과 바로 연결되어 있는 척추 부위, 목, 머리 뒷면, 정수리의 순서로 돌아온다. 기본자세로 돌아오는 모든 동작에서 이렇게 순서를 따르지 않고 그냥 고개부터 들려고 하면 자칫 다칠 수 있으니 조심한다.

4) 몸에서 느껴지는 감각의 여운을 음미하며 편안하게 호흡한다.

3. 후굴

1) 얼굴을 정면으로 하고 상체는 바로 세운 상태에서 자신의 한계에 도달할 때까지 고개를 천천히 뒤로 넘긴다.
   ○ 어깨는 편안하게 이완되어 있도록 한다.
   ○ 고개를 뒤로 꺾는다기보다는 목을 뒤로 쭉 늘린다는 기분으로 젖힌다.
   ○ 정수리부터 시작해서 꼬리뼈까지 목과 연결된 가슴과 배 전체

가 쭉 늘어나는 것을 잘 느껴 본다. 피부, 근막, 근육, 안쪽 척추 관절, 혈관, 림프관, 신경 등이 모두 늘어나고 펴진다.

○ 목을 천천히 넘길 때 정수리부터 얼굴, 목, 가슴, 윗배, 중간 배, 아랫배가 순차적으로 늘어나는 것을 느껴 본다.

2) 자신의 한계에 도달하면 멈춘 상태에서 자연스럽게 호흡한다.

○ 무리하게 젖히지 않는다.

○ 힘들지 않을 만큼만 자세를 유지하고 다시 돌아온다.

3) 천천히 고개를 들어 기본자세로 돌아온다.

○ 꼬리뼈부터 시작해서 제자리로 돌아오듯이 한다.

○ 돌아올 때는, 마치 결합은 분해의 역순처럼, 마지막에 늘어난 부위부터 돌아온다. 아랫배, 중간 배, 윗배, 가슴, 목, 얼굴, 정수리의 순서로 돌아온다. 전굴에서와 마찬가지로 기본자세로 돌아오는 모든 동작에서 이렇게 순서를 따르지 않고 그냥 고개부터 돌아오려고 하면 자칫 다칠 수 있으니 조심한다.

4) 몸에서 느껴지는 감각의 여운을 음미하며 편안하게 호흡한다.

4. 좌측굴

1) 얼굴을 정면으로 하고 상체는 바로 세운 상태에서 자신의 한계에 도달할 때까지 고개를 천천히 왼쪽으로 기울인다.

○ 어깨는 편안하게 이완되어 있도록 한다.

○ 고개를 왼쪽으로 꺾는다기보다는 목을 위로 시원하게 잡아당기듯이 하면서 왼쪽으로 쭉 늘린다는 기분으로 기울인다. 이때

오른쪽 어깨는 따라오지 않도록 충분히 이완한다.

- ㅇ 목 근육 및 목 근육과 빗장뼈 깊숙한 곳까지 연결된 근육이 시원하게 늘어나고 펴진다. 해당 부위의 피부, 근막, 혈관, 림프관, 신경 등이 모두 늘어나고 펴진다.
- ㅇ 상체는 정면을 향하고 바르게 세운 상태에서 정수리부터 시작해서 꼬리뼈까지 연결된 척추관절의 오른쪽 부위도 늘어나고 펴진다.
- ㅇ 목을 왼쪽으로 천천히 기울일 때 정수리부터 얼굴의 오른쪽면, 목, 쇄골 안쪽, 목과 바로 연결되어 있는 척추 부위, 중간 척추 부위, 맨 아래 척추 부위가 순차적으로 늘어나는 것을 느껴본다.
- ㅇ 동작을 할 때 이 모든 부위가 길게 펴지는 것을 느끼면서 한다. 특히 척추 전체가 늘어나는 것을 잘 느끼며 한다.

2) 자신의 한계에 도달하면 멈춘 상태에서 자연스럽게 호흡한다.
- ㅇ 무리하게 기울이지 않는다.
- ㅇ 힘들지 않을 만큼만 자세를 유지하고 다시 돌아온다.

3) 천천히 고개를 들어 기본자세로 돌아온다.
- ㅇ 꼬리뼈부터 시작해서 제자리로 돌아오듯이 한다.
- ㅇ 돌아올 때는, 마치 결합은 분해의 역순처럼, 마지막에 늘어난 부위부터 돌아온다. 맨 아래 척추 부위부터 중간 척추 부위, 목과 바로 연결되어 있는 척추 부위, 쇄골 안쪽, 목, 얼굴의 오른쪽 면, 정수리의 순서로 돌아온다. 이때도 기본자세로 돌아오는 다른 동작에서와 마찬가지로 이렇게 순서를 따르지 않

명상·마음챙김·긍정심리 훈련(MMPT) 워크북

고 그냥 고개부터 돌아오려고 하면 자칫 다칠 수 있으니 조심
한다.

4) 몸에서 느껴지는 감각의 여운을 음미하며 편안하게 호흡한다.

5. 우측굴

(좌측굴과 방향만 다름)

6. 좌 비틀기

1) 얼굴을 정면으로 하고 상체는 바로 세운 상태에서 자신의 한계에
   도달할 때까지 고개를 천천히 왼쪽으로 돌린다.

   ○ 어깨는 편안하게 이완되어 있도록 하며 고개를 돌릴 때 따라
     가지 않도록 한다.

   ○ 고개만 왼쪽으로 돌리는 것이 아니라 정수리를 중심으로 꼬리
     뼈까지 연결된 척추를 나사 돌리듯 왼쪽으로 돌린다는 기분으
     로 한다.

   ○ 목 근육 및 목 근육과 빗장뼈 깊숙한 곳까지 연결된 근육이 비
     틀어지면서 시원하게 늘어나고 펴진다. 해당 부위의 피부, 근
     막, 혈관, 림프관, 신경 등이 모두 늘어나고 펴진다.

   ○ 척추 및 척추와 연결된 신체기관이 함께 비틀어지면서 늘어나
     고 펴진다.

   ○ 상체는 얼굴을 따라가지 않고 정면을 향하도록 유념한다.

   ○ 고개가 돌아갈 때 눈동자도 같이 왼쪽으로 따라감으로써 눈동

자의 근육도 함께 스트레칭이 되도록 한다.

- o 마치 몸의 뒷면을 보듯이 한다.

2) 자신의 한계에 도달하면 멈춘 상태에서 자연스럽게 호흡한다.

- o 무리하게 돌리지 않는다.
- o 힘들지 않을 만큼만 자세를 유지하고 다시 돌아온다.

3) 천천히 고개를 돌려 기본자세로 돌아온다.

- o 감았던 나사를 다시 풀어주듯이 정수리부터 꼬리뼈까지의 축을 다시 돌려온다.

4) 몸에서 느껴지는 감각의 여운을 음미하며 편안하게 호흡한다.

7. 우 비틀기

(좌 비틀기와 방향만 다름)

8. 전체 휴식

모든 동작을 마친 후에 자연스럽게 호흡하며 몸 전체에서 느껴지는 감각을 음미하듯이 느껴본다. 나중에는 뒤에서 배울 몸 명상이나 호흡 명상으로 자연스럽게 이어져도 좋다.

9. 기록 및 소감 나눔

요가 명상을 모두 마친 다음에는 각자 몸과 마음을 통해 무엇을 경험했는지 그리고 행위를 하고 관찰을 하며 무엇을 느꼈는지 기록한 후 경험과 소감을 함께 나눈다. 아래에 경험과 소감의 예시를 소개한다.

명상·마음챙김·긍정심리 훈련(MMPT) 워크북

4. 경험 및 소감 나눔

- 평소에 오늘 실시한 것과 유사한 스트레칭을 할 때는 근육 자체의 스트레칭에 초점을 두어 몰랐는데, 이번에 감각에 주의를 기울이면서 하니까 전에 못 느꼈던 이완감이 느껴졌다.

- 요가 명상하는데 감각에 집중했다고 느껴지는 순간 자유로워지는 느낌이 들어 좋았다.

- 상체가 따뜻한 느낌이 들었다. 요가 명상할 때는 몸을 움직여서 그런지 잡생각을 덜 하게 되고 근육의 움직임이 느껴져 좋았다.

- 몸을 묶었다 풀었다 하니까 피가 도는 느낌이 들었다. '아 여기 살이 있었구나.' 하는 생각도 들었고, 몸이 시원해지는 느낌이 들었다.

- 하고 나니 몸이 가벼워지는 느낌이다. 시원한 기운이 팔을 따라 손끝까지 내려가는 기분이 들면서 어깨가 가벼워졌다.

- 동작이 단순하고 여운을 느끼는 시간이 있어서 훨씬 더 감각을 잘 느낄 수 있었다.

- 스트레칭을 좋아하는데, 평소의 스트레칭과 굉장히 달랐다. 그전에 요가를 할 때는 모양을 잘 만드는 데 집중하느라 잘 됐다 안 됐다를 스스로 평가했었는데, 이번에는 몸의 감각에 집중하며 요가를 하니 완전히 다르게 느껴졌고 좋았다.

- 어깨, 손에서 열이 나고 나 자신의 맥이 느껴졌다. 그러면서 내가 유기체 같다, 살아 있다는 느낌이 들었다.
- 동작을 따라하는데 천천히 하니까 딴 생각이 났었는데 점점 따라하다 보니까 땀도 나면서 에어컨 바람도 느껴졌다. 쉰다는 느낌이 들고 편안해졌다.
- 목 쪽이 뜨거워지는 느낌이 들었다. 심장박동이 크게 느껴지고 생생하게 느껴졌다. 에어컨 바람이 추웠었는데 하고 나니까 목과 어깨 뒤에서 열감이 많이 나면서 춥지 않았다.
- 통증이 있다는 느낌이 있었지만 있는 그대로 느껴보려 했다. 열감이 느껴지면서 통증이 사라지고 편안한 느낌이 들었고 몸이 이완되면서 좀 묵직해지는 느낌도 들었다.

3. 몸 명상

몸 명상은 앞에서 다룬 감각 명상에 속한다. 다만 감각 명상이 모든 감각에 마음을 열고 느끼는 명상이라면 몸 명상은 오감 중에 몸의 감각에 초점을 두고 느끼는 명상이다. 또 요가 명상에서는 행위를 하면서 몸의 감각에 주의를 보냄으로써 몸을 알고 몸과 친해진다면, 몸 명상에서는 특별한 행위가 없는 상태에서 몸의 감각에 주의를 보냄으로써 몸을 알고 몸과 친해진다.

몸 명상은 바디스캔(body scan)이라는 말로도 널리 알려져 있다. 바디스캔이라는 말은 병원장면에서 CT나 MRI를 찍는 것을 연상시키고 마치 의학적으로 몸에 문제가 있는지 평가하는 듯한 느낌을 주기도 한다. 또 바디스캔은 이완의 용도로 활용되는 경향이 있다. 심지어 불면증에 대한 처방으로 사용되기도 한다. 몸 명상의 원래 취지를 살리기 위해 바디스캔이라는 용어보다는 몸을 알고 몸과 친해지는 몸 명상이라는 용어를 사용한다.

몸을 이완시키는 것은 좋은 일이다. 그러나 몸 명상을 수행할 때 이완에만 초점을 두지 않도록 한다. 몸을 이완시키려고만 하기보다 몸의 각 부위를 있는 그대로 느끼도록 한다. 긴장되어 있는지, 편안한지, 통증이 있는지, 따뜻한지, 차가운지 등 관심을 가지고 있는 그대로 느낄 수 있도록 경청하듯이 주의를 보낸다. 이렇게 하면 대체로 이완은 부산물로 따라온다. 몸에 주의를 보내는 것은 몸의 이완과 함께 마음을 편안하게 만들어준다. 몸과 마음은 둘이 아니어서 마음의 상태가 몸으로 나타나고 몸의 상태가 마음으로 나타난다.

우리의 몸에 대한 관심은 대체로 독재자의 관심과 유사하다. 더 예뻐야 하고 더 잘생겨야 하고 몸매가 더 좋아야 하고 초콜릿 복근이 있어야 하고 등 몸에 대해 이래야 한다, 저러면 안 된다 등의 요구적인 관심으로 몸을 대한다. 몸 명상에서는 민주적 관심으로 몸을 대한다. 말없이 가만히 경청하듯이 몸의 한 부위, 한 부위에 주의를 보낸다. 몸 명상에서 몸의 각 부위에 정성껏 주의를 기울이면 몸은 있는 그대로의 감각을 선물로 돌려줄 것이다. 요가 명상을 할 때 정성껏 주의를 기울여 요가 동작을 하면 몸이 감각이라는 선물을 주는 것과 마찬가지다.

몸의 상태를 아는 것은 마음의 상태를 아는 데 도움을 준다. 우리의 감정 상태는 몸으로 나타난다. 즐거울 때 몸의 상태와 불안할 때 몸의 상태는 다르다. 몸을 통해 우리의 감정을 더 잘 알 수 있다. 감정을 있는 그대로 바라보는 마음챙김을 할 때 몸 명상 연습을 통해 몸의 감각에 익숙해지는 것이 많은 도움이 된다.

감각 명상에서는 외부자극까지 포함해서 모든 감각에 열린 주의를 보냈다면 몸 명상에서는 내 몸에서 느껴지는 감각에 초점을 둔다. 행위 명상과 다른 점은 특별한 동작을 하지 않는 상태에서 몸에서 느껴지는 감각에 주의를 보낸다. 감각 명상을 통해 지금-여기의 세계와 연결된다면 몸 명상을 통해서는 지금-여기의 내 몸과 연결된다고 할 수 있다.

몸은 늘 나와 함께 하기 때문에 외부적으로 특별한 자극이 없을 때도 몸에 주의를 보내면 감각을 느낄 수 있다는 점에서 몸 명상은 언제나 할 수 있는 수행이다. 몸 명상을 통해 우리는 자신의 몸과 친해진다. 늘 욕구-생각에 주의가 팔려있다 보니 몸에는 제대로 주의를 보내지 못하고 있다. 몸에 주의를 보낸다고 해도 대부분 독재자의 주의다. 그러다가 몸이 아파봐야 그제야 몸을 배려해 준다. 평소에 몸에 주의를 보내면 내 몸을 경청하게 되고 몸과 친해지고 몸에 대해서 잘 알게 되며 건강에도 도움이 된다.

실제로 몸에 주의를 보내는 것은 그 자체로 몸에 이완을 가져오는 효과가 있다. 동양에서는 예로부터 의식이 가는 곳에 기(氣)가 가고 기가 가는 곳에 혈(血)이 간다고 했다. 평소에 어깨가 뭉쳐 있는 사람이라면 어깨를 단지 마음의 눈으로 바라보며 그곳에서의 감각에 주의를 보내면 어깨가 풀리기도 한다. 실제로 마사지로도 풀리지 않던 목이나 어깨가 몸 명상으로 풀렸다는 보고를 종종 접한다. 이런 경우는 몸 전체를 바라보기보다는 일부를 바라보는 '부분 몸 명상'에 속한다.

1. 실습 자세

1. 몸 자세

몸 명상은 누워서 진행할 수도 있다. 누워서 진행하면 이완이 더 잘 이뤄진다. 다만 자칫 잠에 빠지기 쉬운 단점이 있어서 교육을 할 때는 가급적 의자에 앉은 자세로 진행한다. 차츰 언제든 어떤 자세에서도 몸의 감각에 주의를 보내고 느낄 수 있도록 한다.

몸 명상은 서서 진행하는 것도 권장한다. 서서 몸 명상을 하면 잠에 빠지지 않고 몸의 감각에 주의를 보낼 수 있는 장점이 있다. 또 몸에 대해 새롭게 감각을 경험할 수 있다.

2. 마음 자세

몸 명상 역시 '쉰다'는 자세로 임하는 것이 좋다. 몸의 각 부위를 존중하며 경청하는 태도로 임한다. 잘 느껴지지 않는 부위가 있으면 그 부위와 아직 친하지 않은 것이므로 부드럽게 다음 멘트 부위로 주의를 가져간다. 잘 느껴지지 않는 부위는 나중에 부분 몸 명상으로 실시해 봐도 좋다. 또 몸 명상을 자꾸 수행하면 점차 감각을 느낄 수 있게 된다. 인내심을 가지고 수행하는 것이 필요하다.

'이게 뭐지?!' 하며 약간의 호기심을 갖고 몸의 각 부위에서 느껴지는 감각에 주의를 보내는 것도 몸 감각을 느끼는 데 도움이 된다.

2. 몸 감각 느끼기

1. 3분 몸 감각 느끼기

3분 동안 자신의 몸에서 경험되는 감각을 느껴 본다. 머리끝에서 발끝까지 천천히 마음의 눈으로 살펴보며 각 부위에서 느껴지는 감각을 느껴 본다. 3분이 지나면 각자 몸의 어떤 부위에서 어떤 감각들을 느꼈는지 그리고 자신의 몸의 감각을 느끼며 어떤 소감을 갖게 되었는지 기록한 후 경험과 소감을 함께 나눠 본다.

2. 몸 명상에서 느낄 수 있는 감각들

특별한 동작 없이 몸에서 감각을 느끼는 것이 어려울 수 있다. 아래에 소개하는 몸에서 느낄 수 있는 감각의 예를 참고하면 도움이 된다. 처음에는 잘 안 느껴지는 부위가 있어도 꾸준히 관심을 보내면 조금씩 마음의 문을 여는 친구처럼 차차 감각을 느낄 수 있게 된다.

- ㅇ 몸의 각 부위를 바라볼 때 가급적 그 부위를 입체적으로 느껴 보도록 한다.
- ㅇ 위치의 느낌: 정확한 느낌이 없어도 주의를 보내는 몸의 위치가 어디쯤이라는 느낌만 있어도 몸에 대한 느낌을 갖고 있는 것이다.
- ㅇ 모양, 크기, 면적 등의 느낌: 위치와 연결해서 각각을 느껴 본다.
- ㅇ 피부의 느낌: 피부에서 느껴지는 감각에 주의를 보낸다. 피부 자체에서의 느낌, 머리카락의 느낌, 공기의 느낌(온도감각), 옷의 느낌, 옷의 무게의 느낌 등을 느껴 본다.

명상·마음챙김·긍정심리 훈련(MMPT) 워크북

- 맥박의 느낌: 피부 안쪽에서 맥이 뛰는 느낌도 느낄 수 있다.
- 근육의 느낌: 해당 부위의 살집, 살 내부의 느낌, 살의 두께 등을 느껴 본다.
- 뼈의 느낌: 살이 붙어 있는 뼈의 느낌. 뼈의 모양, 크기, 단단함 등을 느껴 본다.
- 움직임의 느낌: 몸통 부위를 구성하는 가슴이나 배에서는 호흡과 함께 늘어나고 줄어드는 감각을 느낄 수 있다.
- 복부 안쪽의 느낌(1): 복강을 형성하는 복부, 허리, 등, 옆구리의 근육과 척추의 느낌뿐만 아니라 이들의 내부 표면의 느낌에 주의를 보낸다. 이렇게 하면 복부 내부의 느낌이 느껴진다.
- 복부 안쪽의 느낌(2): 복부 안쪽에서는 호흡근육인 횡격막의 상하운동에 따라 압력이 커지고 작아지는 감각을 느낄 수 있다.
- 신체 자체에서의 접촉지점: 머리카락, 눈, 입술, 혀, 손가락 등에서 신체부위가 서로 맞닿아 있는 감각을 느낄 수 있다.
- 신체와 외부대상의 접촉지점: 옷, 의자, 공기 등과의 접촉지점에서 감각을 느낄 수 있다.

3. 부분 몸 감각 느끼기

의외로 몸 감각을 잘 느끼지 못하는 사람들이 적지 않다. 몸 감각을 잘 못 느끼는 사람들이 있으면 잘 느껴지는 몸 부분에 대해 주의를 보내고 감각을 느낄 수 있도록 도와준다.

　　일반적으로 손이나 발의 감각에 주의를 보내고 느껴보도록 한 후에 경험한 것과 느낀 점을 나누면 좋다. 손의 감각에 주의를 보낼 때 먼저 손의 겉에서 느껴지는 감각에 주의를 보내 느껴 보고, 그 다음에는 손의 안쪽에서 느껴지는 감각에 주의를 보내 느껴 본다. 에너지, 혹은 기감이 느껴질 수도 있다. 가능하면 이런 기감을 팔, 어깨, 가슴, 배에서도 느껴 본다.

몸이 외부사물과 접촉하는 부위에 주의를 보내는 것도 몸에서 감각을 느끼는 데 도움이 된다. 앉아 있는 경우에는 바닥과 닿아 있는 엉덩이나 발바닥에 주의를 보내면 감각을 느끼기 쉽다.

4. 전신 몸 명상

15분 내외 정도의 시간 동안 지도자의 멘트에 따라 자신의 몸에서 경험되는 감각을 느껴본다. 머리끝에서 발끝까지 천천히 마음의 눈으로 살펴보며 각 부위에서 느껴지는 감각을 관찰해 본다.

나의 블로그(MPPT 마음공부)에 올려 있는 15분짜리 몸 명상 녹음파일을 다운받아서 사용해도 좋다.

https://blog.naver.com/peace_2011/221223216742
[출처] 몸 명상(바디스캔): 안내명상(음성파일)

몸 명상 역시 '쉰다'는 자세로 임하는 것이 좋다. 너무 감각을 찾으려고 애쓰지 말고 몸의 각 부위에 주의를 보내고 느낌을 가만히 기다려 본다. 몸의 각 부위를 존중하며 경청하는 태도로 임하는 것이 좋다. 잘 느껴지지 않는 부위가 있으면 그 부위와 아직 친하지 않은 것이므로 부드럽게 다음 멘트 부위로 주의를 가져간다. 잘 느껴지지 않는 부위는 나중에 부분 몸 명상으로 실시해 봐도 좋다. 또 몸 명상을 자꾸 수행하면 점차 감각을 느낄 수 있게 된다. 인내심을 가지고 수행하는 것이 필요하다.

전신 몸 명상이 끝나고 나면 각자 몸의 어떤 부위에서 어떤 감각들 느꼈는지 그리고 자신의 몸을 관찰하며 무엇을 느꼈는지 기록한 후 경험과 전체적인 소감을 함께 나눠 본다. 아래에 경험과 소감의 예시를 소개한다.

3. 경험 및 소감 나눔

- 몸의 감각에 집중하면서 현재가 선명해지는 느낌이 있었다. 정신이 깨끗하고 또렷해지는 느낌이라고 표현할 수 있을 것 같은데, 생각이나 망상에 사로잡혀 있을 때 느껴지는 특유의 '멍한 느낌'이나 '몽롱한 상태'와는 매우 달랐다.

- 안내해주시는 대로 왼손에 주의를 보내니까 왼손이 따뜻해지는 느낌을 느낄 수 있었고 왼손이 숨 쉬는 듯한 느낌이 들었다.

- 다른 명상보다 집중이 잘 됐다. 녹음의 멘트를 따라가서 그런지 집중이 잘 된 것 같다. 명상은 가부좌를 틀고 해야만 하는 줄 알았는데, 이렇게 의자에 앉아서도 가능하다는 것을 체험했으니까 앞으로는 버스나 전철로 이동할 때도 할 수 있을 것 같다.

- 팔 감각을 느끼는데 갑자기 팔이 무거운 느낌이 들었다. 이후 잠깐 졸았던 것 같은데 깨고 나니 무척 개운하다.

- 머리에서부터 훑어 내려왔다. 느낄 때마다 뭔가 쭈뼛쭈뼛한 느낌이 들었다. 불편한 것은 아니었고 편안해졌다.

4. 호흡 명상

지금까지 감각과 친해지며 욕구와 생각을 내려놓는 연습을 해오고 있다. 방향은 바깥으로부터 안으로의 방향이고 동적인 것으로부터 정적인 것으로의 방향이다. 지금-여기의 주변 환경으로부터 경험되는 감각으로부터 몸에서 경험되는 감각으로, 행위를 하며 경험되는 감각에서 아무것도 하지 않을 때 경험되는 감각으로의 방향으로 감각과 친해지며 욕구와 생각을 멈추는 수행을 해오고 있다.

명상을 배울 때 처음부터 호흡명상을 배울 수도 있다. 그러나 일부 사람들은 호흡 명상만 하려고 하면 답답해지거나 심장이 빨리 뛰어서 자신은 명상이 맞지 않나 보다 하고 지레 명상을 포기하기도 한다. 이런 사람들은 반드시 가부좌를 틀고 앉아서 호흡에 집중하는 호흡 명상만 명상이 아니니 감각 명상, 요가 명상, 몸 명상 등을 하면서 자연스럽게 호흡 명상을 시도해보는 것이 좋다.

이제는 아무런 행위도 하지 않으면서 호흡과 관련된 몸 부위에서의 감각에 주의를 모으며 욕구와 생각을 비우는 연습을 하려고 한다.

호흡 명상은 몸 명상의 연장선상에서 시작하면 좋다. 몸 명상을 하면 몸의 여러 부위에 주의를 보내며 그곳에서의 감각을 온전히 느끼게 된다. 호흡 명상은 몸 부위 중 호흡과 관련된 부위에서의 감각에 주의를 고정시키는 것이다.

호흡 명상에서 주의를 집중하는 몸의 부위는 일반적으로 코와 배로 나눠진다. 코에 주의를 집중할 때는 숨이 들어가고 나가면서 코 안쪽 점막, 즉 콧구멍에서 일어나는 감각의 변화에 주의를 모은다. 콧구멍 바

명상·마음챙김·긍정심리 훈련(MMPT) 워크북

로 아래의 인중 부위에서도 숨이 느껴지기 때문에 그 부위까지 포함하기도 한다.

배에 주의를 집중할 때는 들숨과 날숨에 따라 배가 늘어나고 줄어드는 감각의 변화에 주의를 보낸다. 이밖에도 호흡을 할 때 가슴 부위에서 늘어나고 줄어드는 감각이 더 잘 느껴지는 사람은 가슴 부위를 호흡감각의 주의집중 대상으로 삼아도 좋다. 여기서는 배를 중심으로 몸통 부위에서의 호흡감각을 주의집중의 대상으로 삼는다.

흉식호흡보다는 복식호흡을 해야 하지 않느냐고 질문하는 사람들도 있다. 흉식호흡과 복식호흡을 나눠서 얘기하지만 실제로 숨을 쉴 때 가슴으로만 숨을 쉬거나 배로만 숨을 쉬는 사람은 거의 없다. 대부분 호흡을 할 때 가슴과 배가 함께 늘어나고 줄어든다. 호흡을 할 때 흉곽의 늑간근이 작용해서 흉곽을 늘리고 줄이며, 흉강과 복강 사이를 가로막는 횡격막이 작용해서 배를 늘리고 줄인다.

따라서 호흡명상을 처음 시작하는 사람에게는 가슴이나 배 어느 한쪽에만 주의를 집중하라고 가르치기보다는 몸통 전체에 주의를 보내며 몸 명상을 하듯이 그곳에서의 감각에 주의를 보내도록 지도하는 것이 좋다.

호흡 명상 초보자에게는 다음과 같은 안내가 도움이 될 수 있다. 호흡 명상을 하며 복부의 몸통에 주의를 보낼 때 몸통을 실린더처럼 느껴본다. 실제로 몸통은 근육들로 이루어진 통과 같다. 배, 양 옆구리, 등허리가 둥그런 벽을 이루는 실린더와 같다. 몸 명상을 하듯이 그 부위에 주의를 보낸다. 그리고 실린더 같은 몸통 안쪽에도 주의를 보낸다. 몸통을 이루고 있는 몸의 피부와 근육에서 느껴지는 늘어나고 줄어드는 감각의 변화를 잘 느껴 본다. 그리고 실린더 안의 피스톤처럼 몸통 안의 횡격막이 상하운동을 함에 따라 몸통 안에서 느껴지는 커지고 작아지는 미세한 압력감각의 변화도 잘 느껴 본다.

호흡 명상이 조금씩 익숙해지면 몸통 전체보다는 배, 그중에서도 배 안쪽에서 느껴지는 감각에 주의를 보낸다. 주의집중의 부위가 작고 미세할수록 주의집중이 더 필요하다. 반대로 표현하면, 주의집중을 잘할수록 더 작은 부위에서 더 미세한 감각을 느낄 수 있다.

끝으로 호흡을 느껴보라고 하면 자기도 모르게 호흡을 통제하게 되어 갑갑해하는 경우가 종종 있다. 그저 몸 명상을 하듯이 몸통에 주의를 보내며 그곳에서의 감각을 느껴보라고 하면 좋다. 호흡 명상은 주의 훈련이지 호흡 훈련이 아니다. 호흡은 몸에게 맡긴다. 다만 숨이 들어오고 나가는 감각을 느낄 수 있는 몸통에 주의를 보낸다. 복식호흡이 좋다고 의도적으로 날숨 때는 배를 집어넣고 들숨 때는 배를 내미는 것이 아니다. 숨이 나가면 자연스럽게 가슴이 내려가고 배가 들어간다. 숨이 들어오면 자연히 가슴이 넓어지고 배가 나온다. 호흡은 철저하게 몸에게 맡기고 다만 호흡과 함께 몸에서 일어는 감각을 고요히 느끼는 것이다. 숨이 들어오고 나감에 따라 몸에서 만들어지는 리듬에 가만히 마음을 싣는다는 자세가 도움이 된다. 또는 몸이 하는 호흡을 가만히 구경한다는 자세도 호흡 명상에 좋다.

호흡 명상의 실습은 집단으로 진행하는 경우에 3분간 '몸에서 호흡 감각 느끼기'를 먼저 하고 경험과 소감을 나누며 피드백을 한다. 호흡 감각의 집중에 어려움을 느끼는 경우에는 '안아주는 열숨 명상', '숫자 세는 호흡 명상' 또는 '명칭 부여 호흡 명상'을 가르쳐서 자신이 편한 방법으로 호흡 명상을 익힐 수 있도록 한다. 이렇게 3분 호흡 명상으로 호흡 명상을 실습한 이후에는 10분 호흡 명상을 실시하고 경험과 소감을 나누며 피드백을 한다.

1. 실습 자세

1. 마음 자세

늘 강조하지만 명상을 할 때는 '쉰다'는 자세를 잊지 않는다. 쉰다의 자세가 명상의 핵심기술이라고 할 수 있다. 쉰다의 자세가 몸에 익도록 자꾸 반복해서 숙달하도록 한다.

호흡에 주의를 집중할 때 한 호흡, 한 호흡 음미한다, 즐긴다는 태도도 좋다. 자칫 명상을 유위(有爲, doing)로 하는 사람들이 있다. 특히 현대인들은 무언가를 성취하려는 자세가 습관이 되어 있어서 이런 경우가 많다. 명상은 무위(無爲, non-doing)로 한다. 음미한다, 즐긴다는 태도가 유위의 자세에 해독제 역할을 해준다.

2. 몸 자세

호흡 명상은 기본적으로 바닥에 앉거나 의자에 앉은 자세로 수행하지만 때로는 눕거나 서서도 수행할 수 있다.

의자에 앉은 경우에는 허리를 의자 등받이에 기대지 않고 바르게 세우고 앉는다. 바르게 세운다고 해서 너무 꼿꼿하게 세워 몸이 긴장되게 하지는 않는다. 몸 어디에도 힘이 들어가거나 긴장이 남아있지 않도록 한다. 특히 어깨에는, 옷걸이에 걸린 옷처럼, 힘이 들어가지 않도록 힘을 빼고 툭 떨어뜨려 들숨 때도 별로 올라가지 않도록 한다.

자세에 너무 강박적으로 될 필요는 없다. 때로는 의자 등받이에 기대고 편안한 자세로 호흡 명상을 해도 좋다. 명상은 주의훈련이지 호흡 훈련이나 자세훈련은 아니다.

손은 허벅지 위에 내려놓거나 자연스럽게 앞에 모아둔다.

얼굴 표정은 부드럽고 편안하게 한다. 명상을 한다고 반드시 호흡에 집중하리라는 결연한 태도로 얼굴 표정이 너무 딱딱하고 근엄하지 않도록 한다. 몸과 마음의 이완에 방해가 된다.

2. 몸에서 호흡 감각 느끼기

1. 3분 호흡 명상

3분 정도 고요히 밖으로도 안으로도 침묵하고 몸에서 숨이 들어오고 나가는 것을 느껴 본다. 특히 배를 중심으로 가슴, 옆구리, 허리, 등, 골반 등 몸통 부위에 주의를 보내며 어떤 감각이 느껴지는지 느껴 본다. 이런 저런 생각이 나더라도 그러려니 하고 그냥 호흡에 좀 더 주의를 보낸다. 숨이 들어오고 나갈 때 몸통이 어떻게 늘어나고 줄어드는지, 몸 안쪽에서는 어떤 느낌이 드는지 가만히 느껴 본다.

3분이 지나면 각자 호흡감각을 어떻게 느꼈는지 그리고 호흡감각에 주의를 보내며 무엇을 느꼈는지 기록한 후 경험과 소감을 함께 나눠 본다.

2. 10분 호흡 명상

3분 호흡 명상을 실시한 후에 10분 호흡 명상을 실시한다. 진행방식은 3분 호흡 명상 때와 동일하다.

명상·마음챙김·긍정심리 훈련(MMPT) 워크북

10분이 지나면 각자 호흡감각을 어떻게 느꼈는지 그리고 호흡감각에 주의를 보내며 무엇을 느꼈는지 기록한 후 경험과 소감을 함께 나눠 본다.

3. 안아주는 열숨 명상

명상지도를 할 때 복부 호흡을 유도하기 위해 다음과 같은 방법을 쓰기도 한다. 즉, 한 손은 가슴에, 다른 손은 배에 두고 가급적 가슴은 움직이지 않도록 하고 배로 숨을 쉬라고 가르친다. 깊은 복식호흡을 유도하는 방법으로 괜찮지만, 자칫 숨을 의도적으로 쉬게 만들 수도 있다.

동일한 자세에서 다음과 같이 명상지도를 하면 호흡감각과 함께 나를 안아주는 것 같은 기분 좋은 포근함도 느낄 수 있어서 초심자들이 호흡 명상에 조금 더 쉽게 다가갈 수 있다. 일반적인 호흡 명상에 적용할 수 있고, 간단한 10번의 호흡에 주의를 보내며 몸과 마음을 쉬는 열숨 명상에만 적용해도 좋다.

1. 열숨 명상 준비

첫째, 한 손은 가슴에, 다른 손은 배에 두되 마치 나를 안아주는 듯한 느낌을 갖는다. 자기 편한 대로 한 손은 가슴에, 다른 손은 배에 둔다. 어깨를 편안하게 이완시켜 팔꿈치가 들리지 않고 몸에 자연스럽게 붙도록 한다.

둘째, 명상의 기본은 '쉰다'이다. 즉, 욕구와 생각을 쉬고 깨어있는 것이 명상의 요체다. 명상을 할 때는 무엇을 하려고 애쓰거나 어느 상태에 도달하려고 노력하는 것이 아니라 다만 '쉰다'의 태도로 임한다.

셋째, 숨 쉬는 것은 몸에 맡기고 다만 숨이 들어오고 나가면서 손바닥과 팔을 통해 느껴지는 몸의 따뜻함과 부드러운 움직임에 주의를 모으며 아래와 같이 속으로 말한다.

2. 열숨 명상

들숨에 '하나-'라고 속으로 말한다.
날숨에 '숨-'이라고 속으로 말한다.
들숨에 '둘-'이라고 속으로 말한다.
날숨에 '숨-'이라고 속으로 말한다.

·····································

들숨에 '열-'이라고 속으로 말한다.
날숨에 '숨-'이라고 속으로 말한다.

10번의 숨을 마친 다음에는 정해놓은 명상 시간(예: 3분)이 끝날 때까지 손을 편안하게 내려놓고 고요히 호흡 명상을 한다. 가능하면 명상의 마무리는 뒤에 배울 자비기원을 한 후에 마치면 좋다.

열숨 명상이 끝나면 각자 호흡감각을 어떻게 느꼈는지 그리고 호흡감각에 주의를 보내며 무엇을 느꼈는지 기록한 후 경험과 소감을 함께 나눠 본다.

4. 숫자 세는 호흡 명상

열숨 명상처럼 몸을 안아주듯이 하는 자세를 풀고 자연스러운 자세에

명상·마음챙김·긍정심리 훈련(MMPT) 워크북

서 정해진 시간 동안 호흡 감각에 주의를 보내며 매 호흡에 1-10까지 숫자를 센다. 열까지 다 센 후에는 다시 하나로 돌아와서 센다.

> 들숨에 '하나-'라고 속으로 말한다.
> 날숨에 '하나-'라고 속으로 말한다.
> 들숨에 '둘-'이라고 속으로 말한다.
> 날숨에 '둘-'이라고 속으로 말한다.
>
> ....
>
> 들숨에 '열-'이라고 속으로 말한다.
> 날숨에 '열-'이라고 속으로 말한다.

3분 정도 호흡에 주의를 집중하며 호흡감각을 온전히 느껴 본다. 3분이 지나면 각자 호흡감각을 어떻게 느꼈는지 그리고 호흡감각을 관찰하며 무엇을 느꼈는지 기록한 후 경험과 소감을 함께 나눠 본다.

5. 명칭부여 호흡 명상

이번에는 호흡을 세지 않고 들숨에 '들숨', 날숨에 '날숨'이라고 명칭을 부여한다. 3분 정도 호흡에 주의를 집중하며 호흡감각을 온전히 느껴 본다. 3분이 지나면 각자 호흡감각을 어떻게 느꼈는지 그리고 호흡감각을 관찰하며 무엇을 느꼈는지 기록한 후 경험과 소감을 함께 나눠 본다.

6. 경험 및 소감 나눔

- 특별히 호흡에 신경 쓰지 않았는데도 가슴이나 배에 집중

하며 굉장히 마음이 편안해졌다.

- 호흡을 하면서 숨이 깊어지고 몸과 마음이 이완되면서 안정감이 들었다.

- 명상하고 나니까 마음이 후련하고 개운하다는 느낌이 들었다.

- 손에서 따뜻한 느낌이 들었다. 잡생각은 들지 않았다.

- 그전에 호흡 명상을 할 때는 호흡을 의도적으로 들이쉬고 내쉬고 했던 것 같다. 지금은 내 페이스대로 호흡하면서 명상하니까 편안하게 느꼈다.

- 평소에는 호흡에 주의를 준 적이 거의 없었기 때문에 들숨과 날숨이라는 단순한 행위에도 관찰할 부분이 있다는 점이 신기했다. 들숨에서 날숨으로 이어지는 부분이 하나의 행위라고 생각했었는데, 날숨이 되기 전 아주 잠깐이지만 멈춤의 순간이 있다는 것을 발견한 것이 상당히 재미있었다. 이렇게 호흡을 관찰하니 몸 명상 때보다 다른 생각이 덜 떠올랐다.

- 두 번째 호흡 명상 실습을 할 때 느껴지는 감각의 부위가 늘어났다. 첫 번째는 심장의 두근거림과 이어서 배가 팽창되고 이완되는 느낌을 느꼈다. 두 번째는 앞의 호흡감각을 느끼는 시간도 단축됐고 코로 들어오는 숨의 느낌과 이어서 기도까지 이어지는 느낌, 가슴과 배 사이의 근육이 늘어나고 이완되는 느낌도 느껴졌다. 느껴지는 것이 점차 늘어나니까 찾아보면서 재미있다는 생각이 들었다.

5. 익힘 연습: 요가 명상, 몸 명상 및 호흡 명상

1. 목표

아래의 목표를 유념하며 일주일 동안 익힘 과제를 수행한다.

- 지난주에 이어서 이번 주에도 일상의 생활 속에서 감각과 친해지기를 숙달한다. 욕구와 생각을 비우고 있는 그대로의 세계, 욕망과 개념의 필터를 내려놓은 순수한 감각의 세계와 친숙해지는 시간을 늘려 본다.
- 이번 주에는 내 몸과 친해지기를 새로 시작한다. 욕망과 개념의 독재자를 멀리하고 있는 그대로의 몸, 몸의 감각을 느껴보는 시간을 늘려 본다.
  1) 요가 명상을 하루에 한 번 이상 실습한다.
  2) 몸 명상을 하루에 한 번 이상 실습한다. 앞에서 소개한 15분짜리 몸 명상 녹음파일을 다운받아서 하루에 한 번 이상 실습한다.
  3) 호흡 명상을 하루에 한 번 이상 실습한다.
- 지난주와 이번 주 모두 가급적 욕구와 생각을 쉬고 감각과 친해지는 마음기술을 양성한다. 욕구와 생각을 쉰다는 것은 침묵하는 것이다. 밖으로 침묵할 뿐만 아니라 안으로도 침묵한다.
- '문득' '툭' 하고 스위치 끄듯이 '쉰다'의 감을 익힌다.

2. 구체적 익힘 과제

1. 생활 속의 장소에서 감각 느끼기

(1주차와 동일)

2. 행위 중에 감각 느끼기

(1주차와 동일)

3. 요가 명상

- 아침이나 저녁에 최소한 한 번 이상 연습한다.
- 가능하면 한두 동작이라도 틈틈이 연습하며 동작을 익히고 움직임에 따른 몸의 감각에 주의를 보내는 마음기술을 연마한다.

4. 몸 명상

1) 전신 몸 명상

- 하루에 한 번 이상 앞서 소개한 15분짜리 몸 명상 녹음파일을 다운받아서 전신 몸 명상을 연습한다.
- 안내 음성과 함께 몸 명상을 진행하면 안내자의 안내와 부드러운 음성이 집중과 이완에 도움이 된다.
- 몸 명상도 '쉰다'는 자세로 한다. 가만히 몸의 각 부위에 주의를 보내며 그곳에서 들려주는 얘기를 경청한다.
- 이완용으로 사용하는 것도 좋지만 가급적 몸 감각을 온전히 느끼며 몸과 친해지는 기회로 삼도록 한다.

○ 처음에는 안내 음성과 함께 하는 것이 몸 명상에 도움이 되지만, 차차 안내 멘트 없이 몸 명상을 할 수 있는 역량을 키우도록 한다.

2) 부분 몸 명상

○ 하루에 한 번 이상 아래의 부위에 주의를 보내는 몸 명상을 한다. 평소에 불편한 몸 부위가 있다면 그 부위를 바라보는 것도 좋다.

○ 얼굴

○ 어깨

○ 손

○ 발

○ 기타 본인이 필요로 하는 부위

5. 호흡 명상: 정규 명상

○ 하루에 한 번 이상 3분 명상을 실습한다. 양보다는 질이 중요하다. 제대로 집중할 수 있는 시간만큼 명상한다. 3분 정도는 기본명상시간으로 삼고 3분 동안은 '온전히 쉰다!'라는 자세로 명상한다. 한번에 3분 동안 명상하는 것이 벅차다면 그리고 1분 동안은 졸지 않고 비교적 호흡에 집중할 수 있다면 명상시간을 1분으로 하고 차차 늘려나간다. 3분 명상이 아쉽게 느껴지면 조금씩 명상 시간을 늘려나간다.

○ 명상 초보자는 가급적 컨디션이 좋을 때 명상 연습을 한다. 그

렇지 않으면 명상만 하면 졸거나 망상에 빠지는 것이 습관이
될 수 있다.

6. 호흡 명상: '짬 명상'

○ 수시로 '짬 명상'을 한다. 짬짬이 1분 동안 또는 시간을 재지 않
고 10번의 호흡을 하는 동안 명상을 한다. 짬 명상을 함으로써
명상과 부담 없이 친숙해지도록 한다.

○ 짬 명상을 할 때는 앞에서 소개한 '열숨 명상'의 방식으로 호흡
을 세며 호흡감각에 집중하는 방식을 추천한다.

○ 수시로 문득문득 짬 명상을 한다. 지하철이나 버스를 기다리
며, 마트 계산대에서 차례를 기다리며, 공부나 일을 시작할 때
와 마칠 때, 공부나 일을 하다가 잠시 쉬고 싶을 때, 출근하기
전과 퇴근하기 전에 짬 명상을 한다. 틈나는 대로 짬짬이 짬 명
상을 한다.

○ 양보다는 질이 중요하니 짬 명상 동안은 온전히 호흡에 집중
한다. 적어도 짬 명상 동안은 모든 것을 내려놓는다. 지고 있는
모든 짐을 내려놓고 자신에게 온전한 쉼의 시간을 부여한다.
그 짐이 어떤 후회나 원망이든 혹은 미래의 불안이나 걱정이
든 다 내려놓는다. 1분 동안은 그 정도의 권리를 향유할 수 있
다고 스스로에게 말해준다. 비록 짬 명상 후에는 다시 짐을 질
지언정 짬 명상 동안은 모든 짐을 벗고 세상에 오직 호흡하는
나만 있는 것처럼 호흡에 집중하고 호흡과 하나가 된다.

명상·마음챙김·긍정심리 훈련(MMPT) 워크북

7. 수행일지

○ 위의 익힘 과제에 대해 적어도 하루에 한 가지씩 '수행일지'에 기록을 남긴다.

○ '수행일지'는 이 책의 부록에 있고 또 파일이 나의 블로그 (MMPT 마음공부)에 올려 있으니 자유롭게 다운받아서 사용해도 좋다.

https://blog.naver.com/peace_2011/221196712253
[출처] 명상·마음챙김·긍정심리 훈련(MMPT) 도우미

3. 익힘 연습을 위한 도움말

호흡 명상만 하려고 하면 답답하다면 아래의 글을 참고하기 바란다.

1. '내 숨은 얼마나 얕은가' [8]

의외로 숨은 이러해야 한다는 선입관을 갖고 있는 사람들이 많다.

명상할 때 복식호흡을 해야 한다는 생각에 자꾸 배를 넣었다, 뺐다 한다.

호흡은 길어야 좋다고 일부러 길게 쉬려고 한다.

숨이 얕으면 좋지 않다고 의도적으로 깊게 쉬려고 한다.

호흡은 규칙적이어야 한다고 숨의 길이를 조절하려고 한다.

호흡에 대한 이러한 선입관은 부지불식간에 호흡을 통제하게 만든다.

그러다 보면 호흡이 부자연스럽고 답답하게 된다.

---

8 김정호(2018a, pp.152-154)에서 인용한다.

숨을 통제하려는 마음을 내려놓는다.

몸이 알아서 숨을 쉬도록 내버려둔다.

다만 몸이 쉬는 숨을 잘 구경한다.

평소에 호흡을 통제하는 것이 습관이 된 사람은 다음과 같이 하면 도움이 된다.

호흡을 깊게 쉬려고 하기보다는 오히려 숨이 얼마나 얕은지 잘 관찰한다.

또 숨을 길게 쉬려고 하기보다는 숨이 얼마나 짧은지 잘 관찰한다.

숨을 규칙적으로 쉬려고 하기보다는 지금 이 순간 숨이 얼마나 불규칙한지 잘 관찰한다.

이렇게 하면 숨이 얕아도, 짧아도, 불규칙해도 마음은 편할 수 있음을 알게 된다.

이런 가운데 몸도 편안해지고 깊어지고, 길어지고, 규칙적으로 된다.

모든 숨에는 그만한 이유가 있다.

숨이 짧든 길든, 얕든 깊든, 불규칙하든 규칙적이든 다 그만한 이유가 있다.

지금 이 순간의 몸을, 몸의 숨을 존중해 준다.

호흡을 통제하려고 하지 말고 다만 숨이 들어오고 나가는 것을 그저 구경한다.

아이가 학교 다녀와서 힘들었던 일을 하소연 하면 이렇게 해라, 저렇게 해라 훈계하지 않는다.

그저 아이의 말을 공감하며 잘 들어준다.

그것만으로도 아이는 마음이 풀리고 언제 그랬냐는 듯 다 잊고 즐겁게

　　　　　　　　　명상·마음챙김·긍정심리 훈련(MMPT) 워크북

논다.

마찬가지로 몸에게 숨을 이렇게 쉬어라, 저렇게 쉬어라 간섭하지 않는다. 숨은 몸에게 맡기고 다만 구경한다.

2. '그러거나 말거나'

명상을 하다 보면 이런저런 생각이 올라오기도 하고 주변 소음에 신경이 쓰이기도 한다. 그러다 보면 주의가 흐트러지고 자칫 명상을 포기하게 되기도 한다. 그럴 때 그냥 '그러거나 말거나'라는 말을 속으로 주문처럼 읊조려도 좋다. 이렇게 주문을 외우듯 하며 그냥 명상의 대상(몸 감각이나 호흡 감각)으로 돌아온다.

밖으로부터이든 안으로부터이든 명상을 방해하는 자극이 나타날 때 '그러거나 말거나'라는 태도로 임하면 방해하는 것들과 싸우지 않는 기술, '내버려둠(let-it-be)'의 기술을 명상을 통해 익히게 된다.

4. 명상을 도와주는 저자의 유튜브 동영상

https://www.youtube.com/@mmptmppt1662
유튜브 : MMPT 마음공부

돌아봄

- 이번 주 익힘 연습에서 새롭게 배운 점은 무엇인가?

- 이번 주 익힘 연습이 마음공부에 도움이 된 점은 무엇인가?

- 이번 주 익힘 연습을 통해 새롭게 깨달은 점은 무엇인가?

명상·마음챙김·긍정심리 훈련(MMPT) 워크북

제 6 장 3주

마음챙김명상: 명상하며 마음챙김

앞에서 2주 동안의 명상 훈련을 통해 감각에 주의를 보내며 마음을, 특히 욕구와 생각을 쉬는 훈련을 했다. 욕구와 생각을 내려놓는 것은 마음의 평화를 회복하게 해준다. 대부분의 심리적 스트레스가 욕구와 생각에서 오므로 욕구와 생각을 쉬는 명상은 스트레스관리에 도움이 된다.

이제부터는 마음을 있는 그대로 바라보는 마음챙김 훈련에 들어가려고 한다. 마음챙김 훈련에서 중요한 것은 나의 객관화다. 마음챙김은 나를 마치 제3자 보듯이 객관적으로 보는 것이다. 명상이 순수한 주의(bare attention)의 훈련이면 마음챙김은 순수한 상위주의(bare meta-attention)의 훈련이다. 명상에서는 욕구와 생각을 멈추고 나와 세계를 경험한다면, 마음챙김은 나의 경험을 혹은 경험하는 나를 본다. 그것도 욕구와 생각을 내려놓고 있는 그대로 보는 것이다.

먼저 이번 회기에는 명상을 하며 마음챙김을 연습하는 마음챙김명상을 배우고 다음 회기에는 일상생활 속에서의 마음챙김을 연습하도록 한다.

마음챙김명상을 하게 되면 명상을 통해 경험된 나에 대한 정체성이 분명하게 드러난다. 명상이 제대로 되어 마음이 고요해졌을 때도 나는 존재한다. 그 나는 평소에 개념으로 아는 나와는 다르다. 마음챙김명상을 통해 그 나에 대한 새로운 이해가 좀 더 확실해진다.

명상·마음챙김·긍정심리 훈련(MMPT) 워크북

1. 실습과 익힘 연습 나눔 및 피드백

앞에서 배운 요가 명상과 호흡 명상(3분)을 함께 실습하며 이번 회기의 수련을 시작한다. 이어서 지난주에 실천한 익힘 연습의 경험과 소감을 나누고 질문 등을 받고 피드백 시간을 갖는다. 이번 회기에 함께 실습한 요가 명상과 호흡 명상에 대한 소감이나 질문도 허용한다. 혼자 공부하는 경우에는 이 책의 설명, 특히 익힘 연습을 위한 도움말을 반복해서 읽어보면 스스로 피드백을 받을 수 있다.

- 주의를 유지하는 것은 반복된 학습이 필요한 것이라는 생각이 들었다. 감각과 친해지기를 반복했을 때도 그것이 익숙해지면서 마음만 먹으면 감각을 통해 여기서 잠깐 벗어날 수 있었다. 몸과 친해지기는 그 어떤 고요한 상태로 가는 것은 어려웠지만 그 상태가 되었을 때의 고요함이 더 크게 느껴졌다. 주변의 소음에도 불구하고 내가 몸의 감각을 느낄 수 있게 되었을 때, 그러다가 어떤 상태가 되면 시간의 흐름이 느껴지지 않는 것 같았다. 15분이라는 시간이 훌쩍 지나간 느낌이고 뭔가가 비워지면서 내가 텅 비어버린 느낌, 그리하여 다시 무언가를 채울 수 있는 상태가 된 것 같다.
- 요가 명상을 하면서 첫 번째 날에는 팔이 많이 당기고 잘 올라가지도 않았는데 두 번째 날에는 좀 더 여유를 가지고 팔의 근육 느낌을 바라보며 조금씩 더 올려보니 생각

보다 많이 올라가게 되는 것이 신기했다. 남아 있는 감각들의 여운을 살피는 것이 매우 좋았다. 움직일 때보다 오히려 머물러서 여운을 음미할 때 더 평온하게 느껴지는 것 같다.

- 호흡 명상을 할 때 숨이 복부의 가장 아래쪽에서부터 코까지 위로 올라오고 있음을 느꼈다. 복부 가장 아래쪽에서부터 점점 올라와 가슴과 목을 지나 코로 올라오는 숨을 느낄 수 있다니 참 신기했다. 내 숨소리도 들을 수 있었고 내가 내쉰 숨결이 따뜻하다는 느낌도 들었다. 호흡에 주의를 두니 마음이 고요해지고 몸도 편안해지는 것 같았다. 명상을 끝낸 후 만약 스트레스를 받아 몸과 마음을 진정시키고 싶을 때 그저 가만히 그 상태에서 눈을 감고 잠시 호흡에 집중해봐야겠다는 생각이 들었다.

- 밤에 침대에 누워서 자려고 할 때 몸은 누워 있지만 머리는 이런 저런 생각들을 하느라 잠에 쉽게 들지 못하곤 했다. 지금 몸에 느껴지는 감각에 주의를 주고, 호흡에 주의를 주었다. '쉰다' 하는 생각으로 마음을 편안히 하면 잠드는 것에 도움이 됐다.

- 요가 명상을 할 때 자극을 줬다가 풀고 나서 끝이 아니라 그 후의 여운을 느끼는 점이 굉장히 좋았다. 물론 스트레칭을 하면서 느껴지는 감각들도 자극적이고 집중이 잘 되어서 명상하는 데 좋지만 풀고 나서 그 은은하게 퍼져가는 감각을 느끼는 게 더 좋았다.

명상·마음챙김·긍정심리 훈련(MMPT) 워크북

- 얼굴에 주의를 보내보면 항상 인상을 쓰고 있거나 긴장하고 있던 얼굴 근육들이 풀어지는 느낌을 받으면서 조금 차분해지고 평안을 찾는 느낌을 받았다. 또 지금 나의 표정이 어떤지 혹은 얼굴 곳곳의 긴장상태를 통해서 현재 나의 감정이 차분한지, 기쁜지, 슬픈지 그 상태를 알아차리는 것이 쉬웠다.

- 목욕탕에서 몸 명상을 해봤다. 원래 뜨거운 걸 못 견뎠는데, 이번에 몸을 느껴 보니까 따끈따끈하게 느껴지면서 오래 있을 수 있었다.

- 이전에는 항상 명상을 할 때 코의 숨에 집중을 하고 호흡을 느꼈던 것 같은데 이번에는 배의 움직임을 더 잘 느낄 수 있게 되었다. 뱃살이 느껴지기도 했지만 그래도 알아차리고 다시 명상에 집중할 수 있었다. 생각보다 배의 일정한 움직임을 느끼는 것이 안정감 있게 다가왔다.

- 아르바이트를 할 때 짧게 명상을 했다. 진상을 부리는 손님이 왔다가거나, 일이 지치고 힘들 때마다 기분 전환과 마음의 평안을 위해 명상을 했다. 아르바이트를 하는 중이어서 눈을 감을 수는 없었지만, 호흡에 집중하는 시간을 가졌다. 비록 30-40초 정도밖에 안 되는 짧은 시간이었지만, 우울하거나 화가 났던 감정을 추스르는 데 큰 도움이 됐다. 그전에는 진상 손님이 오고 가면 그날 하루 종일 침울해 있거나 화가 나 있는 경우가 많았는데, 명상을 하고 난 후에는 그 감정의 지속 시간이 확실히 줄어들었다.

2. 마음챙김명상

명상은 마음을 쉬는 것이다. 구체적 표현하면 명상은 욕구와 생각을 쉬는/멈추는/비우는/내려놓는 것이다. 욕구와 생각이 쉬어질 때 마음은 고요해진다. 감각에 주의를 보낼 때 우리 마음의 무대는 감각으로 채워지며 욕구와 생각은 물러나게 된다.

마음챙김은 마음을 보는 것이다. 더 정확하게 표현하면 마음챙김은 마음을 있는 그대로 보는 것이다. 마음챙김은 욕구와 생각을 쉬며 마음을 고요하게 하는 것이 아니다. 마음챙김은 내 마음이 고요하든 요동을 치든 회피하거나 억압하지 않고 함께 하며 흔들림 없이 있는 그대로 지켜보는 것이다. 마음챙김 수행은 어떤 마음 상태에서도 그 마음을 있는 그대로 지켜보는 '초연한 나'가 되는 훈련이다.

마음챙김은 마음이 고요할 때는 고요함을, 흔들릴 때는 흔들림을 있는 그대로 바라보는 것이다. 마음챙김을 처음 연습할 때는 마음이 흔들릴 때 바라보는 것이 쉽지 않다. 그래서 마음챙김은 마음을 고요하게 하는 명상을 하며 연습하는 경우가 많다. 이번 주에는 고요히 명상을 하며 마음챙김을 하는 마음챙김명상을 연습한다.

욕구와 생각을 많이 사용해야 하는 공부나 일을 할 때 혹은 대화를 할 때가 아닌 경우에는 욕구와 생각을 사용하지 않아도 되므로 명상을 통해 비교적 고요하고 편안한 상태에 있을 수 있다. 그러나 명상을 할 때 늘 고요하고 편안한 상태에 있는 것은 아니다. 일정한 시간 명상을 하는 동안에도 마음상태가 늘 일정하지는 않다. 이러저런 욕구와 생각이 일어나고 그에 따라 감정도 변화한다. 명상을 하며 마음챙김을 함께

명상·마음챙김·긍정심리 훈련(MMPT) 워크북

수행하게 되면 명상 중에 변화하는 마음을 떨어져서 객관화하여 바라볼 수 있다. 평소에는 욕구, 생각, 감정 등에 매몰될 텐데 마음챙김이 적용되면 욕구, 생각, 감정 등에서 벗어나서 마치 다른 사람의 욕구, 생각, 감정 등을 보듯이 보게 된다. 이렇게 마음챙김명상에서는 내 마음의 구성요소들이 작용하는 것을 객관적으로 바라보는 능력을 키움으로써 일상생활에서도 자신을 있는 그대로 객관적으로 바라보는 마음챙김의 마음기술을 양성할 수 있다.

그러나 명상을 하며 욕구, 생각, 감정 등을 바라보는 것에 초점을 두다 보면 명상도 제대로 안 될 수 있다. 마음챙김의 있는 그대로 바라보는 마음기술이 충분하지 않을 때 생각을 지켜보겠다고 하면 이도 저도 아닌 수행이 될 수 있다. 마음을 고요히 하는 명상에 초점을 두되 자연스럽게 나타나는 욕구, 생각, 감정 등을 알아차리고 다시 명상의 대상인 감각으로 돌아오는 훈련을 한다. 욕구, 생각, 감정 등을 중점적으로 마음챙김하는 것은 다음 주 일상의 마음챙김에서 본격적으로 다룬다.

마음챙김명상에서는 욕구-생각을 쉬고 감각에 주의를 보내는 과정을 바라보고 욕구-생각의 쉼에 따라 경험되는 고요한 마음상태를 있는 그대로 바라보는 방식으로 수행한다. 특히 명상의 고요한 마음상태를 마음챙김하면 마음사회이론으로 볼 때 '영점-나(Zero-I)'라는 나의 기본이 되는 고요한 나를 자각하고 양성하는 독특한 효과를 얻을 수 있다(김정호, 2018a). 아래에서는 '영점-나'에 대해 좀 더 설명하도록 한다.

1. 영점-나(Zero-I)

마음사회이론에서 우리 마음에는 여러 나들이 존재함을 알 수 있다. 여러 나들 중에 '영점-나'는 가장 기본이 되는 나다. 어떤 개념도 붙지 않는 순수한 나다. 우리는 평상시에 늘 어떤 나로 살아간다. 그러면 명상할 때의 나는 누구인가? 즉, 감각에 접속하면서 잠시라도 욕구와 생각이 내려놓아지고 고요해졌을 때 나는 누구인가? 남자인가, 여자인가? 교수인가, 학생인가? 부장인가, 신입사원인가? 외향적인 사람인가, 내향적인 사람인가? 관대한 사람인가, 옹졸한 사람인가? 한국인인가, 미국인인가? 어떤 것도 붙지 않는다. 다만 감각을 느끼며 살아있고 존재하는 나다. 흥분하지고 침울하지도 않은 고요하고 평화로운 마음상태의 나다. 마치 어떤 물건도 올려놓지 않았을 때 저울이 가리키는 영점과도 같은 나다(김정호, 2011, 2016, 2018b).

그러면 명상을 할 때 감각을 느끼며 욕구와 생각이 비워진 상태가 되면 영점-나 상태인데 다시 마음챙김이 필요한 이유는 무엇인가? 그것은 명상만 하고 있을 때는 영점-나 상태이지만 자신이 영점-나인 줄 모른다. 다만 영점-나 상태에 있을 뿐이다. 간혹 마음챙김을 따로 수행하지 않아도 명상을 하며 자연스럽게 영점-나 상태에서 자신의 상태를 자각하는 경우도 있다. 이런 경우는 명상을 하다가 자신도 모르는 사이에 자발적으로 마음챙김명상을 하게 된 경우다. 그러나 일반적으로는 명상을 하며 영점-나 상태에 있을 때 의도적으로 마음챙김을 해야 자신이 영점-나임을 자각하게 된다(김정호, 2018a).

일상생활에서 감각 명상을 하며 마음챙김을 하는 감각 마음챙김명상을 할 수 있다. 방금 전에 지하철은 떠났고 다음 열차를 기다리고 있다. '다음 열차 언제 오나? 조금 더 빨리 나오면 탔을 텐데.' 등의 생각이 든다. 그러다가 지금-여기로 돌아온다. 지금-여기는 감각의 세계다. 가

명상·마음챙김·긍정심리 훈련(MMPT) 워크북

만히 지하철 승강장을 느껴본다. 지하철 승강장의 공간이 심미적으로 보이기도 한다. 소리도 듣는다. 내 몸의 감각도 느껴진다. 발바닥에서 체중이 느껴진다. 어깨에서 느껴지는 가방의 무게. 뺨에서 느껴지는 지하철 승강장 공기의 느낌. 이런 감각을 느끼고 있다. 이때 가만히 이런 상태의 자신을 바라보면 새로운 자각이 온다. 서 있다. 감각을 느끼며 서 있다. 어떤 감정도 일어나지 않은 고요한 평화로운 상태다. 다만 여기 이렇게 서 있고 살아 있고 존재하고 있다.

분명히 나다. 그러나 이 나는 어떠한 나도 아니다. 남자도 아니고 여자도 아니다. 잘생긴 나도 아니고 못생긴 나도 아니다. 잘난 나도 아니고 못난 나도 아니다. 젊은 나도 아니고 늙은 나도 아니다. 어떤 개념도 붙지 않는 노바디-나(Nobody-I)다(김정호, 2016, 2018a). 그럼에도 불구하고 보고 듣고 냄새 맡고 맛보고 감촉을 느끼며 여기 이렇게 분명하게 살아 있고 존재하고 있는 나다. 이 나는 모든 사람들이 가지고 있는 나다. 영점-나일 때 우리는 모두 같은 나다. 이런 점에서 영점-나는 에브리바디-나(Everybody-I)이기도 하다(김정호, 2016, 2018a).

명상과 마음챙김은 다르다. 욕구와 생각을 내려놓고 있을 때 명상의 휴식 상태다. 마음챙김은 나를 보는 것이다. '여기 몸이 있고 감각이 있구나.' '서 있구나.' 말로 하면 별로 특별한 것이 없다. 아무것도 아니고 특별하지도 않다. 그런데 특별하다! 말로 표현하면 모순되어 보이지만 체험으로는 분명하다. 명상 상태에서 마음챙김의 깨어 있음이 있게 되면 '특별하지 않음의 특별함'을 체험하게 된다. '아, 이게 나구나!' 하는 체험을 하게 된다. 서 있을 뿐. 발바닥에서 몸무게가 느껴지고 어깨가 느껴지고 몸 감각이 느껴지고 지하철 공간에서의 소음이 느껴지고 얼굴이나 손의 피부로 온도감각이 느껴지고. 그뿐이다. 어떤 욕구나 생각도 오지 않는 그때. 지금-여기. 지금-여기에서 오감이 느껴지고 몸이 느껴지고 마음은 평온하다. 지금 이 순간의 나. 현존감. 존재감. 모든 것을 느낄 수 있는 나. 말로 표현하면 그냥 여기 서 있음. 그저 서 있는 존재다. 영점-나의 존재다. 단지 고요한 상태에 빠져 있는 것이 아니라 바라봄이 함께 하게 되면 나에 대한 앎, 나에 대한 이해에 변화가 오기 시작한다.

영점-나를 설명하다 보면, '내가 더 높은 상태가 있는데 영점-나는 가장 낮은 상태구나.'라고 오해하는 경우가 있다. 영점-나는 가장 근원이 되는 나라는 의미다. 영어로 하면 영점-나는 'authentic'한 나라는 말로 표현할 수도 있다. 영점-나는 진정한 나, 참된 나다. 교수-나, 며느리-나, 학생-나, 남편-나, 아내-나 등 여러 나들은 authentic한 나가 아니다. 쫀쫀한 나는 물론이고 관대한 나 역시 authentic한 나가 아니다. 얼마든지 내가 쓸 수 있으며 변화할 수 있는 나들이다. 그러나 영점-나는 태어나서 죽을 때까지 한결같이 변함없는 나이며 늘 나와 함께 있는 나이며 항상 고요하고 평화로운 나이며 가장 기본이 되는 authentic한 나다. 영점-나는 노바디-나이기도 하지만 에브리바디-나이기도 하다. 모든 사람들에게 공통되는 이 나만큼 위대한 것이 어디 있는가. 영점-나는 가장 낮은 레벨의 나라는 뜻이 아니다. 물론 영점-나는 개념을 붙일 수 없는 나이므로, 낮다 높다는 말도 붙일 수 없고 참이다 거짓이다는 말도 쓸 수 없으나, 가장 낮은 나로 오해하지 않도록 굳이 가치의 입장에서 사족을 붙이자면, 영점-나는 오히려 위대한 나이고 참된 나라고 표현할 수 있다는 것이다.

커피 한 잔의 명상

커피를 마시는 시간은 '아무것도 안 해도 좋은 권리'를 부여받은 시
간이다.
10분 정도 아무것도 안 해도 좋은 권리를 스스로에게 허락하고
온전히 커피를 즐긴다.

일을 하다가 잠시 커피 한 잔 마실 때 지금-여기를 회복한다.
지금-여기의 감각의 세계를 되찾는다.

주변의 감각도 느낀다.
소리도 가만히 듣고
보이는 모양과 색깔도 물끄러미 본다.
빨강이 살아나고
파랑이 살아나고
초록이 살아난다.
색깔과 접속하면 마음에서 에너지가 피어난다.

몸과도 만난다.
머리 끝 정수리에서 발끝까지 몸 한 부위 한 부위에 귀를 기울인다.
불편한 부위가 있으면 가만히 조금 더 주의를 보내며 경청한다.
몸 전체가 입체적으로 느껴지고 편안해짐을 느낀다.
몸이 숨 쉬는 것도 가만히 느껴본다.

코끝에서 느껴지는 커피 향을 음미한다.
손으로 전달되는 커피 잔의 뜨거움도 느끼고

입술에 닿는 커피 잔과 커피도 느낀다.
입안 전체에 퍼지는 커피 맛을 온전히 느끼고
배안에서 느껴지는 따뜻함도 가만히 느껴본다.

이 모든 것이 그저 일어날 뿐이다.
애쓰거나 노력하는 것이 아닌,
단지 아무것도 하지 않고 쉬는 마음에서
그저 드러날 뿐이다.

차차 이 모든 과정에서 나를 지켜보는 마음챙김도 함께 한다.
감각을 느끼고 있음을 알아차리고
커피를 마시고 있음을 알아차리고
숨 쉬고 있음을 알아차리고
마음이 평화로움을 알아차리고
이렇게 앉아 있고 깨어 있고 살아서 존재함을 알아차린다.
영점-나를 자각한다.

2. 영점-나(Zero-I)의 함의

특별히 감각 명상을 배우지 않아도 우리는 생활 속에서 간간이 영점-나 상태에 있다. 공원 벤치에 앉아 푸른 하늘과 흘러가는 흰 구름을 바라보고 있고 귓가에 새소리가 들리면서 문득 행복감을 느낀다. 느껴진다면 그때 나는 누구인가? 여자인가, 남자인가? 한국인인가, 미국인인가? 돈이 많은가, 적은가? 날씬한가, 뚱뚱한가? 어떤 개념도 붙지 않은 고요하고 평화로운 나 아닌가. 바로 영점-나 아닌가. 그때 나를 바라보는 마음

명상·마음챙김·긍정심리 훈련(MMPT) 워크북

챙김이 함께 하면 내가 영점-나인 줄을 자각할 수 있다. 영점-나에 대한 동일시를 꾸준히 수행하면 나에 대한 정체성이 조금씩 변화한다.

마음사회이론. 내 안에 많은 나들이 있다. 나는 누구인가? 내가 아는 나는 누구인가? 내가 아는 나는 대부분 개념의 나, 욕망의 나다. 개인적으로 혹은 관계 속에서 무엇을 바라는 나, 무엇이 옳고 무엇은 그르다고 믿는 나. 이런 욕구-생각의 나들 외에 내 안에 어떤 욕망이나 개념도 붙지 않는 고요하고 평화로운 영점-나가 있음을 아는가.

마음 안에 비교하는 나를 만들어놓고, 되어야 한다는 이상적인 나를 만들어놓고 자존감이 높다, 낮다 하며 늘 비교하며 끊임없이 자신을 괴롭히고 있지는 않은가. 경쟁사회를 살다 보니 '남들보다 잘나고 싶고 남들에게 인정받고자 하는 나'가 마음사회에서 과잉발육 되어버렸다. 이렇게 괴물처럼 커버린 나가 자신에게 부응하지 못하는 다른 나들을 윽박지르고, 결과적으로 분노하거나, 열등감 느끼거나 낮은 자존감으로 힘들어하게 한다.

감각에 온전히 집중되었을 때 거기 욕구-생각의 나, ego는 없다. 그러다가 문득 마음챙김할 때 영점-나가 자각된다. 존재 자체로 온전한 나다. 모든 사람이 갖추고 있는 나다. 시간 날 때마다 욕구-생각을 굴리며 불안해하고 우울해하고 분노하는 것은 얼마나 어리석은가. 틈틈이 감각에 주의를 보내며 마음챙김명상을 할 때 영점-나를 '자각'할 수 있다. 더 구할 것도 뺄 것도 없이 온전한 나, 영점-나를 자각한다. 그 상태에 있을 때 우리는 영혼의 밥을 먹는다. 원하는 것을 얻으면 잠시 행복한 듯해도 얼마 지나지 않아 부족하고, 원하는 자리에 올라가도 허전하다. 미친 듯이 열심히 살지만, 남들 보기에는 성공하는 인생처럼 보이지만 마음속은 늘 공허하고 불안하다. 영점-나를 자꾸 자각하며 영점-나와 꾸준히 동일시하면 마음이 차차 든든해진다. 자족할 줄 알게 된다. 심리적으로 배고프지 않다. 휴대폰 배터리 충전하듯이 마음의 에너지가 충전된다.

우리 마음의 디폴트값은 행복이다. 고요하고 평화로운 행복이다. 마음이 가난한 자 복이 있나니 천국이 저들의 것이라고 했다. 명상은 나를 평화로운 행복 상태로 만들어준다. 마음챙김명상은 내가 기본적으로 평화로운 행복 상태에 있으며 나의 기본이 영점-나임을 알도록 해준다. 마음챙김명상은 영점-나를 키우는 훈련이다. 영점-나에 대한 자각을 꾸준히 수행하면 영점-나와의 동일시가 커진다.

마음사회이론에서 삶은 일종의 동일시 게임이다. 내가 주요하게 동일시하는 정체성이 마음사회에서 나를 대표하는 나가 되고 나의 삶을 결정하게 된다. 낮은 자존감으로 고통 받는 사람은 자존감 낮은 나를 기본적인 나로 동일시하고 있는 것이다. 그는 자신의 마음 안에 많은 나들이 있음에도 불구하고 특정한 나만으로 자신을 대표하고 있다. 영점-나를 꾸준히 연습하면, 혹은 달리 표현하면 영점-나의 기운을 꾸준히 섭취하면 더 이상 자존감 문제로 고통 받지는 않게 될 것이다. 왜? 영점-나로서의 정체성이 분명해지기 때문이다.

자존감이 높고 낮다는 것은 개념이다. 우리는 개념이 아닌 실재로서의 나를 체험하기 시작한다. 감각에 깨어 있을 때 현실과 접속, 연결된다. 지금의 나와 연결된다. 개념의 나가 아니라 실존하는 나와 연결된다. 어떤 것도 붙지 않는다. 자존감 높고 낮음은 문제가 안 된다. 그냥 서 있을 뿐이다. 앉아 있을 때는 앉아 있을 뿐이다. 커피 마실 때는 커피 마

명상·마음챙김·긍정심리 훈련(MMPT) 워크북

실 뿐이다. 설거지할 때는 설거지할 뿐이다. 그게 나다. 어떤 것도 붙지 않는다.

영점-나 상태는 더 구할 것이 없는 상태다. 더할 것도, 덜할 것도 없는 충만한 상태다. 자족의 상태다. 태어나서 죽을 때까지 나는 이 영점-나와 함께 하고 있다. 나머지 나는 늘 변화하는 나다. 변화하는 나에 일희일비하지 않아도 된다. 영점-나를 분명히 자각할 줄 알 때, 영점-나와의 동일시가 커질 때, 영점-나가 충분히 양성되면 자존감이 높다 낮다는 말을 더 이상 하지 않게 될 것이다.

영점-나는 아무런 욕구-생각이 붙지 않는 노바디-나이기도 하지만 그렇기 때문에 모든 사람들의 나, 에브리바디-나이기도 하다. 영점-나가 될 때 나는 근원의 나와 연결되고 모든 사람들과 연결된다.

문득 쉬며 나를 돌아보면 이렇게 몸이 있고 숨 쉬고 있고 살아 있고 느끼고 있는 존재를 느낄 수 있다. 때로는 신비하기까지 하다. 그 신비한 존재가 바로 나라는 것을 자각하게 된다. 이런 상태가 영점-나 상태이다. 내 마음에 늘 이러한 영점-나의 고요하고 평화롭고 신비한 세계가 있음을 잊지 않는다. 마치 나만의 케렌시아(querencia)를 방문하듯이 언제든 원하면 이러한 '평화의 섬'으로 갈 수 있도록 한다. 마음챙김 명상을 통해 자주 듣는 방송의 주파수를 단축번호에 넣듯이 하여 언제든 손쉽게 영점-나에 주파수를 맞출 수 있게 한다.

영점-나를 자꾸 연습한다. 영점-나가 나의 근본-나임을 잊지 않는다. 영점-나가 차차 확립되면, 영점-나에 대한 동일시가 분명해지면 개념-나들로부터 자유로워지고 개념-나들에 집착하지 않으면서 개념-나들을 자유롭게 쓸 수 있게 된다. 근본이 되는 나, 영점-나의 바탕에서 팀장-나도 쓰고, 며느리-나도 쓰고, 딸-나도 쓰고 어머니-나도 쓴다. 즐겁게 쓴다. 때로는 울기도 할 것이다. 괜찮다. 왜? 기본-나가 있으니까. 영점-나가 있으니까. 모든 것이 영점-나 바탕에서 이루어지니까. 괜찮다. 자꾸 영점-나를 만난다. 틈나는 대로 만난다. 이러한 바탕에서 뒤에 다루는 긍정심리를 쓴다. 그렇지 않으면 긍정심리가 표피적으로 흐를 수 있다. 뭔가 욕구를 충족시키려고만 허둥대는 허수아비가 될 수 있다. 든든한 기초가 닦인 영점-나가 잡힌 그 토대 위에 긍정심리의 빌딩을 세워야 한다. 가끔 멈춰 본다. 승강장에서, 엘리베이터 앞에서, 공부하다가, 일하다가 문득문득 멈춰 본다. 마치 어린아이 동요처럼 마구 뛰다가 얼음-땡 하면서 '그대로 멈춰라!' 하듯이. 순간 모든 것을 멈춰 본다. 그 고요한 자리, 영점-나와 잠시 접속한다.

3. 마음챙김명상 실습

마음챙김명상에서는 영점-나를 자각하며 자꾸 영점-나와 동일시하는 훈련을 한다. 마음챙김명상에서도 기본적으로 '쉰다'의 자세를 유지하며 지나치게 애쓰지 않는다. 특히 100%를 욕심내는 완벽주의를 내려놓는다. 그저 명상에 전념하며 욕구-생각이 내려놓아지는 때 영점-나를 자각하면 된다. 욕구-생각이 일어나도 괜찮다. 호흡 명상처럼 비교적 집중형 명상에 가까운 명상의 경우와 달리 일상의 행위를 하며 감각을 느끼는 감각 명상, 행위 명상은 비교적 개방형 명상에 속한다. 일정한 장소에서 장기간 집중적으로 수행하는 경우가 아니라면 일상의 생활 속에서 수행하는 개방형 명상에서는 감각에만 집중하는 정도가 높기 어렵다. 이런 저런 욕구나 생각이 개입하기 쉽다. 그래도 일을 하는 때가 아닌 경우에 가급적 욕구와 생각을 내려놓고 감각과 친해지기로 했다면 감각만으로 의식공간이 채워지는 때가 생기게 된다. 비록 1초라도 좋다. 욕구-생각이 멈춰진 순간이 있지 않은가. 1초 욕구-생각이 비워졌다면 그리고 그때의 나를 마음챙김했다면 1초 영점-나를 자각한 것이다. 순간순간 영점-나와 접속할 때마다 놓치지 않고 마음챙김 하도록 한다. 이와 같이 꾸준히 마음챙김명상을 하면 일상생활에서도 내가 영점-나임을 잊지 않고 상기하기가 쉽게 된다. 참고로 마음챙김의 빨리(pali)어 원어인 sati는 주의와 기억의 의미를 내포한다.

1주차와 2주차에 연습한 감각 명상, 행위 명상, 요가 명상, 몸 명상, 호흡 명상을 하면서 5-10% 정도의 주의를 마음챙김에 할당해서 감각을 경험하는 나를 바라보도록 한다. 명상을 하며 감각에 주의를 보내고 있음과 감각에 대한 집중과 함께 마음이 편안해질 때 편안해짐을 자각한다. 집단으로 진행하는 경우에 제한된 시간을 감안해서 요가 명상 또는 몸 명상과 호흡 명상을 하면서 함께 마음챙김명상의 실습을 한다.

아직 명상이 충분히 숙달되지 않은 경우에는 마음챙김명상을 연습하는 것이 자칫 불편하고 명상마저 잘 안 되는 것처럼 느껴질 수 있다. 그동안 명상으로 감각을 잘 느끼고 마음도 편안해졌는데 마음챙김명상을 하면서 오히려 명상이 잘 안 되는 것 같고 혼란스럽다면 잠시 마음챙김명상을 멈추고 다시 명상으로 돌아간다. 마음챙김명상은 마치 피아노 연주를 할 때 왼손 연주와 오른손 연주을 함께 하는 것과 같아서 어느 한 손의 연주가 충분히 익숙하지 않으면 다른 손 연주를 함께 하는 것이 더 혼란스러울 수 있다. 마음챙김명상이 준비되지 않은 것 같다면 명상으로 감각과 친해지는 연습을 조금 더 한 다음에 마음챙김을 함께 수행하도록 한다. 완벽주의를 내려놓는 것도 도움이 된다. 한번 마음챙김 하면 계속 마음챙김 해야 한다고 강박적으로 몰아가지 말고 명상을 하며 할 수 있을 만큼 조금씩 간간이 마음챙김 할 수 있으면 좋다는 여유 있는 태도로 수행한다. 명상은 '쉰다' 아닌가. 쉰다는 태도로 명상하며 슬쩍슬쩍 마음챙김을 연습해본다.

마음챙김명상을 알게 되면 특별히 의도하지 않는 한 이제 더 이상 명상만 하지는 않게 된다. 양손으로 피아노 치는 것을 배우면 두 손으로 연주하는 것이 자연스러운 것처럼 명상을 하게 되면 고요한 상태의 나를 바라보는 마음챙김이 함께 하게 된다.

1. 감각 마음챙김명상

감각 마음챙김명상에서는 감각 명상 상태에서 자기 자신을 객관적으로 본다. 보이면 보는 줄 알고, 들리면 듣는 줄 알고, 냄새가 느껴지면 냄새를 맡는 줄 알고, 맛이 느껴지면 맛을 느끼는 줄 알고, 접촉되면 접촉되는 줄 안다. 동시에 자신이 깨어 있고 살아 있고 존재하고 있음을 온전히 느끼며 자신을 객관화한다.

명상은 특히 개방형 명상에서는 욕구와 생각을 개입하지 않고 경험한다. 순수한 주의(bare attention)를 하므로 순수한 의식(bare consciousness), 순수한 알아차림(bare awareness)을 하게 된다. 색깔은 단지 색깔로 보고 소리를 단지 소리로 듣는다. 욕구나 생각으로 채색하지 않는다. 이때 마음챙김을 하면, 즉 순수한 상위주의(bare meta-attention)

를 하면 내가 색깔을 보는 줄 알고 소리를 듣는 줄 아는 마음챙김의 알아차림(mindful awareness)을 하게 된다. 즉, 순수한 상위의식(bare meta-consciousness), 순수한 상위알아차림(bare meta-awareness), 혹은 순수한 자각을 하게 된다.

지금-여기의 감각을 있는 그대로, 비판단적으로 '알아차림'한다고 마음챙김하는 것이 아니다. 비판단적으로 알아차림하는 것을 알아차림하는 '상위 알아차림'이 되어야 마음챙김을 한 것이다. 건포도를 놓고 건포도의 모양, 색깔, 소리, 냄새, 맛, 감촉 등의 감각을 있는 그대로 비판단적으로 알아차림하는 것은 건포도 명상이다. 이때 내가 이런 모양이나 색깔을 보고 있음을 알아차림하고, 이런 소리를 듣고 있음을 알아차림하고, 이런 냄새를 맡고 있음을 알아차림하고, 이런 맛을 느끼고 있음을 알아차림하고, 이런 감촉을 느끼고 있음을 알아차림하며(미시 마음챙김) 또한 여기 이렇게 앉아서 건포도를 먹고 있음을 알아차림하면(거시 마음챙김) 건포도 마음챙김명상이다.

카페에 앉아서 카페에서 경험되는 여러 가지 감각들(카페의 여러 가지 인테리어, 사람들의 모습, 카페의 음악, 사람들의 말소리, 카페에서의 냄새, 의자의 감촉 등)을 아무런 욕구-생각 없이 다만 구경하고 있다면 카페에서의 감각명상이다. 이때 무심히 구경을 하고 있는 나를 구경하면 감각 마음챙김명상이다. 요컨대 욕구-생각을 개입시키지 않고 지금-여기의 세계인 감각의 세계를 구경하고 있다면 감각 명상이고 감각세계를 구경하는 나를 구경하면 감각 마음챙김명상이다.

일어나고 사라지는 각각의 감각을 분명히 느끼되 감각을 느끼는 줄 알며 자신이 무엇을 하고 있는지, 보고 있으면 보고 있는 줄, 듣고 있으면 듣고 있는 줄 잘 알아차린다. 마음이 편안하면 편안한 줄 알며 지금-여기 이렇게 깨어 있고 살아 있고 존재하는 고요한 나, 영점-나를 느껴본다(김정호, 2016, 2018a).

볼 뿐
들을 뿐
냄새 맡을 뿐
맛을 느낄 뿐
감촉을 느낄 뿐
뿐
뿐
뿐
뿐으로 느끼고 깨어서 존재할 뿐

2. 행위 마음챙김명상

행위 명상에 조금 익숙해지면 행위 명상을 하면서 자신을 객관적으로 바라보는 마음챙김을 함께 수행한다. 지금-여기서 어떤 감각을 느끼고 몸이 어떤 행위를 하고 있으며 어떤 마음이 느껴지는지 몸과 마음을 객관화하며 분명히 자각하도록 한다. 자신의 몸의 움직임을 제3자를 보듯이 관찰한다.

　　행위 마음챙김명상은 행위 명상을 수행하면서 동시에 자신이 어떤 행위를 하고 있는지에 대해 분명하게 자각하는 것이 포함된다. 일어나고 사라지는 감각을 분명히 바라보며 자신이 무엇을 하는지에 대해서도 알아차린다. 마음이 편안하면 편안한 줄 알며 지금-여기 이렇게 깨어있고 살아있고 존재하는 고요한 나, 영점-나를 느껴 본다.

처음에 마음챙김의 감이 잘 오지 않으면 마음챙김을 하려고 너무 애쓰지 않도록 한다. 다만 감각에 집중하며 감각을 온전히 느끼는 행위 명상에 정성을 들이도록 한다. 행위 명상에 익숙해지며 주의에 약간의 여유가 생기면 자연스럽게 마음챙김으로 이어질 수 있다.

행위 마음챙김명상을 위해서는 마치 자신의 행위를 '중계방송'하듯이 각 행위를 나타내는 단어를 속으로 말하는 것이 도움이 된다. 샤워를 할 때는 '샤워'라는 단어만 사용할 수도 있지만, '비누를 잡음'이나 '물 온도를 조절함' 등처럼 행위를 더 세분해서 명칭을 붙일 수도 있다. 행위 마음챙김명상이 익숙해지면 더 나아가 특정 행위를 하려고 할 때 그 행위를 하려고 하는 의도도 알아차림하고 명칭을 붙이며 마음챙김한다. 그러나 지나치게 세부적으로 기술하지 않는다. 명칭 부여는 행위에 주의를 놓치지 않도록 해주고 떨어져 보기를 도와주는 방식으로 사용되어야지 마음을 산란하게 해서는 안 된다. '중계방송'할 때 '~구나' 또는 '~있네'도 마음챙김의 자기객관화를 돕는 좋은 도우미다. 예를 들면, 걸을 때는 '걸음'이라고 짧게 할 수도 있지만 '걷는구나.', '걷고 있구나.' 또는 '걷고 있네.'라고 '중계방송'한다.

걸을 뿐
이 닦을 뿐
샤워할 뿐
먹을 뿐

설거지 할 뿐

뿐

뿐

뿐

뿐으로 행위하고 느끼고 깨어서 존재할 뿐

3. 요가 마음챙김명상

요가 마음챙김명상 부분은 앞에서 행위 명상과 행위 마음챙김명상에서 설명하고 실습한 부분을 그대로 적용해서 이해하면 된다. 요가 명상에 익숙해지면 요가 명상을 하면서 자신의 몸이 하는 요가 동작을 제3자를 보듯이 관찰하는 요가 마음챙김명상을 한다. 일어나고 사라지는 감각을 분명히 바라보며 자신이 무엇을 하는지에 대해서도 알아차린다. 마음이 편안하면 편안한 줄 알며 지금-여기 이렇게 깨어 있고 살아 있고 존재하는 고요한 나, 영점-나를 느껴 본다.

일상생활에서 짬짬이 한두 가지 요가 동작이라도 실천한다. 그러면서 문득, 슬쩍 자신을 바라보는 마음챙김을 활성화한다. 동작하고 있는 나를 느껴 본다. 내가 '동작하고 있음'이라고 속으로 명명하는 것도 좋다. 이때도 '~구나'나 '~있네'로 자신의 행위나 상태를 간략하게 '중계방송'하는 것이 나의 객관화에 도움이 된다. 지금-여기에 깨어있고 동작하고 있고 감각을 느끼고 있음을 알아차려 본다.

요가를 할 뿐

요가를 하며 느끼는 존재일 뿐

다만 요가를 하며 느끼고 깨어서 존재할 뿐

4. 몸 마음챙김명상

처음에는 몸 명상을 수행하다가 차차 익숙해지면 몸 명상을 하고 있는 자신도 볼 수 있도록 몸 마음챙김명상의 수행도 함께 하도록 한다. 몸 마음챙김명상을 할 때는 몸 명상을 하며 자신의 몸 전체, 자신의 앉아 있음, 몸 명상을 하고 있음 등을 분명하게 자각하도록 한다. 녹음된 멘트를 들으며 안내 명상으로 진행하는 경우에는 멘트를 듣고 있음도 분명하게 자각하도록 한다.

몸 명상에서는 몸의 각 부위에 주의를 보내고 그곳에서의 느낌을 있는 그대로 느낀다면, 몸 마음챙김명상에서는 몸의 각 부위에 주의를 보내고 그곳에서의 느낌을 있는 그대로 느끼되 각 부위를 마치 제3자의 입장에서 보듯이 한다. 자신이 주의를 보내고 있고 특정한 감각을 느끼고 있음을 알아차린다. 또 몸 전체를 객관적으로 느끼면서 자신이 몸 명상을 하면서 앉아 있음과 편안한 감정을 느끼고 있음에 대해서도 잘 알아차린다. 마음이 편안하면 편안한 줄 알며 지금-여기 이렇게 깨어 있고 살아 있고 존재하는 고요한 나, 영점-나를 느껴본다.

아직 몸 명상이 익숙하지 않은데 혼자 몸 명상을 하며 굳이 마음챙김명상으로 하려고 애쓰지 않아도 괜찮다. 다만 녹음된 멘트를 사용하며 몸 명상을 할 때는 자기 자신을 객관적으로 바라보는 마음챙김을 함께 수행해도 좋다. 녹음 멘트를 이용한 몸 명상에서도 아직 몸 명상이 충분히 익숙하지 않으면 먼저 녹음파일의 안내를 통해 몸 전체에 대해 몸 명상을 한 후에 마치기 전에 시간을 갖고 몸 전체를 느끼며 내가 지금 이렇게 살아 있음, 깨어 있음, 존재함을 느껴 본다.

몸을 느낄 뿐
몸을 느끼는 존재일 뿐
다만 몸을 느끼며 깨어서 존재할 뿐

5. 호흡 마음챙김명상

호흡 명상을 하며 조금씩 익숙해지면 마음챙김도 함께 적용하며 호흡
마음챙김명상 수행으로 나아간다. 호흡 명상이 익숙하지 않을 때 마음
챙김을 성급하게 적용하려다 보면 자칫 명상의 고요하고 집중됨을 잃
고 산만해질 수 있다. 처음에는 호흡에 따른 몸에서의 감각을 음미하고
즐기는 자세로 명상에 좀 더 초점을 둔다. 그러면서 차츰 그렇게 호흡감
각을 음미하고 즐기는 자신을 제3자를 보듯 객관적으로 떨어져서 보는
것도 시도한다.

호흡은 일종의 행위다. 밖으로 보면 가만히 앉아 있으니 아무것도
하지 않는 것처럼 보이지만 몸은 매운 소중한 일을 하고 있다. 늑간근과
횡격막을 움직이며 매 순간 나의 몸을 살리는 호흡을 하고 있는 것이다.

호흡 명상을 하며 마음챙김을 해보면 내가 앉아 있음이 느껴지고
특정한 호흡감각을 느끼고 있음이 느껴지고 내 몸이 호흡을 하고 있음
이 느껴진다. 문득 내가 호흡하는 것이 아니라 몸이 호흡을 하고 있음이
느껴진다면 마음챙김이 잘 된 것이다.

내 몸이 여기 앉아서 호흡을 하고 있고, 숨이 들어오고 나가고 있
고, 매 순간 호흡감각이 변화하고 있다. 마음은 고요하고 평화롭다. 이

것이 객관적으로 자각이 된다. 호흡 명상 상태에 있는 나를 바라보면 나는 단지 고요하고 평화로우며 호흡을 하며 깨어 있고 살아 있는 존재임이 '자각'된다. 지금-여기 이렇게 깨어 있고 살아 있고 존재하는 고요한 나, 영점-나를 느껴 본다.

호흡 할 뿐
호흡 하며 호흡을 느끼는 존재일 뿐
다만 호흡 하며 느끼고 깨어서 존재할 뿐

6. 경험 및 소감 나눔

- 감각에 집중하는 명상 때는 감각집중이 잘 됐는데 마음챙김까지 함께 하려고 하니 감각집중이 떨어지는 것 같다.
- 감각에 집중하는 명상 때는 긴장이 돼서 잘 안 됐는데 마음챙김을 포함하니까 더 편안하게 감각에 집중할 수 있었다.
- 몸 명상의 멘트를 들으면서 각 부위의 감각을 느끼고 있음, 각 부위로 주의를 보내고 있음, 멘트 소리를 듣고 있음 등을 자각하면서 명상했다. 몸 전체의 이완감을 느끼면서 여기 이렇게 살아서 존재함의 자각도 함께 느꼈다.
- 호흡을 통제하지 않아도 몸이 알아서 호흡을 하는 것을 지켜볼 수 있다는 사실이 신기했다. 마치 호흡을 내가 하고 있지만 내가 하고 있는 것도 아닌 것 같다는 생각이 들었다.

4. 익힘 연습

1. 목표

아래의 목표를 유념하며 일주일 동안 익힘 과제를 수행한다.

- ○ 이번 주에도 일상의 생활 속에서 감각과 친해지기는 지속적으로 수행한다. 문득 문득 지금-여기의 세계, 감각의 세계에 접속하는 행위를 습관화한다. 그러나 이제는 조금씩 감각 명상과 함께 마음챙김을 하며 생활 속에서 '영점-나'의 자각을 늘려나간다.
- ○ 요가 명상, 몸 명상, 호흡 명상도 꾸준히 연습하며 조금씩 감각 명상과 함께 마음챙김을 하며 '영점-나'의 자각을 수행한다.
- ○ 이제는 '문득' '툭'하고 스위치 끄듯이 '쉰다'와 함께 '영점-나'와 접속하는 연습을 한다.
- ○ 마음챙김의 깨어 있음으로 배운 것을 실행하고 실천해야 한다. 새로운 실천과 실행만이 오래된 습관을 타파할 수 있다. 자꾸 반복하면 습관이 된다. 원하지 않는 습관적 정보처리방식을 내려놓고 원하는 새로운 정보처리방식을 확립하도록 한다.

2. 구체적 익힘 과제

1. 생활 속의 장소에서 감각 느끼며 마음챙김 하기

- 문득 지금-여기를 알아차림한다. '지금-여기?!' 하며 주변의 감각을 느껴 본다. 그리고 느끼는 나를 느껴 본다.

2. 행위 중에 감각 느끼며 마음챙김 하기

- 문득 하는 일을 알아차림 한다. '지금 뭐해?!' 하며 자세를 바라보고 행위를 바라본다.
- 커피 한 잔을 마실 때도, 엘리베이터를 기다릴 때도, 전철을 탈 때도 문득문득 나를 바라본다.

3. 요가 마음챙김명상, 몸 마음챙김명상, 호흡 마음챙김명상

- 문득 나를 알아차림한다. '지금 나는?!' 하며 몸의 감각이나 호흡 감각을 느껴 본다. 그리고 느끼는 나를 느껴 본다.
- 몸 마음챙김명상에서는 차차 녹음된 멘트 없이 스스로 진행하는 수행을 늘려나간다.

4. 호흡 마음챙김명상: '짬 마음챙김명상'

- 지난주에 수시로 하던 '짬 명상'을 '짬 마음챙김명상'으로 수행한다.

5. '마음챙김명상 수행일지'

- 위의 과제에 대해 적어도 하루에 한 가지씩 '마음챙김명상 수행일지'에 기록을 남긴다.
- '마음챙김명상 수행일지'는 이 책의 부록에 있고 또 파일이 나

의 블로그(MMPT 마음공부)에 올려 있으니 자유롭게 다운받아서
사용해도 좋다.

3. 익힘 연습을 위한 도움말

1. 속으로 말하기: '자각, 자각, 자각'

첫째 주에 익힘 연습을 위한 도움말로 감각 명상이나 행위 명상을 할 때
속으로 '감각, 감각, 감각'이라는 말을 반복하는 것을 추천했다. 이번 주
부터는 '자각, 자각, 자각'이라는 말을 반복하는 것을 권한다. '자각, 자
각, 자각'이라는 말과 함께 '영점-나'에 대한 자각을 늘려나가도록 한다.

2. 포스트잇 활용

첫째 주에 익힘 연습을 위한 도움말로 '감각', '쉰다', '천천히' 등을 써서
눈이 잘 가는 곳에 붙이도록 하는 것을 추천했다. 이번 주부터는 '자각'
을 하나 추가하도록 해서 '영점-나'에 대한 자각 연습을 상기시켜주도
록 한다.

3. 받아들임

명상이나 마음챙김명상의 대상에 제대로 집중하지 못하더라도 스스로
를 자책하지 않는다. 자신이 명상에 맞지 않다고 성급하게 판단하지도
않는다. 이런저런 욕구와 생각이 일어나는 것은 자연스러운 일이다. 중
요한 것은 그런 욕구나 생각에 대한 나 자신의 태도다. 수행을 통해 이

런 태도를 배양하는 것이다. 이 태도가 바로 마음챙김이다. 있는 그대로 알아차리고 받아들이고 내려놓는 것이다. 욕구나 생각이 일어날 때 가급적 '욕구' 또는 '생각' 하고 짧게 명칭부여를 하며 곧바로 알아차리고, 자책하거나 자기비난하지 않고 명상이나 마음챙김명상의 대상으로 돌아온다. 한 번에 있는 그대로 알아차리고 받아들이고 내려놓아지는 것은 아니다. 지속적인 훈련이 필요하다. 이렇게 수행하면 마음챙김명상을 수행하는 것이다.

돌아봄

- 이번 주 익힘 연습에서 새롭게 배운 점은 무엇인가?

- 이번 주 익힘 연습이 마음공부에 도움이 된 점은 무엇인가?

- 이번 주 익힘 연습을 통해 새롭게 깨달은 점은 무엇인가?

명상·마음챙김·긍정심리 훈련(MMPT) 워크북

제 7 장 4주

일상의 마음챙김

지난주에는 명상을 하는 상황에서 마음챙김하는 훈련을 했다. 이번 주부터는 명상할 때만이 아니라 일상생활 속에서 마음챙김하는 훈련을 한다.

마음챙김은 나에 대한 객관화다. 일상생활은 행위와 경험의 연속이다. 마음챙김을 한다는 것은 내가 어떤 행위를 하고 있는지 어떤 경험을 하고 있는지를 떨어져보는 순수한 상위주의(bare meta-attention)를 하는 것이다. 이렇게 마음챙김을 하면 내가 무엇을 하고 있는지 어떤 경험을 하고 있는지에 대한 순수한 상위알아차림(bare meta-awareness), 즉 순수한 자각을 하게 된다.

이번 회기에는 평소에 자신의 정서상태에 대한 마음챙김과 스트레스 또는 웰빙을 경험할 때 그 경험에 대한 마음챙김을 훈련한다. 특히 스트레스를 경험할 때 마음챙김을 수행함으로써 어려운 상황에서도 떨어져보는 '초연한 나'를 양성하게 된다. 나의 경험을 마치 제3자의 경험을 보듯이 보는 연습을 한다.

1. 실습과 익힘 연습 나눔 및 피드백

앞에서 배운 몸 마음챙김명상(15분 몸 명상 파일)과 호흡 마음챙김명상(3분)을 함께 실습하며 이번 회기의 수련을 시작한다. 이어서 지난주에 실천한 익힘 연습의 경험과 소감을 나누고 질문 등을 받고 피드백 시간을 갖는다. 이번 회기에 함께 실습한 몸 마음챙김명상과 호흡 마음챙김명상에 대한 소감이나 질문도 허용한다. 혼자 공부하는 경우에는 이 책의

설명, 익힘 연습을 위한 도움말 등을 반복해서 읽어보면 <u>스스로 피드백을 받을 수 있다.</u>

- 교수님이 의도적으로 강조를 하셨던 몇 가지 문구들('문득!', '쉰다', '약간의 호기심', '툭!', '오직 할 뿐', '슬쩍', '우두커니')이 요즘 나의 일상생활에서 명상과 마음챙김으로 전환하는데 아주 도움이 되는 트리거(trigger)로 쓰이고 있다. 자연스럽게 일상생활 중에 명상이나 마음챙김으로 전환하는 횟수가 늘었다. 걸어가다가 문득, 지하철 안에서 문득, 하늘을 보다가 문득, 상대와 이야기하다가 문득, 샤워하다가 문득, 문득문득 마음챙김을 하게 된다.

- 호흡 마음챙김명상을 꾸준히 했다. 이번 주에 깨달은 것이 있다. 내가 살아 있다는 것이 내가 살아 있어서 살아 있는 것이 아니고 나를 살아 있게 하는 것이 살아 있는 것이구나. 내가 호흡하는 것이 내가 호흡하는 것이 아니고 호흡하고 있는 나를 깨닫게 됐다. 굉장히 마음이 편안해지고 자유로워지는 느낌이었다.

- 피로하고 지쳐 있었지만 지하철 안에서 몸을 바로 세우고 호흡 마음챙김명상으로 들어갔다. 잡념과 싸우지 않고 있는 그대로 보고 스쳐 보낸다. 어디에도 물들지 않는 고요한 마음이 있음을 가만히 알아차린다.

- 딸아이와의 관계에서 스트레스를 경험하고 그냥 동네 작은 공원을 걸었다. 처음엔 마음이 무겁고 화도 났었는데

천천히 발뒤꿈치부터 닿으면서 발 앞쪽으로 무게를 실으며 걸으면서 난 오직 걷는 존재일 뿐이라고 생각하니 굳이 화내어 무슨 소용 있나, 생각이 들면서 걷기에만 집중을 하게 됐다. 걸으면서 연둣빛 예쁜 나뭇잎들을 보고 감탄도 하고 공기도 많이 맑아졌구나, 하고 느끼게 됐다. 난 오직 걷는 존재. 그러면서 생각도 같이 올라왔고 아이의 입장이 이해도 됐다. 바람도 느끼고 나무냄새도 맡으며 온전히 감각을 느끼면서 나는 오직 걷는 존재, 영점-나로 걸으며 마음이 편안해졌다.

- 요가를 하며 고개를 양쪽으로 돌릴 때 근육의 움직임에 집중을 했다. 목을 양쪽으로 돌리면서 목이 내 신체 중 어디에 있는지를 느끼게 됐다. 목뿐만 아니라 모든 신체 부위도 다 똑같았다. 내 어깨가 있음을, 내 다리가 이곳에 있음을, 내 허리가 중심에 있음을 느낄 수 있었고 결국에는 내가 이곳에 살아 있음을 느끼게 됐다. 각 신체 부위의 존재함을 알면서 내가 여기에 존재하고 있음을 깨닫게 된 것이다.

- 늘 이런저런 생각에 둘러싸여 바쁘게 생활하다 보니 이렇게 내 몸에 그것도 부위마다 집중을 한 적이 별로 없어서 몸 마음챙김명상은 좀 신기했다. 몸에 대한 집중이 쉽지 않아서 그만큼 집중하는 노력을 기울이니 호흡 명상보다 다른 생각이 잘 안 나서 더 잘 됐다. 몸 마음챙김명상을 할수록 몸이 약간 다른 사람 몸을 보는 것 같다고 할까, 나 자신과 조금 떨어져서 바라보는 느낌이 들었다.

명상·마음챙김·긍정심리 훈련(MMPT) 워크북

2. 정서 마음챙김

정서 마음챙김은 일상생활 가운데 나타나는 정서를 마음챙김한다. 일상생활에서는 정서보다는 감정이라는 용어를 더 많이 사용하지만 심리학에서는 정서라는 용어를 더 많이 사용하고 정서 마음챙김이라는 용어가 이미 알려져 있어서 감정 마음챙김이 아니라 정서 마음챙김이라는 표현을 사용한다(김정호, 2001, 2016; 신아영, 김정호, 김미리혜, 2010; 안정미, 김미리혜, 김정호, 2013; 한초롱, 김정호, 김미리혜, 2019). 정서는 욕구의 상태를 나타내는 중요한 주관적 지표이고 몸의 반응으로도 표현되며 관련된 생각과 연결된다. 따라서 정서 마음챙김을 할 때는 정서와 관련된 감각(몸의 반응), 욕구, 생각 등을 본격적으로 마음챙김하게 된다.

이와 같이 정서는 마음의 다양한 요소들과 직결되어 있거나 그것들로 표현되기 때문에 정서에 대한 마음챙김은 현재의 몸과 마음의 전반적 상태를 마음챙김할 수 있게 해준다. 따라서 정서 마음챙김은 나 자신에 대한 이해를 높이고 나 자신을 다스리는 데 효과적이다. 특히 정서 마음챙김을 통해 나에 대한 객관화와 대상화가 일상생활 속에서 본격적으로 이뤄진다(김정호, 2016).

정서에 대한 마음챙김을 처음 할 때는 다소 막연하기 때문에 일반적으로 표 4와 같은 간편형 정서 마음챙김 목록을 사용한다. 정서 마음챙김 목록을 통한 정서 마음챙김의 구체적 방법은 다음과 같다.[9]

---

9 김정호(2001, 2016)를 참고한다.

기분 나쁨	-3	-2	-1	0	1	2	3	기분 좋음
기운 없음	-3	-2	-1	0	1	2	3	활기참
우울	-3	-2	-1	0	1	2	3	명랑
불안	-3	-2	-1	0	1	2	3	편안
조급함	-3	-2	-1	0	1	2	3	여유
미움	-3	-2	-1	0	1	2	3	사랑
화	-3	-2	-1	0	1	2	3	친절
불만	-3	-2	-1	0	1	2	3	감사

< 표 4 > 간편형 정서 마음챙김 목록

정서 마음챙김은 하루 중 수시로 할 수 있는데 적어도 오전, 오후, 저녁으로 하루 세 번 정도 수행하도록 한다. 또한 정서 마음챙김은, 긍정정서든 부정정서든 의식할 수 있을 정도로 분명하게 정서를 느낄 때 그 정서가 어떠한 상태인지를 있는 그대로 떨어져서 관찰한다.

일상생활 중에 잠시 시간이 날 때 자신이 어떤 정서상태에 있는지를 마음챙김한다. 걸어가면서, 지하철이나 버스를 타고 가면서, 또는 일이나 공부를 하다가 짬짬이 틈날 때마다 자신이 현재 어떤 정서상태인지를 '정서 마음챙김 목록'을 이용해서 마음챙김한다. 정서 마음챙김 목록을 스마트폰이나 작은 카드에 기록해서 가지고 다니며 자주 돌아보는 것이 자신의 정서상태를 마음챙김할 수 있게 해주는 단서역할을 해줄 수 있을 것이며, 또한 자신의 정서상태가 어떠한지를 관찰하는 데 도움을 줄 것이다. 정서 마음챙김 목록의 사용에 익숙해지면 나중에는 정서 마음챙김 목록을 들여다보지 않아도 충분히 이용할 수 있게 된다. 정서 마음챙김이 익숙해지면서 TV를 보거나 대화를 하면서도 가끔씩이라도 자신이 현재 어떤 정서상태인지를 마음챙김한다.

정서상태를 마음챙김할 때는, 우선 정서 마음챙김 카드의 맨 위에 있는 '기분 나쁨 - 기분 좋음'을 보고 자신의 전체적인 느낌 혹은 기분이 어떠한지를 바라본다. 기분이 좋은지, 나쁜지, 혹은 좋지도 나쁘지도 않은지를 살펴본다. 또 좋으면 얼마나 좋은지, 나쁘면 얼마나 나쁜지를 살피며 해당 숫자에 체크해 본다. 어떤 정서든지 이러한 느낌 혹은 기분의 요소를 갖는다. 분노, 실망, 우울, 불안, 지루함 등은 모두 다른 정서들이지만 나쁜 느낌을 공통 요소로 포함한다. 사랑, 기쁨, 감사, 평화, 재미 등은 모두 다른 정서들이지만 좋은 느낌을 공통 요소로 포함한다. 이러한 느낌과 관련해서 어떤 신체적 감각을 느낄 수 있는지, 어떤 생각이 오고 가는지를 가만히 관찰한다. 정서는 몸으로도 나타나고 생각과 긴밀하게 함께 작용하므로 몸의 감각과 생각을 잘 관찰하는 것이 정서를 바르게 아는 데 도움이 된다. 또한 정서는 욕구의 상태를 나타내므로 어떤 욕구가 작용하고 있는지도 느껴 본다.

그 다음으로 자신의 정서상태가 어떤 유형에 속하는지 정서 마음챙김 목록의 정서 쌍들을 하나씩 검토하며 정서상태를 들여다본다. 자신의 정서상태를 정서 마음챙김 목록의 특정한 정서로 명명하는 식의 앎으로 정서 마음챙김을 끝내서는 안 된다. 그렇게 되면 관념에 빠져버릴 위험이 있으며, 결코 마음챙김을 하고 있는 것이 아니다. 지금 어떤 정서가 어떻게 경험되고 있는지를 더욱 자세하고 정확하게 관찰해야 한다. 그러기 위해서는 지금의 정서가 몸의 어떤 부위에서 어떻게 느껴지는지, 어떤 생각이 함께 하고 있는지, 어떤 행동을 하고 있는지, 어떤 욕구와 관련되는지를 차분하게 체계적으로 바라보아야 한다. 특히 정서가 몸에서 어떻게 나타나는지를 중점적으로 관찰한다.

몸의 반응을 관찰할 때 특히 정서의 표현과 관계가 높은 자신의 얼굴 표정이나 때로 말을 하고 있다면 자신의 음성에 대해서도 마음챙김하면 좋다. 얼굴 표정은 거울을 봐야 하는 것은 아니고 얼굴의 각 부위에서 느껴지는 감각을 잘 관찰하면 된다. 평소에 몸 마음챙김명상을 수행하면 도움이 된다. 특히 얼굴 표정은 특별한 외부자극이 없는 경우에도 자신의 정서를 바라보는 데 많은 도움이 된다.

정서를 세세하게 관찰하는 것도 중요하지만 그 관찰이 과학자가 연구하듯이 지나치게 몰입하듯이 분석적이지 않도록 한다. 항상 어느 정도 거리를 두고 있는 느낌을 유지한다. 아울러 세부적인 관찰에 초점을 두는 미시 마음챙김뿐만 아니라 내가 어떤 정서를 느끼고 있구나, 내가 어떤 정서를 느끼며 여기에 이렇게 있구나, 하고 나를 떨어져서 보는 거시 마음챙김을 함께 하도록 한다.

우리의 정서상태는 고정되어 있지 않고 하루 중에도 계속해서 변화한다. 따라서 매일 수시로 정서를 관찰하는 것이 좋다. 처음에는 자신의 정서상태를 파악하는 것이 느리고 어렵게 느껴지겠지만 반복해서 수행하면 마음챙김의 힘과 기술이 증가하여 점차 신속하고 수월하게 자신의 정서상태를 알아차릴 수 있게 된다.

일상생활에서 일에 치이고 욕구-생각에 빠져 생활하다보면 자칫 자신의 정서를 잘 모르고 지내기 쉽다. 강하게 경험하는 정서라면 분명하게 알 수 있겠지만 그렇지 않은 경우에는 자신이 어떤 정서상태에 있는지 잘 모른다. 특히 부정정서는 화의 역치를 낮춰 작은 자극에도 화를 내게 만든다. 평소에 정서 마음챙김을 한다면 작은 부정정서도 잘 알 수 있어 관리하기가 쉬워질 것이다. 직장인이라면 퇴근해서 귀가할 때 자신의 정서상태를 잘 바라보면 좋다. 자기도 모르게 그날의 어떤 스트레스로 분노의 역치가 낮아져 집에 가서 배우자나 자녀의 작은 행동에 분노가 폭발하지 않도록 한다. 불안이나 우울이 깊어지는 것도 마찬가지다. 평소에 정서 마음챙김을 잘 하여 부정정서가 조절이 안 되는 상태까지 발전하지 않도록 한다.

정서 마음챙김을 하면 자신의 정서를 잘 알고 적절한 대처를 하여 일상에 유익함이 있을 뿐만 아니라 꾸준히 수행하면 늘 변화하는 정서를 볼 수 있게 되어 특정한 정서에 갇히지 않게 된다. 또한 정서를 마음챙김 하며 욕구, 생각, 몸도 자꾸 객관화하게 되어 나를 객관화하고 대상화하는 힘이 증진된다. 이와 함께 나를 떨어져보는 '마음챙김-나'도 자란다. 또한 정서 마음챙김 목록의 오른쪽 긍정단어들을 떠올리는 것이 마음을 그 방향으로 향하고 유지하는 데 도움을 주기도 한다.

3. 스트레스 마음챙김

스트레스 마음챙김에서는 우리 삶에서 피하고만 싶은 스트레스를 있는 그대로 바라보는 훈련을 한다. 여기서 말하는 스트레스는 일상의 짜증부터 인생의 큰 고통까지를 아우르는 개념으로 동기상태이론에서 다루었듯이 우리의 동기가 좌절된 상태거나 좌절이 예상되는 상태다.

명상은 우리의 마음을 차분하고 편안하게 해주며, 이것은 신체적으로 부교감신경계의 활성화를 통해 스트레스로 인한 교감신경계의 과도한 흥분을 가라앉혀주는 긍정적 효과를 가져 온다. 또한 명상을 통해 안정된 몸과 마음의 상태는 그렇지 못한 상태에서보다 스트레스에 대한 역치를 높여 준다. 다시 말해 안정되지 못한 몸과 마음의 상태는 스트레스에 취약할 수밖에 없다. 따라서 명상을 수행하는 것은 스트레스의 치유와 예방에 도움이 된다.

한편 마음챙김은 명상을 통해 연습하고 익히기도 하지만 실제 생활에 적용하면서 훈련하고 숙달시켜 나갈 수 있다. 또 마음챙김은 실제 생활에 적용할 때 크게 유익하다.

마음챙김이 스트레스 상황에 대해 특별히 해주는 것은 없다. 마음챙김을 한다고 스트레스의 원인이 되는 상황이 바뀌지는 않는다. 그러나 MMPT의 기초이론에서도 다뤘듯이 스트레스와 웰빙으로 대표되는 우리의 경험은 일방적으로 외부상황에 의해서만 결정되는 것이 아니다. 우리의 경험은 외부상황이라는 밖조건과 나의 내면이라는 안조건이 상호작용해서 만들어지는 것이다. 마음챙김은 스트레스의 밖조건에 직접적인 변화를 가져오지는 않는다. 그러나 스트레스의 밖조건을 대하는 나의 안조건에 변화를 가져온다.

마음챙김이 가져오는 안조건의 변화는 '하지 않음', 즉 무위(無爲, non-doing)를 통한 변화다. 그동안 스트레스를 경험할 때 우리가 대응해 온 방식(예, 부정적 생각을 반추함)이 오히려 스트레스를 증폭시키고 지속시키는 경우가 많았다. 마음챙김은 단지 바라봄이다. 내 안에서 경험되는 것들을 있는 그대로 바라봄으로써 그동안 해오던 불건강한 반응을 멈추게 된다. 이것이 스트레스 경험에 변화를 가져오게 한다. 마음챙김은 하지 않음의 함, 즉 무위지위(無爲之爲, doing of non-doing)를 통해 스트레스 경험을 변화시킨다.

스트레스를 경험할 때 마음챙김을 적용하는 훈련을 하면서 우리는 기존의 반응을 하지 않는다는 것은 쉬운 일이 아님을 알게 된다. 스트레스 상황에서 마음챙김을 적용하는 것은 꾸준한 훈련이 필요하다. 꾸준히 마음챙김을 적용하는 훈련을 하면 스트레스를 순수한 자각의 공간에 담고 있을 수 있는 힘, 즉 인내력(tolerance)이라고 부를 수 있는 마음의 힘이 증진된다. 특별히 스트레스 상황에 대해서 하는 것이 없지만 스트레스를 마음의 공간에 품고 있는 그대로 바라볼 수 있는 힘이 증진됨으로써 스트레스에 대한 강인성(hardiness)이 증진되는 것이다.

스트레스를 경험할 때 마음챙김하는 것은 쉽지 않다. 예를 들어 스트레스로 분노를 경험할 때 떨어져서 화를 바라보는 것이 쉬운 일이겠는가. 그래도 일상생활에서 작은 스트레스부터 조금씩 마음챙김을 연습하도록 한다. 화가 일어날 때 먼저 화가 일어나는 줄 알아차리는 것이 필요하다. 지난주에 배운 '~구나'로 하는 중계방송도 좋다. '화가 났구나.' 하고 다른 사람이 중계방송하듯이 속으로 표현하는 것도 나를 객관화하는 데 도움이 된다. 그 다음에는 그 화가 어디에 있는지 찾아본다. 대체로 몸 어느 부위에서 긴장, 열감 등의 감각으로 느껴진다. 그 감각을 잘 떨어져서 바라보며 역시 중계방송하듯이 그 감각을 어느 부위에서 어떤 감각을 느끼고 있다고 속으로 표현해 본다. 이어서 어떤 생각이나 욕구가 함께 있는지 잘 관찰해서 간단한 말로 중계방송하듯이 객관적으로 표현해 준다. 정보처리용량 제한성으로 볼 때 화를 몸에서 찾으며 감각에 주의를 보내는 것만으로도 감정이라는 불의 연료 역할을 하는 욕구-생각으로 가는 주의는 감소된다. 당연히 화의 크기가 줄어드는 것도 경험하게 된다. 일상에서 스트레스를 경험할 때 마음챙김을 훈련할 좋은 기회로 삼고 스트레스 마음챙김을 하도록 한다.

4. 스트레스 마음챙김 연습

스트레스 마음챙김은 스트레스를 경험할 때 하는 마음챙김이지만 여기서는 과거의 스트레스를 다시 떠올려 재경험하면서 그 스트레스를 있는 그대로 바라보는 마음챙김을 연습한다.

　평소에 스트레스를 어떻게 경험하는지 돌아보도록 한다. 집단 프로그램으로 진행하는 경우에 참가자들은 편안한 자세에서 지도자가 이끄는 멘트에 따라 자신의 스트레스를 떠올려보고 다시 바라보는 시간을 갖도록 한다.

　최근에 경험한 혹은 자주 반복적으로 경험하는 스트레스 떠올리고 그 스트레스 경험을 관찰하는 것이므로 스트레스를 회상하는 것이 조금 괴로울 수도 있다. 그 속에 너무 몰입하기보다 마치 객석에 떨어져 앉아 스크린의 영화를 보듯이 그 당시의 스트레스를 관람한다. 스트레스를 경험할 당시에는 스트레스 속에 매몰되었겠지만 이번에는 스트레스를 다시 경험하되 그 경험을 바라보는 연습을 하는 것이다. 편안한 자세로 앉아 가급적 눈을 감고 진행한다. 그러나 눈 감는 것이 불편하면 뜨고 해도 좋다. 개인적으로 공부하는 경우에는 아래의 순서에 따라 기술해 보고 최대한 그때의 경험을 생생하게 떠올리되 떨어져서 관찰하도록 한다.

　　지도자의 안내에 따라 자신의 스트레스를 바라보는 과정이 끝나고 나면 소감을 적고 팀 구성원끼리 소감을 나눈다. 이어서 지도자는 전체 참가자와 함께 전체 나눔을 가지며 스트레스의 구성에 있어서 욕구(동기)와 생각(인지)의 중요성을 다시 설명하고 마음챙김이 갖는 장점에 대해 강조해준다. 아무것도 하지 않고 다만 바라보지만 마음챙김의 바라봄을 통해 스트레스에 대한 인내력이 증진된다. 달리 표현하면 스트레스와의 관계가 변화한다. 결과적으로 스트레스의 영향력이 감소하게 된다.

1. 최근에 경험한 혹은 자주 반복적으로 경험하는 스트레스 떠올리기
2. 어떤 스트레스?
3. 스트레스의 원인(조건)?

　(1) 밖조건

　(2) 안조건

4. 스트레스의 결과(반응): 어떤 나들이 나타나나?

　(1) 감정 (예: 불안, 긴장, 두려움, 우울, 무력감, 화, 짜증, 수치심, 죄책감)

　(2) 몸에서의 반응

　(3) 그때 어떤 생각이 드나?

　(4) 어떤 욕구? (그 상황에서 바라는 것)

　(5) 어떤 행동?

　(6) 소감

　(7) 숙고 사항: 관련된 동기 및 인지

5. 익힘 연습: 정서 마음챙김, 스트레스 및 웰빙 마음챙김

1. 목표

아래의 목표를 유념하며 일주일 동안 익힘 과제를 수행한다.

- o 이번 주에도 일상의 생활 속에서 감각과 친해지며 마음챙김을 함께 하는 수행을 지속한다. 생활 속에서 '영점-나'를 자각하는 빈도를 늘려나간다.
- o 요가 마음챙김명상, 몸 마음챙김명상, 호흡 마음챙김명상도 꾸준히 연습하며 '영점-나'의 자각을 수행한다.
- o 이번 주에는 특히 정서 마음챙김 카드를 활용해서 일상생활 속에서의 마음챙김 훈련을 한다.
- o 스트레스와 웰빙을 경험할 때 잠시 멈추고 그때 무엇을 경험하는지 온전히 떨어져서 바라보는 훈련을 통해 초연한 나를 키워나간다. 특히 스트레스 때는 가급적 습관적 반응을 하지 않고 바라보도록 한다.

2. 구체적 익힘 과제

1. 정서 마음챙김

- o 정서 마음챙김 연습은 위의 본문에서 설명한 것을 참고해서 '정서 마음챙김 일지'에 기록하며 수행한다.
- o '정서 마음챙김 일지'는 이 책의 부록에 있고 또 파일이 나의 블로그(MMPT 마음공부)에 올려 있으니 자유롭게 다운받아서 사

용해도 좋다.

2. 스트레스 마음챙김 및 웰빙 마음챙김

○ 스트레스 또는 웰빙을 경험할 때 마음챙김을 적용하고 일지를
'스트레스 마음챙김 일지' 또는 '웰빙 마음챙김 일지'에 기록을
남긴다.

○ 스트레스 마음챙김의 연습에 포함할 수 있는 스트레스는 다양
하다. 일반적으로 스트레스라고 여겨지는 것 외에도 춥거나 더
운 날씨에서 오는 불편함, 가려움, 일상의 작은 통증, 짜증 등도
스트레스 마음챙김의 좋은 대상이다. 금연과 다이어트의 목표
를 세웠을 때 흡연이나 야식의 충동 같은 충동도 스트레스 마
음챙김의 수행으로 좋다.

○ '스트레스 마음챙김 일지'와 '웰빙 마음챙김 일지'는 이 책의 부
록에 있고 또 파일이 나의 블로그(MMPT 마음공부)에 올려 있으
니 자유롭게 다운받아서 사용해도 좋다.

3. 익힘 연습을 위한 도움말

1. 성장동기

성장동기를 다시 활성화한다. 성장동기가 약하면 스트레스를 경험할 때 습관적 반응으로 넘어가기 쉽다. 또 스트레스를 알아차렸다고 해도 스트레스의 힘이 상대적으로 마음챙김의 힘보다 크면 바라보기가 쉽지 않다. 성장동기를 강하게 확립하면 도움을 받을 수 있다. 스트레스 때 마음챙김하는 것이 자기성장에 도움이 되는 것이라고 확실한 믿음이 있을 때 바라보려는 동기가 강해지고 어려운 스트레스도 마음챙김할 수 있게 된다.

2. 약간의 호기심

나의 정서에 호기심을 가지면 정서 마음챙김이 좀 더 쉬워진다. 특히 스트레스의 경우에 과연 이 스트레스라는 것이 어떤 모습인지 호기심을 가지고 온전히 한 번 경험해보겠다는 자세를 갖추면 스트레스를 있는 그대로 바라보는 것이 조금 쉬워진다.

3. '아, 찬스!'

생활 속에서 스트레스를 경험하게 되었을 때 속으로 '아, 찬스!'를 외친다. 스트레스를 마음챙김할 수 있는 기회가 온 것이다. 아내, 남편, 자녀, 직장 동료 등 누군가가 여러분을 화나게 한다면 '아, 찬스!'를 외치고 마음챙김한다. 성장동기가 있다면 가능하다. 그럴 때 화가 어디 있는지 관찰하고, 그것이 어떤 욕구가 관련된 거야? 어떤 생각이 관련된 거야? 이렇게 내 마음을 들여다보며 스트레스 마음챙김을 수행한다. 평소에 반응하던 나를 잠시 멈추게 하고 초연한 나인 마음챙김-나와 동일시하고 스트레스를 바라본다.

일상의 작은 불편함을 경험하게 되었을 때도 마찬가지로 '아, 찬스!'를 외친다. 추운 날씨를 싫어한다면 추운 날 외출하게 되었을 때 '아, 찬스!'를 외치고 온전히 추위를 경험해 본다. 아마 다르게 경험될 것이다. 지나가다가 책상 모서리에 무릎을 찧게 되었을 때도 '아, 찬스!'를 외치고 가만히 통증을 바라본다. 그때 경험되는 통증이 무엇인지 온전히 떨어져서 본다. 평소에 혹은 명상할 때 가려움이 느껴진다면 긁지 말고 '아, 찬스!' 하고 그 가려움을 마음챙김해본다. 가려움이란 것이 어떤 감각인지 떨어져서 온전히 경험해 본다. 가려움의 감각, 가려움이 싫다는 생각, 긁고 싶다는 욕구 등을 온몸을 통해 온전히 경험하며 바라본다. 특히 가려움의 감각을 낱낱이 세부적으로 느껴 본다. 가급적 떨어져서 보는 것도 잊지 않는다.

흡연습관이나 야식습관을 고치려고 한다면 흡연의 충동이 올라올 때 혹은 야식을 하려는 욕구가 올라올 때 '아, 찬스!' 하고 모든 행동을 멈추고 그 충동이나 욕구가 어떤 것인지 온몸을 통해 있는 그대로 온전히 경험하며 바라본다. 특히 몸을 통해 경험되는 감각을 낱낱이 세부적으로 느끼며 가급적 떨어져서 보는 것도 잊지 않는다. 게임습관, 스마트폰습관, 음주습관 등 중독적인 행동습관을 고치려고 할 때 이와 같이 마음챙김을 적용하면 좋다.

스트레스, 불편, 충동 외에도 혼자 밥 먹게 되었을 때 '아, 찬스!'다. 먹기 마음챙김을 수행할 수 있는 좋은 기회가 주어진 것이다. '감각, 감각, 감각' 하며 온전히 경험하고 '자각, 자각, 자각' 하며 각 감각을 느끼고 있음을 자각하고 행위하고 있음을 자각한다.

4. 숙고

스트레스를 경험할 때 스트레스를 뒤집어본다. 동기상태이론에서 다뤘지만 동기가 없으면 스트레스는 없다. 스트레스를 경험할 때 그 너머에 어떤 동기가 있는지 바르게 본다. 제대로 보이지 않는다면 때때로 가만히 숙고해 본다. 어떤 동기가 관련되어 있는지 가만히 고찰한다. 이 방법은 마음챙김이라기보다는 생각을 사용하는 긍정심리의 기법이지만 마음챙김과 함께 사용하면 좋다. 당장 답이 안 나와도 된다. 때때로 떠올리며 가만히 숙고하는 것이 자기성찰에 도움이 된다.

돌아봄

- 이번 주 익힘 연습에서 새롭게 배운 점은 무엇인가?

- 이번 주 익힘 연습이 마음공부에 도움이 된 점은 무엇인가?

- 이번 주 익힘 연습을 통해 새롭게 깨달은 점은 무엇인가?

제 8 장 5주

긍정심리: 웰빙행동

5주부터는 긍정심리의 마음기술을 공부한다. 이때도 꾸준히 마음챙김 명상과 일상의 마음챙김을 수행한다. 마음챙김명상을 배운 이후에는 그냥 개방형 명상이 아니라 마음챙김명상을 수행한다.

긍정심리의 마음기술을 공부할 때는 마음챙김과 함께 할 수 있도록 한다. 평소에도 일상생활을 하며 긍정심리의 마음기술을 수행하며 특히 스트레스를 경험할 때 마음챙김과 함께 긍정심리의 적절한 중재법을 적용하도록 한다.

앞에서는 주로 욕구와 생각을 쉬고 비우는 방법과 바라보는 방법을 공부했지만 긍정심리로 오게 되면 욕구와 생각을 사용하는 방법을 공부하게 된다. 욕구와 생각을 쉬고 바라보는 것도 결국 욕구와 생각을 잘 쓰기 위함이라고 말할 수 있다.

명상을 통해 욕구와 생각을 멈추는 마음기술을 배우고 익히고 있다. 명상과 마음챙김을 함께 하며 고요한 나, 영점-나를 양성하는 수행을 하고 있다. 또 마음챙김을 통해 나 자신을 있는 그대로 바라보는 초연한 나, 마음챙김-나를 양성하고 있다. 긍정심리의 마음기술을 통해서 우리는 여러 건강한 나들을 키울 수 있게 된다. 나와 세상을 지혜롭게 보는 나, 감사와 자비의 눈으로 보는 나 등을 양성하게 된다.

1. 실습과 익힘 연습 나눔 및 피드백

앞에서 배운 요가 마음챙김명상과 호흡 마음챙김명상(3분)을 함께 실습하고 이번 회기의 수련을 시작한다. 이어서 지난주에 실천한 익힘 연습의 경험과 소감을 나누고 질문 등을 받고 피드백 시간을 갖는다. 이번 회기에 함께 실습한 요가 마음챙김명상과 호흡 마음챙김명상에 대한 소감이나 질문도 허용한다. 혼자 공부하는 경우에는 이 책의 설명, 익힘 연습을 위한 도움말 등을 반복해서 읽어보면 스스로 피드백을 받을 수 있다.

- 최근에 좀 감수성이 예민해져서 자주 우는 일이 있었는데 그럴 때마다 마음챙김을 하면서 이유는 생각하며 곱씹지 않고 슬픈 감정 자체만을 느끼려고 했다. 오로지 내 감정에 충실하다보니 울고 난 후에 머리가 맑아지는 기분이었다. 옛날에는 울고 나서도 계속 그 감정에 머물러서 며칠을 우울해하고 그걸 다른 사람한테도 전염시켰는데 마음챙김을 하니까 감정을 맺고 끊는 게 쉬워졌다.

- 친구와의 관계에서 경험된 화를 마음챙김했는데 호기심의 도움을 많이 받았다. 그 친구를 향한 나의 분노를 마음챙김하는 데 가장 도움이 되었던 것은 나의 감정에 호기심을 가지고 보라는 것이었다. 그동안은 나의 분노를 가라앉히기 위해서 마음챙김을 수단으로 삼았다. '마음챙김을 하면 이 분노가 가라앉을 것이다, 그러니 이 분노를 가라앉히기 위해서라도 마음 챙김을 어서 하자.'라는 목적이 있던 것이다. 하지만 호기심은 어떠한 목적도 동반하지 않는다. 단지 궁금한 마음으로 내 분노를 쳐다보는 것이다. 이 세상에 존재하지 않는 어떤 것을 보듯이, 외계인을 보

듯이, 그렇게 내 분노 감정을 쳐다보았다. 단지 그랬을 뿐인데 그 친구에 대한 나의 분노감정이 별로 대수롭지 않은 일로 바꾸어버렸다.

- 모든 일과를 마치고 집에 돌아와서 가족들의 얼굴을 보았을 때 따뜻하고 반가운 느낌을 받았다. 함께 살기 때문에 매일 보는 얼굴이지만, 그 얼굴들을 보고 편안함을 느끼고 있다는 걸 너무 당연히 생각하여, 잘 알아차리지 못했던 것 같다. 편안함을 편안함이라고 아는 것이 새로웠다.

- 상담을 진행하다가 어느 시점에 내가 투사하는 것을 살짝 느꼈다. 나를 바라봤다. 몸을 보니 얼굴에서는 조금 붉어지면서 톤이 조금 올라가는 것을 알아차렸다. '투사했구나.' 그러면서 거기서 빠져나오는 것이 느껴졌고 목소리의 톤을 낮췄다.

- 정서 마음챙김 목록 카드를 통해서 나의 마음을 바라보는 것은 가장 간단한 방법으로 나의 마음을 알게 해주면서 반추하지 않고 그냥 '아, 내가 이렇게 생각하고 있구나.'를 알고, 그다음 내가 해야 할 일을 생각할 수 있다는 점이 큰 강점이라고 느껴졌다.

- 사람과 관계에서 화가 날 때 내 몸의 감각을 느껴 보았다. 지금 당장의 감정에 한없이 빠져있거나 순간의 감정에 의존해 바로 대응하기보다는 시간을 갖고 얼굴이나 몸의 감각으로 주위를 돌리려고 노력했다. 뜨거워진 속이나 점점 차가워지는 손끝, 얼굴에 흐르는 뜨거운 눈물, 안구에서

명상·마음챙김·긍정심리 훈련(MMPT) 워크북

느껴지는 뜨거운 감각, 입술끼리 맞닿아 있는 감각 등에 주위를 기울이다 보면 마음이 가라앉으면서 '내가 지금 슬 프구나.'라는 내 현재 감정상태를 바라보게 되었다. 감정 이 격해지기보다는 차분히 내가 처한 상황을 한 번 더 생 각해보게 되어 관계를 회복하기 위해서 더 잘 대화를 나눌 수 있었던 것 같다.

- 핸드폰에 매일 특정 시간에 알람이 울리도록 해서 그때마 다 정서 마음챙김을 했다. 알람이 울리면, 지금 내 기분이 어떤지 잠시 멈추어서 느껴 보았다. 그리고 가능하면 짧게 라도 어떤 것이 느껴지는지 적어 보았다. 어떤 날은 우울 하거나 불안한 감정들을 느꼈다고 적어 놓았는데, 며칠 지 나고 나니 활기차고 편안한 감정을 느꼈다고 적은 날이 있 었다. 그런 것들을 보면서 우울할 때는 이 기분이 평생 지 속될 것만 같은데, 모르고 넘어가서 그렇지 기분 좋은 날 도 많이 있고, 이렇게 감정은 계속 변한다는 것을 느꼈다.

- 관찰자, 제3자가 되어 나를 바라보는 훈련을 했다. '아, 짜 증나! 기분이 나빠.'라고 하면 짜증난 생각하면서 더 짜증 이 강화되는 것 같은데 '짜증이 났구나. 기분이 나쁘구나.' 라고 마치 제3자인 것처럼 바라보니까 감정이 분리되는 느낌이 들었다. 내가 마치 다른 사람인 것처럼 '저 사람이 짜증이 났구나. 이런 것 때문에 많이 억울해하고 있구나.' 라고 하니까 부정적 감정이 많이 줄어들었다. 또 불안할 때 '불안해하고 있구나.' 하고 바라보면 위로받는 느낌이 든

다. '불안해해도 괜찮아.'라고 어루만져주는 느낌이 든다.

- 직장 일을 마치고 피곤한 상태로 귀가했는데 아이들 때문에 화가 확 올라왔다. 그 순간 '내가 화가 나는구나.' 하고 '~구나'를 적용하자 속에서 뜨거운 느낌이 가라앉는 것이 느껴졌다.

2. 긍정심리학과 웰빙 증진

1. 긍정심리학의 이해
(2장에서 기술한 긍정심리학의 내용을 이곳에서 다룸)

2. 실습: '나의 웰빙'
1. 목적
내가 어떤 조건에서 어떤 유형의 웰빙을 경험하는지를 알아본다. 웰빙이란 동기충족이나 동기충족예상이므로 나의 웰빙을 이해함으로써 그 너머의 동기를 이해할 수 있게 된다. 나의 동기를 이해하게 되면 동기를 다스리는 동기관리를 통해 스트레스를 줄이고 웰빙을 늘릴 수 있다. '타자의 욕망을 욕망한다.'에서 벗어나 자신을 행복하게 하는 동기들이 무엇인지 잘 이해하고 삶 속에서 실현해나간다. 또한 나의 웰빙을 이해함으로써 실현가능한 웰빙행동의 목록을 만들고 생활 속에 웰빙행동을 활용하여 스트레스를 줄이고 웰빙을 늘리도록 한다.

마음챙김을 통해 매 순간 있는 그대로의 나를 알아차린다면, '나의 웰빙' 작업이라는 다소 분석적인 방법을 통해 나에 대해 이해할 수 있다. 마음챙김을 통해 메타주의(meta-attention)를 양성할 수 있다면, '나의 웰빙' 작업을 통해서는 메타인지(meta-cognition)를 증진시킬 수 있다. 즉, 마음챙김을 통해 지금 내가 어떤 상태에 있는지, 무엇을 하고 있는지 등에 대한 알아차림의 능력을 키울 수 있고, '나의 웰빙' 작업을 통해 나의 웰빙에 대한 앎을 향상시킬 수 있다.

한편 나의 웰빙에 대한 앎이 증진되면 내가 경험하는 웰빙을 더 잘 마음챙김할 수 있게 된다. 관련해서 부정정서와 긍정정서를 포함해서 정서에 관한 단어를 많이 알고 잘 구사할 수 있는 것은 정서지능을 증진시키고 자신의 스트레스나 웰빙 상태를 잘 알아차리는 데 도움이 된다. 한마디 덧붙일 것은 정서단어에 대해 잘 알고 있는 것이 자신의 정서를 객관적으로 떨어져보는 마음챙김의 능력과 반드시 일치하지는 않는다는 것이다. 정서지식을 자신의 이기적 욕구를 위해서만 사용할 수도 있는 것이다.

2. 쓰기

내가 어떤 때 어떤 웰빙을 경험하는지 자유롭게 종이에 써내려간다. 가급적이면 어떤 조건(웰빙조건)에서 어떤 유형의 웰빙반응을 경험하는지 기술한다. 웰빙반응이 잘 생각나지 않는 경우도 있으니 먼저 웰빙조건을 떠오르는 대로 쓰고 나중에 웰빙반응을 채워 넣어도 좋다. 쉽게 말하면 '나를 행복하게 하는 것들'이라고 생각하고 적어 내려가도 된다. 그 다음에 그러한 행복을 경험할 때 몸과 마음에서 나타나는 반응이 무엇인지 채워 넣는다. 다음은 '나의 웰빙'의 예들이다. 지도자가 아래의 예를 불러주면 참가자들이 자신의 웰빙을 좀 더 잘 떠올릴 수 있다.

- 마구 어질러진 집을 음악을 크게 들으며 반짝반짝하게 청소했을 때 나는 시원한 느낌이 들고 한껏 웃음이 난다.
- 월급날이 되면 그동안의 모든 피로가 풀리면서 뿌듯하다. 몸이 가벼워지는 느낌이다.
- 내가 만든 음식을 다른 사람이 맛있게 먹어주면 안 먹어도 배부르고 흐뭇하고 고맙다. 그래서 또 해주고 싶다.
- 햇살 좋은 날 아주 맛있는 것을 먹고 여유롭게 낮잠을 잘 때 숨쉬는 것이 편안해지고 가슴 속이 시원한 느낌을 받는다.
- 재미있는 영화를 보고 실컷 웃거나, 슬픈 영화를 보고 맘껏 울면 가슴이 후련하다.
- 한강에서 걷거나 자전거를 타면 가슴이 뻥 뚫리고 시원해진다.
- 서점에 가서 책을 구경하면 평화로운 행복감을 느낀다.
- 운동을 할 때 내 안의 엄청난 에너지를 느끼게 된다.
- 방에서 음악을 틀어놓고 춤을 추면 마음이 즐거워진다.

3. 동기 분류

동기상태이론에서 다뤘듯이, 동기가 없다면 스트레스도 없지만 웰빙도 없다. 내가 경험하는 웰빙 너머에 어떤 동기가 있는지 확인해 본다. 각 웰빙을 아래의 동기로 분류해 본다.

1) 생물학적 동기: 몸을 생존하게 하는 공기, 물, 음식, 수면 등에 대한

동기

2) 자율의 동기: 자기 행동의 주체가 자기 자신이기를 바라는 동기

3) 유능의 동기: 능력을 향상시키고자 하는 동기. 요리, 악기, 운동, 공부, 일 등 어떤 분야에서 실력을 증진시키고자 하는 동기

4) 관계의 동기: 사람들과 교류하고자 하는 동기. 사랑, 존중 등을 주고받고자 하는 동기

5) 재미의 동기: 감각적으로나 인지적으로 즐거움을 바라는 동기(감각 동기, 인지 동기로 나눠볼 수 있으며 많은 문화, 예술, 체육 활동이 여기에 속함.)

6) 소유의 동기: 물질의 동기라고도 부를 수 있는 동기로, 돈으로 살 수 있는 물건을 소유하고자 하는 동기

7) 기타: 위의 동기에 포함시키기 어려운 동기가 있으면 적어보고 이유도 생각해 본다.

동기의 분류와 관련해서 언급할 부분은 성장동기다. 앞에서도 MMPT 프로그램에 참여하며 마음기술을 배움에 있어서 성장동기가 중요함을 강조했다. 성장동기는 별도로 분류할 수도 있지만 넓게 볼 때 유능의 동기로 볼 수 있다. 유능의 동기로 볼 수 있는 것은 마음기술을 배우고 향상시켜 나간다는 점에서 마음기술이라는 영역에서의 능력을 향상시키는 것으로 볼 수 있기 때문이다.

4. 소감

위의 작업을 하며 느낀 점을 기록한다. 특히 평소에 자신이 생활 속에서 주로 추구하는 동기와 웰빙이 무엇인지 생각해 보고(내가 가장 많은 에너지

와 시간을 쏟으며 집착하는 것은 무엇인가?) '나의 웰빙'에 나타난 동기와 웰빙을 비교해 본다. 아울러 내 인생에서 소중한 동기가 무엇인지 생각해 본다.

5. 팀 토론

팀별로 '나의 웰빙'에 대해 나누는 시간을 갖고, 각 웰빙을 동기로 분류한 결과에 대해서도 함께 의견을 나눈다. 작업을 하며 느낀 소감에 대해서도 함께 나누는 시간을 갖는다. (소집단으로 진행하는 경우에는 팀 토론을 전체토론으로 삼는다.)

6. 전체토론

팀 토론이 끝난 후에 각 팀별로 팀장이 팀 토론의 결과를 요약해서 보고한다. 필요하면 다른 팀으로부터 코멘트나 질문도 받는다.

모든 팀의 보고가 끝나고 나면 지도자는 전체적인 코멘트를 하고 질의응답 시간을 갖는다. 평소에 자신이 생활 속에서 주로 추구하는 동기 및 웰빙과 '나의 웰빙' 작업에서 나타난 동기 및 웰빙 사이에 차이가 큰 참가자의 경우 그 이유가 무엇인지 스스로 숙고해 보도록 격려한다. 자신의 삶에서 중요한 동기들이 무엇이고 이것들이 조화롭게 실현되고 있는지 돌아보는 것은 행복과 성장의 삶을 위해 필수적이다. 당장 답을 내지 않아도 좋다. 스스로 중요한 물음을 마음에 품는 것 자체가 생활 속에서 깨어있는 삶을 살도록 도와준다. 타자의 욕망을 욕망하며 사는 삶이 아니라 내가 주체가 되어 나의 삶을 살도록 해준다.

코멘트와 질의응답 시간에 이어서 주의운용 및 동기관리와 웰빙행동목록을 소개한다. 주의운용의 방법을 통해 일상에서 웰빙을 증진하는 방법을 배우게 된다. 동기관리에서는 평소 자신의 삶 속에서 실현하고 있는 동기들의 특징을 내재동기-외재동기 및 접근동기-회피동기의 관점에서 살펴보는 기회를 갖게 된다. 웰빙행동목록은 '나의 웰빙'에서 스스로 실천할 수 있는 웰빙행동을 모아 만든 목록으로 일상의 스트레스관리와 웰빙증진에 활용할 수 있다.

3. 주의운용 및 동기관리 훈련

동기상태이론에서 설명했듯이, 스트레스와 웰빙은 바로 동기의 상태다. 동기가 없다면 스트레스도, 웰빙도 없다. 중요한 것은 삶에서 어떤 동기를 선택해서 실현할 것인가, 또 여러 동기의 상태 중 어떤 동기의 상태에 주의를 보낼 것인가이다. 나의 주의를 어떻게 사용할 것인가 하는 주의운용의 훈련, 어떤 동기를 선택해서 어떻게 실현할 것인가 하는 동기관리의 훈련이 필요하다.

현대인들은 자산운용이나 자산관리에 관심이 많다. 그것이 행복에 중요하다고 믿기 때문일 것이다. 자산운용이나 자산관리도 우리의 행복에 중요하다. 그러나 그보다도 우리 자신의 주의와 동기를 어떻게 운용하고 관리하는지 관심을 갖는 것이 필요하다. 주의운용과 동기관리는 우리의 삶 전반에 걸친 조화로운 웰빙에 더 큰 기여를 할 것이다.

1. 웰빙초점전략: 웰빙일지 쓰기, 음미하기, 기본행복 누리기

웰빙을 경험하기 위해서 특별히 무엇을 해야만 하는 것은 아니다. 우리가 사용하는 주의에 변화를 주기만 해도 웰빙을 더 많이 더 깊게 경험할 수 있다. 이를 위해서는 주의를 사용하는 정보처리방식을 새롭게 훈련할 필요가 있다. 아래에 웰빙에 주의를 보내는 정보처리방식인 '웰빙초점전략'을 소개한다.

문제가 되는 욕구-생각-행동을 안 하려고 하고 문제가 되는 감정을 안 느끼려고 하면 더 하고 싶고 더 느끼게 되어 실패한다. 그보다는 문제가 아닌 것, 오히려 즐거움을 줄 수 있는 것에 주의를 보내고 집중한다. 그때 경험하는 동기충족과 동기충족예상의 웰빙은 계속해서 주의를 끌어당긴다. 결과적으로 문제가 되는 욕구-생각-행동을 하지 않게 되고 문제가 되는 감정을 느끼지 않게 된다. 제한된 정보처리용량을 나눠서 써야 하므로 웰빙을 만드는 데 정보처리용량을 사용하게 되면 스트레스를 만드는 데 들어갈 수 있는 정보처리용량은 줄어들 수밖에 없다. 정보처리용량 제한성으로 인해 주의의 사용은 제로섬(zero-sum) 게임인 것이다.

1) 웰빙일지 쓰기

먼저 자신이 웰빙을 경험할 때 자신이 웰빙을 경험하고 있음을 알아차리는 것이 중요하다. 이것은 달리 표현하면 '웰빙 감수성' 높이기라고 할 수 있다.

어떤 사람은 유독 '스트레스 감수성'이 높다. 스트레스 감수성이 높은 사람은 생활 가운데 스트레스를 경험하게 될 때 더 잘 느끼고 스트레스를 경험하게 만든 사건이나 누군가를 원망한다. 또 스트레스를 경험할 수밖에 없는 자신을 비난하거나 자신의 신세를 한탄하며 자기연민에 빠진다. 결과적으로 스트레스는 더 크게 증폭되고 더 오래 지속된다.

여기에 스트레스 사건을 곱씹는 반추까지 곁들이면 가히 '스트레스의 달인'이라고 할 만하다.

'웰빙 감수성'이 높은 사람은 일상생활에서 웰빙을 더 잘 느끼고 웰빙의 경험에 기여한 사건, 사람 등에 대해 감사하고 칭찬하는 행동을 더 많이 한다. 한번 경험한 웰빙을 자주 떠올리며 긍정적 의미의 반추를 더 자주 한다. 결과적으로 웰빙이 증폭되고 오래 지속된다.

'스트레스 감수성'이나 '웰빙 감수성'이 태어날 때부터 정해져 있다고 주장할 사람이 있을지 모른다. 어느 정도는 그럴 수도 있다. 그렇더라도 스트레스나 웰빙에 대한 감수성은 후천적인 학습에 의해 얼마든지 변화할 수 있는 마음기술로 볼 수 있다.

웰빙에 관심을 갖게 되면 웰빙이 더 많이 보이거나 더 많이 경험된다. 한마디로 웰빙을 더 잘 알아차리게 된다. 감사일지를 포함해서 넓은 의미의 웰빙일지를 작성하는 것이 웰빙 감수성을 높이는 데 도움이 된다. 웰빙일지에는 그날의 감사한 일, 좋았던 일, 자신이 한 행동 중 잘한 일, 자신이 한 행동은 아니지만 자신이 알게 된 잘된 일 등을 기록한다. 이렇게 하면 평소에 웰빙에 대한 감수성이 높아진다. 신문을 봐도, 사람들과 대화를 해도 웰빙과 관련된 기사나 이야기가 더 잘 보이고 더 잘 들린다. 또 스스로 잘한 일에 해당하는 행동을 하게 되는 빈도도 높아지게 된다.

웰빙일지는 매일 작성해도 좋지만 하루라도 빼먹으면 안 된다는 강박적 생각은 갖지 않는 것이 좋다. 그렇게 되면 오히려 부작용이 날 수도 있다. 그냥 자연스럽게 일주일에 평균 3번 정도 작성한다고 생각하면 된다.

2) 음미하기

생활 속 웰빙을 늘리는 또 다른 방법은 웰빙을 경험할 때 그것을 온전히 경험하는 것이다. 웰빙을 경험할 때 그것을 알아차리고 그것에 온전하게 주의를 보내면 웰빙경험을 깊게 하고 오래 지속하는 데 도움이 된다. 이런 방법은 '음미'라고 하는 방법이다. 감각에 주의를 기울이는 명상을 하듯이 경험에 온전히 주의를 기울이면 좋다.

동네 슈퍼에서 구입한 와인이라고 해도 주의를 온전히 기울이고 한 모금씩 음미하면서 마신다면 그냥 벌컥 마실 때와는 다르게 맛과 향을 더 깊게 즐길 수 있다. 자판기 커피 한 잔이라도 감각에 집중하는 명상을 하듯이 음미하며 마신다면 커피 맛을 더 잘 즐길 수 있고 마음의 평화도 경험하게 될 것이다.

친구들과 즐거운 대화를 나눌 때 자신이 친구들과 즐겁게 대화를 나누고 있음을 알아차리고 온전히 음미하면 즐거운 대화를 나누고 있음이 더 깊게 체험되고 그런 시간을 나누고 있음에 대해 감사한 마음까지 올라온다. 이런 경우는 마음챙김의 떨어져봄이 가미될 때 느낄 수 있는 '마음챙김의 음미'라고도 할 수 있다. 스트레스는 마음챙김하면 스트레스가 약화되지만 웰빙은 마음챙김하면 웰빙이 깊어지고 지속하는 경향이 있다. 물론 아주 뛸 듯이 기쁜 감정 같은 경우에는 마음챙김을 하면 그 크기가 적절하게 줄어든다. 그런 감정 상태에서는 비록 긍정정서라고 해도 실수를 하거나 후회하는 행동을 할 확률이 높다.

3) 기본행복 누리기

웰빙에 초점을 두는 웰빙초점전략으로 기본행복 누리기도 추천한다.

기본행복 누리기는 아무것도 하지 않아도, 아무것도 더 얻지 않아도 이미 나에게 갖춰져 있는 행복에 주의를 보냄으로써 행복감의 웰빙을 경험하는 것이다.

지금은 돌아가신 어머니께서 낙상을 하시고 침대에 누워만 계실 때의 일이다. 하루는 오늘 뭐 하셨냐고 하니, "공상."이라고 말씀하셨다. 무슨 공상이냐고 하니, 옛날 생각을 하셨다고 한다. 옛날에 행복했던 기억을 떠올렸다고 하셨다. 어떤 행복한 기억이냐고 다시 여쭤보니, 가족들과 행복했던 기억이라고 하신다. 거동은 못하시지만 행복했던 기억을 떠올리시니 마음은 편안하신 것 같았다. 낙상하시고 누워계시게 된 초기에는 왜 이런 처지가 되었나 하고 원망심도 있고 하셨는데 시간이 지나면서 받아들이셨는지 행복한 기억도 하면서 하루를 보내시는 것 같았다. 그때 문득 과거에 가족들과 행복했던 게 뭐 특별난 것이었겠는가, 하는 생각이 들었다. 돌아보면 가족이 모두 아픈 사람 없이 함께 모여 식사를 나누던 것도 행복했던 기억일 것이다. 어머니보다 먼저 돌아가신 아버지께서 몸이 불편하게 되신 다음 어느 해 설날에 새해 덕담 한마디 하시라고 하니, 짧게 "무탈."이라고 하셨다. 특별한 일 없고 아프지 않으면 좋은 것이다!

어머니의 '공상' 말씀을 들으며 'Why not now?!'라는 생각이 들었다. 아픈 다음이 아니라, 거동을 못하게 된 이후가 아니라 바로 지금 가족과 함께 식사하는 것이 행복할 수 있겠다는 생각이 들었다. 며칠 후 군대 간 아들이 휴가를 나와 아내와 함께 식사를 하며 문득 감사한 생각이 들었다. 특별히 비싼 곳에서 외식을 한 것도 아니고 그냥 집에 있는 반찬 놓고 하는 평범한 식사지만 우리 식구 모두 건강하고 이렇게 함께 식사를 나누는 순간이 참으로 소중하고 감사하게 느껴진 것이다.

일전에 TV에서 항암치료를 받는 젊은 여성 얘기가 나왔다. 그녀가 한 얘기 중에 인상적인 부분이 있었다. 이제는 평범한 직장 여성으로만 돌아가면 행복하겠다고 한다. 만원 지하철에 시달리고 직장 상사에게 야단도 맞는 그런 평범한 직장 여성으로 돌아가면 행복하겠다는 것이다. 대부분의 직장인들이 스트레스 받는다며, 힘들다며 하소연하는 그런 일상이 행복이라고 말하는 것이다. 아프지 않고 건강해서 직장에 다닐 수 있으니 만원 지하철도 타고 직장 상사의 야단도 맞는 것 아닌가. 일본 에도시대의 하이쿠 시인 고바야시 잇사(小林一茶)는 이런 하이쿠를 지었다. '얼마나 운이 좋은가, 올해에도 모기에 물리다니!' 모기에 물리고도, 살아 있으니 모기에 물린 것이라며 살아 있음 자체를 운이 좋은 것이라고 즐거워하고 있다. 모기 물린 것에 주의를 보내기보다 살아 있음에 주의를 보내고 있는 것이다.

자식이 공부를 못해서 속이 탄다는 부모는 자식이 살아 있기 때문에 그런 스트레스를 경험하고 있는 것이다. 자식이 공부 때문에 스트레스 받다가 자살이라도 한다면 자식이 공부를 못해도 좋으니 살아만 있어준다면 행복하겠다고 하지 않을까. 자식이 살아 있음이 행복이고, 거기다 아프지 않고 건강하면 더 큰 행복이다. 그 외의 요소는 욕심일 수도 있다. 우리는 대부분 이미 갖추고 있는 행복을 행복으로 알지 못한 채 살고 있다.

뒤에 다시 다루겠지만 생활 속에 감사를 느끼는 것도 기본행복 누리기의 웰빙초점전략에 속한다고 할 수 있다. 일반적으로 동기충족이 되면 그 당시에는 웰빙이지만 시간이 지나면 적응을 해서 더 이상 웰빙으로 느껴지지 않는다. 감사는 동기충족을 다시 재활성화하는 것이라고 할 수 있다. 이미 자신에게 갖춰진 동기충족을 다시 활성화하며 음미하듯이 느껴보는 것이다.

행복이 어려운 것이 아니다. 못 가진 것에 주의를 보내기보다 이미 가지고 있는 것에 주의를 보내고 가지고 있음을 누리는 것이다. 행복의 팁을 하나 보탠다면 '빼기-가정 해보기'를 추천한다(Koo, Algoe, Wilson, & Gilbert, 2008). 내가 이미 갖추고 있는 것이 없어진다는 '빼기-가정'을 해보는 것이다. 건강, 가까운 사람, 직장 등 이미 가지고 있는 것을 잃어버리게 된다는 가정을 하면 그것을 갖추고 있는 것이 얼마나 소중하고 감사한 일인지를 느끼게 된다. 치통으로 고통을 경험해본 사람이라면 지금 이가 아프지 않다는 사실만으로도 감사하고 행복할 수 있다.

영어 속담에 'Count your blessings!'라는 말이 있다. 늘 그러하지는 못해도 때때로 우리에게 있는 기본행복을 음미하며 누릴 줄 안다면 우리는 훨씬 더 많은 웰빙을 경험하며 살 수 있을 것이다.

2. 내재동기 vs. 외재동기

동기란 행동을 일으키는 내부 요인이다. 평소 나의 행동은 어떤 동기에 의해 움직이나? 동기를 구분하는 방법 중에 내재동기와 외재동기로 나누는 방법이 있다. 행동을 할 때 그 자체가 좋아서 한다면 내재동기에 의한 행동이고, 그 행동의 결과 때문에 한다면 외재동기에 의한 행동이다.

예를 들면, 공부를 할 때 공부 자체가 좋아서 하면 내재동기에 의한 행동이고, 공부를 하면 부모님이 좋아하시기 때문에 하면 외재동기에 의한 행동이다. 혹은 A+를 받기 위해 공부를 하는 것도 외재동기에 의

한 행동이다.

우리는 외재동기보다 내재동기에 의한 행동을 할 때 더 행복하다. 외재동기에 따라 행동하게 되면 늘 결과에 주의가 가있게 되어 압박감을 느끼거나 불안 또는 우울을 느끼게 되기 쉽다.

내재동기로 사는 것이 더 행복한 이유는 앞에서 언급한 자율의 동기와 관련이 있다. 내재동기에 따른 행동은 기본적으로 자기가 좋아서 하는 것이므로 자율의 동기를 충족시킨다. 반면에 반드시 그렇지는 않지만 외재동기에 따른 행동은 자신이 바라는 다른 것을 위해 어쩔 수 없이 하게 되는 경우가 많으므로 어느 정도 자율의 동기가 좌절된다고 볼 수 있다.

다행스러운 것은 외재동기에 의한 행동이라고 해도 그 행위에 대한 의미부여를 잘 하면 자율의 동기를 살릴 수 있어서 외재동기를 추구하는 과정에서 웰빙을 경험할 수도 있다.

3. 접근동기 vs. 회피동기

동기를 구분하는 또 다른 방법 중에 접근동기와 회피동기로 나누는 방법이 있다. 동기는 목표와 목표를 성취 혹은 유지하고자 하는 소망 혹은 추동력으로 정의내릴 수 있는데, 접근동기에서의 목표는 어떤 상태가 되는 것이다. 늘 그 상태를 향해 다가가려고 한다. 반면에 회피동기에서의 목표는 어떤 상태가 안 되는 것이다. 어떤 상태가 안 되는 것이 목표이므로 늘 어떤 상태를 피하려고 한다.

예를 들면, 공부를 할 때 선생님에게 칭찬을 받고 학우들의 부러움을 받기 위해서 공부를 하면 접근동기에 의한 행동이다. 반면에 공부를 하지 않으면 선생님께 비난을 받거나 학우들의 멸시를 받게 된다고 생각하고 그것이 싫거나 두려워서 그것을 피하기 위해서 공부를 한다면 회피동기에 의한 행동이다.

당연히 회피동기로 살 때 우리는 행복해지기 어렵다. 늘 불안하다. 회피하고자 하는 상태가 올까봐 전전긍긍하게 되므로 늘 동기좌절예상의 스트레스 상태에 있게 된다. 많은 경우 심리적 병리현상 뒤에는 회피동기가 관련되어 있다.

자신의 일상행동 중에 접근동기에 의한 행동과 회피동기에 의한 행동의 비율이 어떻게 되는지 한 번 돌아보라. 중요한 행동이든 그렇지 않은 행동이든 가급적 회피동기에 의한 행동을 줄이고 접근동기에 의한 행동을 늘리도록 하는 것이 웰빙증진을 위해 필요하다.

심리적 병리현상과 관련된 경우에는 쉽지 않겠지만, 회피동기에 의한 행동의 경우에도 그 행위에 대한 의미부여를 잘 하면 좀 더 접근동기에 가까워질 수 있다. 몇 가지 일상생활에서 반복해서 하는 행동들을 생각해 보자.

이 닦을 때 어떤 동기로 이를 닦나? 접근동기인가? 이 닦는 것이 좋아서 기분 좋아서 닦고 싶어서 닦나? 아니면 안 닦으면 입안이 찜찜하니까 그 상태를 피하기 위해 할 수 없이 닦나? 혹은 이를 안 닦으면 냄새가 나서 사람들이 싫어할지 모르므로 그것을 피하기 위해 닦나? 대체로 회피동기로 이를 닦는다. 청소는 어떠한가? 설거지는 어떠한가? 샤워는 어떠한가? 대부분 회피동기로 행동하는 경우가 많을 것이다.

앞에서 우리는 행위 명상, 행위 마음챙김명상을 배웠다. 일상의 많은 행동들이 명상, 마음챙김명상으로 수행하면 음미할 만한 행동이 되고 내재동기, 접근동기에 의한 행동으로 바뀔 수 있다.

4. 조화로운 동기 실현

회피동기에 따른 행동을 수정하는 것도 필요한 일이지만 한편으로는 접근동기에 따른 행동에 더 많은 관심을 가지고 그것의 실행에 좀 더 노력하면 정보처리용량 제한성으로 해서 스트레스를 줄이고 웰빙을 늘리는 긍정심리의 접근이 될 것이다.

　외재동기와 내재동기의 경우에도 마찬가지다. 가급적이면 내재동기에 따른 행동에 더 많은 관심과 노력을 기울이는 것이 웰빙증진에 도움이 된다.

　또 한 가지 생각할 점은 우리가 행동을 할 때 한 가지 동기에 의해서만 행동하지는 않는다는 것이다. 우리가 한 가지 행동을 해도 여러 동기가 복합적으로 작용해서 행동하게 된다. 공부를 예로 들어보자. 어느 정도는 공부하는 것이 좋아서, 어느 정도는 부모님을 행복하게 해주기 위해서, 또 어느 정도는 남들에게 기죽지 않기 위해서, 또 어쩌면 여자친구에게 잘 보이기 위해서 등등 여러 가지 동기에 의해 공부하게 된다. 현대사회와 같이 고도로 경쟁이 치열한 사회에서 외재동기를 무시하고 내재동기로만 공부하라고 할 수는 없다. 그러나 중요한 것은 여러 동기의 연합군을 형성해서 공부하되 가급적이면 내재동기의 비율을 높이도록 하는 것이다.

　표 5를 보고 자신의 특정 행동이 1-4번 중 어느 칸 번호의 동기에 더 많은 비중으로 영향을 받는지 숙고해 보자. 행동을 할 때 어떻게 하면 1번의 동기로 할 수 있는지 숙고해 보자. 적어도 4번의 동기로 하는

행동의 비율은 가급적 줄여보자. 주로 4번의 동기로 하는 행동을 당장 주로 1번의 동기로 하는 행동으로 바꿀 수는 없어도 최소한 2번의 동기가 주로 작용하는 행동으로 바꿀 수 있도록 해보자.

예를 들어서, 직장에서 일을 하는 것이 주로 돈만 벌기 위한 것이라면 외재동기에 의한 행동이다. 게다가 일을 하는 것이 주로 직장 상사에게 야단맞지 않기 위해서 혹은 동료들에게 비난받지 않기 위해서라면 회피동기에 의한 행동이다. 아래 표에서 주로 4번의 동기에 의해 살아가는 최악의 삶이다. 이런 경우는 직장에서의 일이 최소한 2번의 동기가 주된 동기로 작용하도록 하는 것이 필요하다.

	내재동기	외재동기
접근동기	1	2
회피동기	3	4

< 표 5 > 행동의 동기 매트릭스

4. 웰빙행동목록

평소에 나는 나의 웰빙을 위해서 어떤 투자를 얼마나 하고 있나? 어떤 노력, 어느 정도의 시간과 비용을 들이고 있나? 의외로 우리는 웰빙을 만드는 시간보다 스트레스를 만드는 데 더 많은 시간을 사용하기도 한다. 자신이 스트레스를 만들어내는 반추의 생각에 빠져 있다면 분명히 마음챙김으로 알아차리고 돌아오기 바란다. 그리고 스트레스를 만들 시간에 웰빙을 만들도록 한다. 웰빙 만들기를 위해서는 아래에서 다루는 웰빙행동목록을 활용하기 바란다(김정호, 2000, 2015).

'나의 웰빙' 중 통제 가능한 것만 골라서 모아 보면 그것들은 나의 웰빙을 위한 행동의 목록이 된다. 예를 들면, 친구와 노래방 가서 노래 부르기, 영화관에서 영화 보기, 운동하기, 가족사진 보기, 찜질방 가기, 음악 듣기, 만화 보기 등 여러 가지가 있을 수 있다. 여기에 명상도 포함될 수 있겠다.

웰빙행동목록은 스트레스를 경험할 때 '묻지도 따지지도 말고' 곧바로 적용할 수 있도록 스트레스 별로 나눠서 목록을 만들어 두면 도움이 된다. 기분일치성효과로 인해서 생각할수록 화가 나고 불안하고 우울해지므로 웰빙행동으로 감정의 악순환의 고리를 재빠르게 차단하는 것이 좋다.

웰빙행동은 평소에도 종종 실행함으로써 스스로에게 웰빙을 줄 수 있다. 웰빙행동목록을 스트레스 유형에 따라 분류할 수도 있지만 원하는 웰빙정서(예: 재미, 평화로움, 상쾌함, 감사, 열정 등)에 따라 분류하는 것도 좋다.

36계 줄행랑이라는 말이 있다. 36계 줄행랑은 삼십육계 중 36번 계책인 주위상(走爲上)인데 나중에 우리나라에서 사용되다 말이 변형되어 36계 줄행랑이 됐다. 삼십육계는 손자병법이 나오기 전에 있던 중국의 전법이다. 이 중에는 우리가 익히 들어본 미인계도 들어있는데 31계에 해당한다. 전투에서 후퇴하는 것을 수치스럽게 생각해서는 안 된다. 세력이 밀리면 후퇴했다가 나중에 후일을 도모하는 것이 현명하다. 마찬

명상·마음챙김·긍정심리 훈련(MMPT) 워크북

가지로 너무 강한 감정을 만났을 때는 도망가는 것도 한 방법이다. 마음챙김의 내공이 강하다면 모를까 그렇지 않을 때는 기분일치성효과로 인한 감정의 악순환에 빠지지 말고 얼른 웰빙행동으로 도망가는 것이다.

부부싸움에서 감정이 너무 크게 올라가는 것 같으면 신속히 휴전을 하고 웰빙행동으로 감정을 식힌 후에 다시 얘기를 하는 것이 좋다. 누가 옳고 그른지 시비를 확실하게 가리겠다고 달려들어 따져볼수록 더욱 화가 치밀어 나중에는 후회할 언행을 하게 된다. 이럴 때는 그저 아파트 한 바퀴를 돌고 오든지, 좋아하는 음악을 듣든지, 존경하는 분의 유튜브 강연을 듣든지, 또는 잠시 명상을 하고 오는 것이 좋다.

대학 졸업을 앞두고 면접을 보러 갔다가 면접을 망치고 나와서 기분이 매우 우울해진 여학생이 있었다. 다른 친구들은 모두 취업을 할 것 같은데 자기만 백수 될 것 같고, 그러다 보면 결혼도 못 할 것 같고 나중에 인생의 낙오자가 되는 것은 아닌지 걱정되고 우울해졌다. 우울할 때는 우울한 기억만 나고 우울한 쪽으로만 생각하게 되니 더 그랬을 것이다. 이 학생은 그냥 집으로 갈까 하다가 그대로 집에 가면 걱정해주는 어머니나 언니에게 짜증만 부리다가 서로 감정만 상할 것 같았다. 다행히 배워두었던 웰빙행동목록이 떠올라 그 가운데 노래방에서 노래 부르기를 실천하기로 했다. 평소에는 노래방 갈 때 혼자 간 적이 없었지만 이번에는 혼자 노래방에 갔다. 처음에는 어색했지만 한 곡, 두 곡 자신이 좋아하는 노래를 부르면서 아무도 없으니 창피한 것 없이 춤까지 추며 1시간 넘게 노래를 부르고 나오니 기분이 좋아졌고 생각도 달라졌다. 인지가 정서에 영향을 주기도 하지만, 정서가 인지에 영향을 주기도 한다(Fredrickson, 1998, 2009; Fredrickson & Joiner, 2002). 자기를 뽑지 못한 회사가 손해다, 다음에 다른 곳에 가면 된다 등 생각이 긍정적으로 바뀌고 왠지 모를 자신감도 생기는 것 같았다. 웰빙행동목록을 실천함으로써 스트레스로부터 벗어나고 스스로에게 웰빙을 줄 수 있었다.

3. 익힘 연습

1. 목표
아래의 목표를 유념하며 일주일 동안 익힘 과제를 수행한다.

- o 이번 주에도 마음챙김명상과 일상의 마음챙김 훈련을 꾸준히 지속하며 영점-나와 마음챙김-나를 양성한다.
- o 이번 주에는 특히 나의 웰빙에 대한 감수성을 높이도록 한다.

2. 구체적 익힘 과제
- o 4주차 과제와 관련해서 스트레스를 경험할 때 웰빙행동 적용하기

1. 웰빙행동목록을 작성하고 적용하기
- o 일주일 동안 3번 정도 웰빙행동을 실천해서 자신에게 웰빙을 선물하고 소감을 작성한다.
- o 스트레스를 경험할 때 웰빙행동을 적용하고 '웰빙행동일지'를 작성한다.

○ '웰빙행동일지'는 이 책의 부록에 있고 또 파일이 나의 블로그 (MMPT 마음공부)에 올려 있으니 자유롭게 다운받아서 사용해도 좋다.

https://blog.naver.com/peace_2011/221196712253
[출처] 명상·마음챙김·긍정심리 훈련(MMPT) 도우미

2. 웰빙일지

○ 일주일에 3번 이상 웰빙일지 작성하기: 그날의 감사한 일, 좋았던 일, 자신이 한 행동 중 잘한 일, 자신이 한 행동은 아니지만 자신이 알게 된 잘된 일 등을 자유롭게 기록한다.

3. 일상생활에서 회피동기로 하는 행동을 조사하여 목록 만들기

돌아봄

- 이번 주 익힘 연습에서 새롭게 배운 점은 무엇인가?

- 이번 주 익힘 연습이 마음공부에 도움이 된 점은 무엇인가?

- 이번 주 익힘 연습을 통해 새롭게 깨달은 점은 무엇인가?

명상·마음챙김·긍정심리 훈련(MMPT) 워크북

제 9 장 6주

긍정심리: 웰빙인지

이번 주에 공부하는 웰빙인지의 긍정심리중재법은 생각으로 생각을 다스리는 방법이다. 명상의 방법이 욕구와 생각을 멈추고 쉬는 마음기술이라면 긍정심리는 욕구와 생각을 적극적으로 활용하여 웰빙을 만들어내는 마음기술이다. 특히 웰빙인지기법은 이이제이(以夷制夷)의 기법이고 이열치열(以熱治熱)의 기법이다. 오랑캐를 오랑캐로 다스리고 열을 열로 다스리는 것이다. 생각으로 인해 생기는 생각병을 생각으로 다스리는 방법이 웰빙인지기법이다. 웰빙인지기법을 통해 생각을 잘 사용하는 '지혜로운 나'를 양성한다.

1. 실습과 익힘 연습 나눔 및 피드백

앞에서 배운 몸 마음챙김명상과 호흡 마음챙김명상(3분)을 함께 실습하고 이번 회기의 수련을 시작한다. 이어서 지난주에 실천한 익힘 연습의 경험과 소감을 나누고 질문 등을 받고 피드백 시간을 갖는다. 이번 회기에 함께 실습한 몸 마음챙김명상과 호흡 마음챙김명상에 대한 소감이나 질문도 허용한다. 혼자 공부하는 경우에는 이 책의 설명, 익힘 연습을 위한 도움말 등을 반복해서 읽어보면 스스로 피드백을 받을 수 있다.

　　아래에 자신의 웰빙을 늘리기 위해 웰빙행동을 적용하는 예시를 소개한다.

- 자기 전에는 뜨거운 물로 샤워를 하고, 노래를 들으며 일기 쓰기.

- 하루 일과를 마치고 집에 가는 길에는 귀여운 동물 사진들 보기.
- 시험이나 과제를 끝낸 뒤에는 노래방에 가서 열창하기.
- 매달 마지막 주말에는 스스로를 위한 선물을 구입하기.
- 생각이 많아질 때는 자전거 타러 가거나 그림 그리기.
- 2주일에 한 번씩은 꼭 영화관에 가서 영화를 보기.
- 오랜 친구들과 더 자주 연락하고, 시간을 내서 만나기.
- 잡생각이 자꾸 들 때에는 가죽 신발을 관리하기.
- 자기 전에 짧게라도 명상하기.

아래에 웰빙일지 수행의 예시를 소개한다.

- 평소에 불안과 우울 등 부정적 감정을 많이 느꼈었는데 웰빙일지를 쓰면서 긍정적 감정에 주의를 돌릴 수 있게 되어서 기분이 이전보다 많이 나아졌다.
- 감사한 점을 쓰면서 내 주변에 사회적으로 나를 지지해주는 사람이 많이 있다는 것을 알게 되어서 힘이 났다.
- 대부분 가족의 지지나 가정의 화목함 등과 같은 안전이나 관계에서의 욕구가 충족되었을 때 지나치고 넘어갔지만 웰빙일지를 통해 행복하거나 감사한 순간을 곱씹어 볼 수 있고 행복이나 감사함을 준 대상 위주에서 점차 자연 등과 같은 무형적이고 사소한 것으로도 변화했다. 평소 칭찬을 들었을 때 순수한 칭찬으로 받아들이지 못했는데 일지

를 통해 칭찬을 감사한 마음으로 받아들이게 됐다. 일지를 쓰기 전에는 세상을 조금 냉소적인 관점으로 보았는데 일지를 쓰고 난 후에는 세상에 대해 냉소적인 관점에서 조금 탈피하게 되었다.

- 훈련을 통해서 더 많은 감사함을 느끼고, 감사함을 느꼈을 때 좀 더 행복감이 오래 지속되고 기억에 남는다.

- 핸드폰 메모장에 키워드랑 날짜를 써두었다가, 일주일 끝날 때 정리를 하며 썼다. 처음엔 핸드폰에 적는 것도 부끄러웠는데 하다 보니 점차 쉬워짐을 느꼈다. 스쳐 지나갈 수 있었던 것을 다시 생각해 보며 자신의 감정을 알게 되었다.

- 하루가 지나고 저녁에 자기 전 무슨 일이 있었는지를 회상하고 그날 좋았던 것을 썼다. 좋았던 일을 쓰며 감사함이 도출되었다. 그래서 좋았던 일을 쓰면서 감사한 일이 없어지는 느낌으로 썼다.

- 종교가 없어서 감사를 잘 느끼지 못한다고 생각했는데 일기를 쓰며 특정 대상이 없어도 감사를 느낄 수 있음을 깨닫게 되었다.

- 좋으면 그게 바로 감사한 일이 되었기에 쓰다 보니 분리가 잘 되지 않았다. 감사에 대해 군이 분리를 하지 않아도 되겠다고 생각했는데 이유는 좋았던 일 속에 감사가 있기 때문이다.

- 좋았던 일을 쓰다 보니 그 속에서 감사가 자동적으로 연결

명상·마음챙김·긍정심리 훈련(MMPT) 워크북

되었는데, 감사가 조금 더 상위의 감정 같다고 느꼈다. 감
정의 좋음이 감사까지 올라가는 것이라고 생각했다.

- 또한 그냥 좋다라는 말은 자체가 비교적 가벼운 느낌인데,
감사라는 말은 음미하게 되며 더욱 가치 있게 의미를 부여
하게 된다고 느꼈다.

2. 웰빙인지기법

1. 웰빙인지기법이란?

웰빙인지(well-being cognition)란, 활성화되었을 때 스트레스 정서를 줄
이거나 웰빙 정서를 일으키는 인지, 즉 생각이다(김정호, 2015). 인지적 정
보처리는 명제(proposition)와 심상(imagery)을 사용하므로 웰빙인지 역시
명제와 심상으로 활성화된다. 일반적으로 명제적 웰빙인지는 웰빙인지
문장으로 표현된다. 웰빙인지문장의 예로는 '그럴 수도 있다.' '별일 아
니다.' '이것이 더 좋을 수도 있다.' '이 또한 지나가리라.' '범사에 감사하
라.' '인간만사 새옹지마.' '왕관을 쓰려면 왕관의 무게를 견뎌라.' 등을
들 수 있다. 이러한 문장을 눈으로 보거나 귀로 들을 때 혹은 스스로 머
릿속으로 떠올릴 때 웰빙인지가 우리의 마음에 나타난다.

웰빙인지문장이 담고 있는 웰빙인지의 내용이 한 장의 그림이나
사진으로 표현될 수도 있다. 이런 경우 웰빙인지그림이라고 부를 수 있
으며 심상적으로 웰빙인지를 활성화하게 된다. 이런 사진이나 그림을
보거나 스스로 머릿속으로 떠올릴 때 우리 마음에 웰빙인지가 활성화

하게 된다. 웰빙인지를 일으키는 문장과 그림이 함께 들어 있는 그림이나 동영상처럼 복합적인 방식으로 웰빙인지가 표현될 수도 있다. 이 경우에도 이런 그림이나 동영상을 보거나 스스로 머릿속으로 떠올림으로써 우리 마음에 웰빙인지를 일으킬 수 있다.

인간정보처리의 구성주의적 관점에서 볼 때 밖조건은 변화하지 않아도 안조건(동기, 인지, 행동 등)이 변화하면 경험이 변화한다. 안조건의 인지를 다루는 기술을 연마하여 경험을 변화시키는 것은 특히 정서를 조절하는 데 도움이 된다.

웰빙인지기법은 인지(안조건)를 다루는 기술로 웰빙인지를 활성화함으로써 경험을 자유롭게 구성할 수 있게 해준다. 동기상태이론이나 동기인지행동치료의 관점에서 볼 때 웰빙인지기법은 주어진 상황을 다르게 해석(혹은 표상)하는 웰빙인지를 활성화함으로써 스트레스의 동기상태(동기좌절, 동기좌절예상)를 줄이거나 웰빙의 동기상태(동기충족, 동기충족예상)를 늘리는 기법이다.

웰빙인지기법은 인지의 변화를 통해 경험의 변화를 가져오는 방법이므로 생각을 바꾸는 인지재구조화 방법과 통한다. 다만 웰빙인지기법은 잘못된 사고방식을 찾아서 고치는 방식보다는 평소에 웰빙을 구성하는 방식으로 생각하는 인지를 반복적으로 훈련한다는 특징을 갖는다.

웰빙행동기법이 스트레스 상황에도 적용할 수 있고 평소에도 웰빙을 늘리기 위해서 사용할 수 있는 것처럼, 웰빙인지기법도 스트레스 상황과 평소 상황 모두에 적용할 수 있다. 웰빙인지는 스트레스 상황에서 그 상황을 웰빙을 구성하는 방식으로 인식되도록 도와주며, 평소에도 적용함으로써 일상에서 웰빙을 경험할 수 있도록 돕는다.

웰빙인지기법은 생활 속에 꾸준히 적용함으로써 우리의 정보처리방식에 변화를 가져오게 한다. 스트레스를 구성하는 방식으로 생각하는 습관을 웰빙을 구성하는 방식으로 생각하는 습관으로 변화시키는 것이다. 인간정보처리에 있어서 정보처리용량 제한성으로 인해 어떤 상황에서 한번에 전체를 다 고려하기가 어렵다. 스트레스를 구성하는 사고방식은 주어진 상황에서 스트레스를 구성하는 방식으로 치우친 정보처리를 하게 만든다. 반면에 웰빙인지는 스트레스를 구성하던 상황에서 다른 면을 볼 수 있게 해줌으로써 균형 있게 보게 하는 역할도 하며 특히 웰빙을 구성하는 방향으로 상황을 볼 수 있게 해준다. 외상을 경험하고 외상후스트레스장애(Post Traumatic Stress Disorder, PTSD)가 아니라 외상후성장(Post Traumatic Growth, PTG)으로 가기도 하는데, 이때 중요한 요인은 의미 만들기(meaning-making)로 이해하기(sense-making)와 긍정찾기(benefit-finding)의 두 가지 형태를 갖는다(Baumeister & Vohs, 2002). 웰빙인지는 의미 만들기에 도움을 줄 것이다. 또한 웰빙인지는 건강한 동기의 활성화를 통해 평소에도 웰빙 경험을 더 많이 할 수 있도록 도와준다.

웰빙인지에는 웰빙기억도 포함된다. 웰빙기억은 '웰빙기억-나', '웰빙기억-너'로 나눠볼 수 있다. '웰빙기억-나'에는 자신이 경험한 좋았던 기억, 자신이 자랑스러웠던 기억, 자기 스스로 만족스러웠던 기억 등을 기록해 놓는다. '웰빙기억-너'에는 배우자, 자녀, 직장 동료 등 가까운 사람에 대해 그 사람이 나를 기쁘게 한 일, 도와준 일, 감사한 일 등 나에게 해준 좋은 기억을 기록해 놓는다. 기분일치성 효과 때문에 이런 웰빙기억은 정작 필요할 때 잘 떠오르지 않는다. 또 부정편향성 때문에 평소에 잘 떠올리지 않는 경향이 있다. 그러므로 쉽게 떠올릴 수 있을 만큼 숙달될 때까지는 적어두고 필요할 때 꺼내 보면 도움이 된다. 웰빙 기억은 나를 위로하고 기쁘게 해주며 상대에 대해서도 좋은 감정을 일으켜 준다. '웰빙기억-너'에는 한 가지 더 포함할 내용이 있다. '웰빙기억-너'에는 내가 상대에게 잘못한 점, 실수한 점 등도 적어두는 것이다. 이렇게 하면 상대가 실수하거나 잘못했을 때에도 너그럽게 이해하고 받아들이기가 쉬워진다.

2. 실습

1. 팀 토론

팀 구성원들이 각자 자신이 평소에 좋아하는 웰빙인지문장을 소개하며 공유한다. 자신의 웰빙인지문장은 무엇이고 어느 때 사용하며 어떤 효과가 있는지 설명해 준다. 모든 구성원이 각자의 웰빙인지문장에 대한 소개가 끝나면 각 웰빙인지문장이 어떻게 해서 자신에게 긍정적 효과를 가져오는지 동기와 관련해서 분석하는 토론을 나눈다.

2. 전체토론

팀 토론이 끝난 후에 각 팀별로 팀장이 팀 토론의 결과를 요약해서 보고한다. 다른 팀으로부터 코멘트나 질문을 받는다.

모든 팀의 보고가 끝나고 나면 지도자는 전체적인 코멘트를 하고 질의응답 시간을 갖는다. 이어서 웰빙인지의 유형을 설명하며 웰빙인지가 주는 긍정적 효과의 기제를 설명한다.

명상·마음챙김·긍정심리 훈련(MMPT) 워크북

3. 웰빙인지의 유형

하나의 웰빙인지가 여러 가지 방식으로 스트레스를 감소시키거나 웰빙을 증진시킬 수 있다. 웰빙인지는 주로 주어진 상황을 웰빙을 구성하는 방식으로 보게 하는 관점(觀點)을 제공한다. 스트레스 상황에서 사용되는 웰빙인지도 주로 주어진 상황을 다르게 보는 관점을 제공함으로써 스트레스를 제거하거나 감소시키며 때로는 오히려 웰빙 증진의 효과를 가져 온다.

평상시에 웰빙을 증진시키는 방식으로 사용되는 웰빙인지는 주로 건강한 동기의 활성화를 통해 스트레스의 예방과 웰빙의 증진을 도모한다. 아래에서는 스트레스를 줄이고 웰빙을 늘리는 구체적 기제를 중심으로 웰빙인지의 유형을 분류해 보았다. 편의상 웰빙인지는 문장으로 표현했다.

웰빙인지의 유형을 소개함에 있어서 분명히 할 것은 웰빙인지에는 개인차가 있다는 것이다. 어떤 사람에게는 웰빙인지의 역할을 하지만 다른 사람에게는 아닐 수 있다. 또 동일한 개인도 시기에 따라 웰빙인지가 변화할 수 있다. 한 때는 웰빙인지였지만 나중에는 아닐 수 있고, 반대로 한때는 웰빙인지가 아니었지만 나중에는 웰빙인지가 될 수 있다. 동일한 시나 노래 가사도 사람들에게 다르게 인식될 수 있고, 같은 사람도 인생을 경험함에 따라 동일한 시나 노래 가사가 다르게 경험될 수 있다. 특정 종교의 말씀도 마찬가지다.

동일한 문장으로 표현되더라고 개인에 따라 다른 방식으로 웰빙인지 역할을 할 수도 있다. 일반적으로 '이 또한 지나가리.'의 웰빙인지문장은 현재 어려움을 겪고 있지만 영원히 지속하지는 않을 것이므로 지금의 동기좌절이 계속될 것 같은 생각을 불식시킬 수 있으므로 동기좌절예상의 크기를 줄여주는 효과를 갖는다. 한편 어떤 사람에게는 거기에 더해서 이 어려움이 끝나면 좋은 것이 올 것이라는 동기충족예상까지 가져오는 효과를 일으키기도 한다. 이렇게 볼 때 하나의 웰빙인지가 여러 긍정적 역할을 할 수도 있음을 알 수 있다.

1. 받아들임

앞에서 우리가 경험하는 총 고통은 원래 사건에서 발생하는 1차 고통에 대한 저항으로 만들어지는 2차 고통이 추가된 것임을 보았다. 받아들임은 저항의 반대다. 받아들임은 저항을 멈춤으로써 고통을 감소시켜준다.

웰빙인지가 스트레스 감소와 웰빙 증진의 긍정적 역할을 하는 대표적인 기제는 받아들임이다. 활성화되었을 때 주어진 스트레스 상황을 다르게 해석함으로서 동기좌절, 동기좌절예상의 스트레스 상태가 줄어들게 된다.

'그럴 수도 있다.' '별일 아니다.' '이것이 더 좋을 수도 있다.'는 대표적인 '받아들임'의 웰빙인지다. 스트레스를 경험하게 하는 사건이 발생했을 때 그것에 과도한 주의를 보내고 머릿속으로 반추하며 자신을 비난하거나 상대 혹은 사건의 발생을 원망하게 되면 스트레스는 증폭되고 더 오래 지속된다. 앞글자만 따면 '그-별-이'가 되어 기억에도 도움이 된다.

'그-별-이'의 웰빙인지를 활성화하게 되면 부정적인 반추를 차단하거나 감소시켜서 스트레스의 지속을 멈춰준다. 붓다의 '두 번째 화살을 맞지 말라.'는 말씀도 불필요한 반추로 인한 스트레스를 차단시켜주는 효과를 갖는다. '인간만사 새옹지마(塞翁之馬).', '왕관을 쓰려면 왕관의 무게를 견뎌라.' 등도 받아들임을 도와주는 웰빙인지의 역할을 한다. 안 좋은 일을 당했을 때 '액땜했다.'는 말도 현재의 동기좌절이 더 큰 동기좌절을 대신했다는 생각을 일으킨다. 결과적으로 현재의 동기좌절을 받아들이게 해줄 뿐만 아니라 더 클 수 있었던 동기좌절을 막았다는 생각에 다행감의 동기충족까지도 느끼게 해 줄 수 있다.

받아들이지 못하고 저항하는 만큼 고통이 늘어날 뿐만 아니라 정보처리용량 제한성으로 인해 그만큼 웰빙을 위해서 정신자원을 사용하지 못하게 된다. 그러나 받아들임이 되면 저항에 투여되던 정신자원이 웰빙을 위한 동기충족으로 사용되므로 웰빙 증진에도 도움이 된다.

'이런 날도 있다.'도 받아들임을 도와준다. 살다 보면 되는 일이 없는 듯한 날이 있다. 전철은 코앞에서 떠나고, 약속한 상대방이 피치 못할 일로 못 나오겠다고 하고, 엘리베이터는 수리 중이어서 높은 층을 그냥 걸어 올라가야 하고, 하얀 블라우스에 음식이 떨어진다. '이런 날도 있다.' 스트레스적인 사건이나 상황이 평소보다 더 많은 날도 있다. 이렇게 받아들이면 자기연민에 빠지거나 누군가나 상황을 원망하며 스트레스를 곱씹지 않게 해준다. 두 번째 화살을 맞지 않게 해준다.

길지 않은 한 편의 시가 받아들임의 웰빙인지를 활성화시켜 주기도 한다. 마음챙김을 교육할 때 많이 인용되는 13세기 이슬람 시인 루미(Rumi)의 시 '여인숙'도 여기에 속한다. 아래에 콜먼 바크(Coleman Barks)가 영어로 번역한 'The Guest House'를 우리말로 옮겨 보았다.

여인숙

우리 인간은 여인숙과 같다.
매일 아침 새로운 손님이 온다.

기쁨, 우울, 비열함
그리고 약간의 일시적인 깨달음 등이
뜻밖의 방문객처럼 찾아온다.

그들을 모두 맞아들이고 환대하라.
그들이 슬픔의 무리처럼
가구들을 끌어내고
당신의 집을 난폭하게 쓸어가 버리더라도
각각의 손님을 정성껏 대하라.
그들은 당신을 청소하여
어떤 새로운 기쁨을 주려는지도 모른다.

어두운 생각, 수치심, 나쁜 의도
그들을 문 앞에서 웃으며 맞으라.

누가 오든 감사하게 여기라.
그들은 모두 저 먼 곳에서 보낸
안내자들이다.

2. 웰빙에 주의 보내기

웰빙에 주의를 보내도록 도와주는 웰빙인지도 있다. '범사에 감사하라.', 'Count your blessings.', '오늘이 내 인생의 가장 젊은 날이다.' 등이 여기에 속한다. 이러한 웰빙인지를 활성화하는 것은 7상에서 소개한 웰빙초점전략에 속한다. 이러한 웰빙인지는 이미 충족된 동기를 재활성화함으로써 동기충족의 웰빙을 다시 경험하게 해준다.

'오늘이 내 인생의 가장 젊은 날이다.'의 경우에는 동기충족뿐만 아니라 오늘이 내 인생의 가장 젊은 날이니 새롭게 의욕적으로 동기충족을 향한 활동을 할 수 있다는 동기충족예상의 웰빙도 가져다준다.

'전화위복(轉禍爲福)'은 주어진 고통, 스트레스에 대한 받아들임과 함께 웰빙에 주의를 보내게 해주는 웰빙인지에 속한다. 화가 오히려 복이 될 수 있으므로 지금 당면한 화를 받아들이고 미래에 올 수 있는 복에 대한 동기충족예상까지 할 수 있게 도와준다. '고진감래(苦盡甘來)'도 유사한 방식으로 작용하는 웰빙인지의 역할을 할 수 있다.

'배웠다.', '이번 실패나 실수로 무엇을 배울 수 있을까?'도 좋은 웰빙인지에 속한다. 우리는 성공을 통해서도 배우지만 실패를 통해서도 배운다. 자신을 발전시키고자 하는 동기가 있을 때 배움은 동기충족에 속한다. 자신이 실수를 하거나 실패를 했을 때 '배웠다.'라고 속으로 반복해보면 자신을 자책하고 후회하는 반추를 하며 생각병에 빠지는 것을 막아준다. 오히려 실수나 실패에서 교훈을 얻음으로써 동기충족의 웰빙과 미래에는 더 잘 할 수 있을 것이라는 동기충족예상의 웰빙도 경험할 수 있게 해준다.

3. 걱정 줄이기

걱정은 동기좌절예상을 가져온다. 웰빙인지 중에는 걱정을 감소시켜 주는 것들이 있다. 마이클 싱어(M. Singer)는 자신의 책 『될 일은 된다(*The Surrender Experiment*)』에서 '삶이 더 잘 안다(Life knows better).'라고 말한 다(Singer, 2015/2016). 그는 주어진 상황을 자신이 바라는 대로 바꾸려고 하기보다 원제목 그대로 '항복한다'. 그 근저에는 자신의 지혜보다 삶 의 지혜가 더 훌륭하다는 믿음의 웰빙인지가 있다. '삶이 더 잘 안다.'의 웰빙인지는 주어진 상황에 저항하기보다는 받아들임을 하게 도와주고 (동기좌절의 감소) 미래에 대해서도 걱정하지 않게 해준다(동기좌절예상의 감 소). '걱정을 한다고 걱정이 없어지면 세상에 걱정이 없겠네.'라는 티베 트 속담도 걱정을 내려놓게 해주는 재치 있는 웰빙인지다.

「마태복음」6장의 말씀도 이러한 웰빙인지를 담고 있다. "무엇을 먹을까 무엇을 마실까 무엇을 입을까 염려하지 말라... 공중의 새를 보라 심지도 않고 거두지도 않고 창고에 모아들이지도 아니 하되 너희 하늘 아버지께서 기르시나니 너희는 이것들보다 귀하지 아니 하냐... 들의 백 합화가 어떻게 자라는가 생각하여 보라. 수고도 아니 하고 길쌈도 아니 하느니라. 그러나 내가 너희에게 말하노니 솔로몬의 모든 영광으로도 입 은 것이 이 꽃 하나만 같지 못하였느니라. 오늘 있다가 내일 아궁이에 던 져질 들풀도 하나님이 이렇게 입히시거든 하물며 너희일까 보냐."

4. 과도한 동기의 축소

동기의 크기가 너무 크면 충족되지 못하고 좌절의 확률이 높아지고 결 과적으로 동기좌절예상도 커지게 된다. 이러한 동기의 크기를 축소시

명상·마음챙김·긍정심리 훈련(MMPT) 워크북

키는 것은 동기좌절과 동기좌절예상의 빈도를 감소시켜준다. 뿐만 아니라 동기의 크기를 감소시키면 동기충족과 동기충족예상의 빈도를 높여주는 효과도 가져온다. 아래에서는 동기의 크기를 줄여주는 웰빙인지를 소개한다.

'사람은 원래 서로 이해하기가 어렵다. 인간은 원래 외롭다.' 라는 생각은 사람들과의 소통에서 과도한 동기를 갖지 않게 해준다. 이런 생각이 없다면 사람들과의 관계에서 이해가 서로 잘 안되고 오해가 생길 때 크게 스트레스를 경험할 수 있다. 이러한 스트레스는 사람들과의 관계에서 이 정도의 소통은 되어야 한다는 기대가 있기 때문에 그것이 좌절됨으로서 경험하게 되는 것이다. 그러나 '사람은 원래 서로 이해하기가 어렵다.'는 생각을 가지면 소통에서의 기대가 높지 않으므로 서로 이해가 잘 되지 않아도 크게 스트레스를 경험하지 않고, 오히려 소통이 잘 될 때 동기충족의 웰빙을 경험하게 된다.

'인생에는 고통이 수반된다.' 라는 생각도 삶에서 행복에 대한 과도한 동기를 줄여줌으로써 웰빙인지의 역할을 한다. 반면에 '인생은 행복해야 한다.'는 생각은 행복에 대한 동기의 크기를 확대시킴으로써 삶에서 찾아오는 고난들에 쉽게 좌절하게 하고 우울하게 만든다. 인생에 고난은 당연히 따라오는 것이라고 생각하면 오히려 종종 찾아오는 행복들이 더욱 크게 다가오고 이에 대한 행복도 배가 된다.

아우렐리우스의 『명상록』에 나오는 다음의 문장은 삶에서 살아 있음 이외의 다른 욕구들을 내려놓게 해줌으로써 삶의 스트레스를 예방한다. "당신은 오늘 죽은 몸이라고 생각하라. 당신의 인생도 오늘로 끝났다고 생각하라. 이제부터는 당신에게 주어진 미래의 인생을 계약에 없던 덤이라고 생각하고 자연의 순리에 따라 살아가라."

'사람들은 모두 내면에 각자의 상처를 지니고 있다.'는 생각은 관계동기를 적절한 크기로 만들어 준다. 관계동기가 과도하지 않으면 사람들과의 관계에서 많은 것을 기대하지 않으므로 상대의 불편한 행동에 대해 쉽게 동기좌절하지 않게 해준다. 뿐만 아니라 이러한 생각은 사람들에게 따뜻한 관심과 배려를 베풀고자 하는 건강한 동기, 자비의 동기를 확립하고 활성화하는 효과도 가져올 수 있다. 아무리 돈 많고, 권력이 크고, 학벌이 높아도 그 사람 내면에는 자신만의 상처를 지니고 있다고 생각해 보라. 그런 사람들에 대해서도 자비의 마음을 내기가 조금 더 쉬워진다.

기대가 크다는 것은 바라는 바, 즉 동기가 크다는 것이다. 이런 경우에는 동기충족은 어려워지고 반대로 동기좌절은 쉬워진다. 현대인의 경우 물질적으로 그 어느 때보다 풍족하지만 물질적인 동기 역시 그 어느 때보다 높기 때문에 물질적으로 동기충족보다는 동기좌절을 더 많이 경험한다.

5. 건강한 동기의 확립 및 활성화

8장에서도 다뤘듯이 외재동기보다는 내재동기로 살아가는 것이 스트레스를 줄이고 더 많은 웰빙을 경험하게 해준다. '진인사대천명(盡人事待天命)'은 일이나 공부를 하며 결과에 연연하지 않고 과정을 즐길 수 있게 도와주는 웰빙인지다. 외재동기보다는 내재동기를 확립하고 그것에 따라 행동하게 도와준다.

'왜 이러한 일이 주어졌을까?! 이 일은 나에게 무엇을 가르쳐주고 있나?!' 이런 생각은 성장동기를 활성화시켜 준다. 한편으로는 어렵거나 불편한 경험을 하게 되었을 때 받아들임을 도와주면서, 다른 한편으로는 인간적 혹은 영적 성장을 위해서 지금 경험하는 어려움이나 불편함에서 의미를 찾음으로써 성장동기의 충족을 가져온다. '스트레스는 나의 스승이다.'도 유사한 효과를 가져오는 웰빙인지로 볼 수 있다.

'다른 사람에게 친절하고 관대한 것이 자기 마음의 평화를 유지하는 길이다. 남을 행복하게 할 수 있는 사람만이 행복을 얻을 수 있다.'라는 문장은 마음에 건강한 관계동기를 확립하고 활성화시켜 준다.

건강한 관계동기와 관련해서 일상생활에서 잊지 않고 적용할 웰빙인지로 '역지사지(易地思之)'를 들 수 있다. 마음기술을 배우는 목적은 소아적 이기성으로부터 벗어나 개인적으로는 성숙을, 사회적으로는 더불어 행복하게 사는 것이다. 우리의 많은 스트레스가 관계에서 오며 관계 스트레스의 대부분이 자기중심성에서 온다. 명상을 배우고 마음챙김을 배우는 것도 나의 습관적인 자기중심적 욕구-생각을 멈출 수 있는 능력, 있는 그대로 바라보는 능력을 기르기 위해서다. '역지사지(易地思之)'의 웰빙인지는 마음챙김의 마음기술 못지않게 나를 객관화하고 상황 전체를 객관적으로 바라보게 하는 훌륭한 인지전략이다. 사람들과의 상호작용에서 역지사지 하며 상대의 입장에 서서 바라보는 훈련은 나를 객관화할 뿐만 아니라 상대의 입장도 이해하게 해준다. 역지사지를 꾸준히 수행하면 마음챙김과 마찬가지로 나를 객관적으로 바라보는 관(觀)이 발달한다. 중요한 것은 실천이다. 사람을 만날 때 혹은 혼자 그 사람을 생각할 때 그 사람의 입장에서 상황과 나를 바라보는 역지사지의 웰빙인지를 떠올리고 숙고하고 묵상하는 습관을 들이도록 한다.

6. 바르게 보기

MMPT의 마음지식에서 다룬 동기상태이론, 구성주의, 정보처리용량 제한성, 마음사회이론은 일상의 정보처리에서 나를 돌아보게 해준다. 나의 경험은 나의 욕구-생각이 만든 것임을 이해하고 정보처리용량 제한성과 기분일치성효과 등을 고려하면 공정한 정보처리를 위해 물러설 줄 알게 해준다. 마음사회이론도 내 안의 다양한 나들, 너 안의 다양한 너들을 이해하게 되면 나 자신과 상대에 대한 이해심이 늘어나고 스트레스를 만들기보다 웰빙을 만들게 된다. 예를 들어, 마음사회이론에 대한 숙고, 묵상을 하면 다음과 같은 통찰을 얻을 수도 있다. 관계에서 내 안에 상대를 미워하는 나, 좋아하는 나 모두 있음을 인정하게 된다. 또한 상대 안에도 나를 미워하는 나, 나를 좋아하는 나 모두 있음을 인정하게 된다. 이러한 이해는 사람들과의 관계에서 좀 더 성숙하게 행동하도록 도와준다.

일상생활 속에서 마음지식 4가지 각각이 어떤 의미가 있는지, 특히 스트레스와 웰빙을 만드는데 어떤 역할을 하는지 곰곰이 숙고하고 묵상한다. 이러한 묵상은 마음지식을 단순한 지식에서 지혜로 변환시켜 주고 우리를 좀 더 성숙된 인간이 되도록 돕는다.

4. 웰빙인지의 활용법

1. 웰빙인지목록

웰빙행동목록처럼 웰빙인지목록을 만들어둔다. 그리고 웰빙행동목록의 활용처럼 평소에 원하는 웰빙의 마음상태를 중심으로 갈무리해두거나 각 유형의 스트레스 상황에 도움이 되는 웰빙인지들을 정리해 둔다.

이렇게 목록으로 만들어두면 평소에도 원하는 웰빙의 마음상태를 만들거나 유지하기 위해 도움이 되는 웰빙인지를 떠올리거나 스트레스를 경험할 때 도움이 되는 웰빙인지를 떠올리는 것이 편리해진다.

2. 묵상(默想)

웰빙인지는 시간을 두고 묵묵히 생각하는 것이 효과적이다. 마치 음식을 오래 씹듯이 웰빙인지의 말씀을 가슴에서 반응이 올 때까지 가만히 음미하는 것이다.

스트레스 상황에서도 도움이 되지만 자신이 좋아하는 웰빙인지를 평소에 아침과 저녁에 규칙적으로 묵상하는 것이 좋다. 해당 웰빙인지가 마음에 더 오래 머물 수 있으므로 스트레스를 만드는 생각을 덜 하게 되고 웰빙을 더 많이 만들게 된다.

'사람들은 누구나 마음속에 자기만의 아픈 상처를 가지고 있다.' 이런 문장을 깊이 묵상하면 사람들에 대한 자비심의 향상에 도움이 될 것이다. 또 종종 주변의 가까운 사람들을 떠올리며 그들과의 인연에 대해 깊이 묵상하면 맺게 된 인연이 소중하게 느껴지고 좀 더 잘해주고 싶은 마음이 올라올 것이다.

죽음에 대해 깊이 묵상하면 평소에 자신이 추구하는 동기에 대해 돌아보게 되고 유한한 삶 동안 어떤 동기를 추구하며 살아야 할지 현명한 선택을 하는 데 도움이 될 것이다.

죽음 묵상의 한 방법으로 다음과 같이 임종 모의실험을 해보는 것도 좋다.

○ 지금처럼 쭉 살다가 임종을 맞게 되었을 때 무엇을 느낄까? 어떤 소회가 있을까? 어떤 후회? 어떤 만족?

○ 주변의 가까운 사람은 당신의 임종시에 무엇을 느낄까?

○ 주변의 가까운 사람이 임종을 맞게 되었다면 1) 그 사람이 당신에 대해 2) 당신은 그 사람에 대해 무엇을 느낄까?

MMPT의 마음지식 네 가지를 각각 때때로 깊이 묵상하며 음미하는 것은 바른 정보처리를 위해서 도움이 된다.

3. 탐구 혹은 숙고

중요하다고 생각되지만 충분히 이해가 되지 않는 웰빙인지의 경우에 스님들이 화두를 들듯이 그것을 깊이 숙고한다. 분석적으로 접근할 필요는 없다. 다만 계속 주의를 보내며 마음에 머물도록 하면 된다.

삶에서 의미 있고 가치 있는 것을 추구하며 살고자 한다면 '무엇이 의미 있고 가치 있는 삶인가?!'를 화두 들 듯이 틈나는 대로 숙고한다. 답을 금방 얻으려고 할 필요는 없다. 이런 탐구의 질문을 마음에 품고 사는 것만으로도 삶의 밀도가 높아질 것이다. 우리가 북극성을 바라보는 것은 북극성에 가고자 해서가 아니라 북극성을 통해 가고자 하는 방향을 유지하려고 함이다.

때로는 자기 자신이나 주변 사람들에 관해 이해하기 어려운 점에 대해 화두를 들듯이 깊이 탐구한다. 남편이 밤늦게 술 마시고 들어오는 것 때문에 늘 스트레스를 받는다면 "왜 맨날 술 마시고 밤늦게 들어오는 거야?!"라고 소리치기보다 '남편이 왜 맨날 술 마시고 밤늦게 들어올까?!'라고 <u>스스로</u> 물어보는 것이다. 둘 다 '왜'의 형태지만 전자는 '저항의 왜'이고 후자는 '수용의 왜'다. 이런 '수용의 왜'가 바로 탐구 혹은 숙고의 방법이다. 이 경우 '나는 왜 남편이 술 마시고 밤늦게 들어오면 화가 날까?!'를 탐구할 수도 있다.

4. 심상법

웰빙인지는 웰빙을 만드는 데 도움이 되는 생각이므로 반드시 문장으로 표현되어야 하는 것은 아니다. 마음을 웰빙 상태로 만들어주는 데 도움이 되는 심상을 떠올리는 것도 좋은 웰빙인지의 활용기법이다.

비교적 단순한 형태의 심상법으로는 이완을 돕는 심상법이 있다. 편안한 자세로 눈을 감고 넓고 시원한 바닷가나 조용하고 아름다운 숲속 호숫가를 가만히 떠올리면 실제로 그곳에 있는 것처럼 마음이 편안해진다.

자신이 하는 일에 대한 동기를 높이기 위해 미래에 바라는 모습을 심상으로 상상하기도 한다. 긍정심리학에서 '최상의 자기(best possible self)' 기법(Biswas-Diener, 2010)으로 불리기도 하는데 동기충족예상을 만드는 웰빙인지기법으로 볼 수 있다. 예를 들면, 음악 하는 사람이라면 카네기홀에서 연주하며 많은 관객에게 박수 받는 모습을 심상으로 그려볼 수 있다. 이렇게 하면 자신이 이루고 싶은 동기를 강화시켜서 동기충족을 위해 꾸준히 노력하게 하는 효과도 얻을 수 있다.

5. 묵상 + 심상법

조금 더 발전된 심상법으로는 심상법과 묵상법이 결합된 형태가 있다.

여기에는 자신이 닮고 싶은 덕목의 특성을 갖는 자연물을 떠올리며 심상과 함께 그 특성을 깊이 묵상하는 방법이 포함된다. 예를 들면, 상선약수(上善若水)라는 말도 있듯이 물은 늘 아래로만 흐르는 겸손함의 특성을 갖는다. 물은 막히는 것이 있으면 돌아가는 융통성의 특성도 갖는다. 물은 빈 곳이 있으면 채워주면서 흐르는 베품의 특성을 갖는다. 그러면서도 결국에 물은 바다에 이르는 것처럼 뜻한 바를 이루는 특성을 갖는다. 이런 물의 모습을 떠올리며 그 특성을 가만히 묵상하는 것은 마음에 물과 같은 훌륭한 덕목을 갖추는 데 도움이 된다. 물외에도 산, 하늘, 바다 등의 심상을 떠올리며 그 좋은 특성을 깊이 묵상할 수 있다. 반드시 자연물일 필요는 없다. 만약 유머의 덕을 기르고 싶다면 유머가 풍부했던 인물을 늘 마음에 품고 그 사람의 언행을 공부하고 그것을 마음에 깊이 품는 방법도 좋다. 존경하는 인물에 대해 공부하고 늘 마음에 품고 그분과 그분의 삶을 마치 실제처럼 심상으로 떠올리고 묵상하는 것도 좋은 마음수행법이다.

마음사회이론으로 볼 때 삶은 동일시 게임이다. 어떤 특성의 나와 동일시하느냐에 따라 내 마음의 사회에 사는 나가 달라진다. 좋은 덕목을 자꾸 숙고하고 묵상하고 심상을 하면 그런 덕목의 나와 동일시하는 것이다. 그런 덕목의 나가 자란다.

6. 쓰기

묵상하며 음미하고 싶은 좋은 글귀를 글로 쓴다. 붓으로 쓰는 것도 좋고 캘리그라피로 쓰는 것도 좋다. 전통적으로 불교나 기독교에서는 경전을 쓰는 사경(寫經) 방법을 마음수양의 방법으로 이용하고 있다.

3. 익힘 연습

1. 목표

아래의 목표를 유념하며 일주일 동안 익힘 과제를 수행한다.

○ 이번 주에도 마음챙김명상과 일상의 마음챙김 훈련을 꾸준히 지속하며 영점-나와 마음챙김-나를 양성한다.

○ 이번 주에는 특히 나의 웰빙인지 정리 및 일상생활에서 적용하기를 실천한다.

2. 구체적 익힘 과제

○ 4주차 과제 및 5주차 과제와 관련해서 스트레스 경험할 때 웰빙인지 적용하기

○ 이번 한 주 동안은 나만의 웰빙인지를 찾아보고, 그것들을 이전보다 더 의식적으로 자주 활용하려고 노력하기

1. 웰빙인지 묵상

○ 일주일 동안 하루 2번

2. 웰빙인지일지

○ 스트레스를 경험할 때 웰빙인지를 적용하고 '웰빙인지일지'를 작성한다.

○ '웰빙인지일지'는 이 책의 부록에 있고 또 파일이 나의 블로그 (MMPT 마음공부)에 올려 있으니 자유롭게 다운받아서 사용해도

좋다.

3. 웰빙일지

- ○ 일주일에 3번 이상 웰빙일지 작성하기: 그날의 감사한 일, 좋았던 일, 자신이 한 행동 중 잘한 일, 자신이 한 행동은 아니지만 자신이 알게 된 잘된 일 등을 자유롭게 기록한다.

4. '마음챙김명상 수행일지'

(계속)

돌아봄

- 이번 주 익힘 연습에서 새롭게 배운 점은 무엇인가?

- 이번 주 익힘 연습이 마음공부에 도움이 된 점은 무엇인가?

- 이번 주 익힘 연습을 통해 새롭게 깨달은 점은 무엇인가?

제 10 장 7주

긍정심리: 감사와 자비

감사는 앞에서 웰빙초점전략을 다루며 잠깐 언급했듯이, 동기충족의 재활성화다. 동기가 충족되는 웰빙을 경험하고 나면 그 상태에 적응이 되어 더 이상 웰빙을 경험하지 못하는데 이를 '쾌락적응'이라고도 한다. 감사의 긍정심리중재법으로 이미 적응된 동기충족을 다시 활성화할 수 있다. 감사 역시 넓은 의미의 웰빙인지기법에 속한다. 우리의 생각을 통해 동기충족을 재활성화하는 것이다.

자비는 우리 인간에게 매우 소중한 동기다. 인간의 주요한 행복이 관계동기의 충족에서 오는 것을 생각해 보면 사람들과의 관계에서 사랑, 공감, 친절 등의 자비로운 마음을 내고 그렇게 행동하는 것은 인간의 행복에 매우 중요하다. 자비동기 혹은 자비심도 심상이라는 인지기능을 고도로 활용하여 강화시키게 된다.

전통적으로 마음수행에서는 지혜와 자비를 닦는다고 했다. 웰빙인지기법을 통해 나의 마음사회에 지혜로운 나를 꾸준히 기르고 감사와 자비의 수행을 통해 따뜻한 나를 키우게 된다.

1. 실습과 익힘 연습 나눔 및 피드백

앞에서 배운 요가 마음챙김명상과 호흡 마음챙김명상(3분)을 함께 실습하고 이번 회기의 수련을 시작한다. 이어서 지난주에 실천한 익힘 연습의 경험과 소감을 나누고 질문 등을 받고 피드백 시간을 갖는다. 이번 회기에 함께 실습한 요가 마음챙김명상과 호흡 마음챙김명상에 대한 소감이나 질문도 허용한다. 혼자 공부하는 경우에는 이 책의 설명, 익힘 연습을 위한 도움말 등을 반복해서 읽어보면 스스로 피드백을 받을 수 있다.

아래에 자신의 웰빙을 늘리기 위해 웰빙인지를 적용한 예시를 소개한다.

- 이번 한 주 동안 웰빙인지를 활용하기 위해 나의 스트레스를 살펴보면서, 나는 대인관계와 업무나 과제와 관련하여 특히 많은 스트레스를 받는다는 것을 알 수 있었다. 그 중에서도 대인관계에 있어서 타인에게 했던 말, 그리고 이미 제출을 한 과제나 업무 등에 대한 미련이나 후회가 많은 편이다. 내가 타인의 앞에서 했던 말이나 행동에 대해 후회가 될 때, '만약 다른 사람이 내 앞에서 그런 말이나 행동을 했다면 나는 어땠을까?'라고 생각해 보면 크게 신경 쓰이지 않는 경우가 대부분이었다. 과제에 후회가 남는 경우에는 '나는 아직 배우는 입장이고, 이번 기회에 무엇이 부족한지 알게 되었으니 다음 과제에서는 이 점을 보완해서 더 잘하면 될 거야.' 하고 생각할 수도 있게 되었다.
- 주말이 되니 재미있는 예능 프로그램이 많이 방송되었는데 모두 보고 자면 너무 늦게 잠에 들게 되어 다음 날 일과에 피해가 갈 것 같았다. 하지만 유혹이 계속 생겼다. 그래서 웰빙인지로 더 중요한 가치관을 생각했다. 내가 만든 다섯 가지 키워드 중 '충만'과 '책임'이라는 단어를 통해 오늘 늦게 자면 내일 충만한 삶을 살지 못할 것을 숙고했고,

책임이라는 단어를 통해 충만한 삶을 살지 못하였을 때 스스로는 조금 편할지 몰라도 더 시간을 가치 있게 쓸 수 있었지만 놓쳐버릴 시간에 대한 책임감을 생각하니 일찍 잠자리에 들 수 있었다.

- 이번에 사소한 일을 계기로 웰빙인지문장에 'so what?'이 추가되었다. 이 말은 생각보다 효과가 강력했다. 정말로 부정적인 감정이나 판단적인 생각이 들게 될 때 이 생각을 하게 되면 거기서 멈추게 된다는 것이 신기하다. 이전부터 느껴왔던 점이지만 이 사소한 문장 하나가 나의 판단을 멈추게 해준다는 점이 가끔은 놀랍다.

- "영희가 뭘 해도 나는 지지한다. 네가 여기까지 온 것은 정말 대단한 일이라고 생각해. 네가 뭘 하든 아빠는 지지할 거야. 그러니 정말 너 하고 싶은 대로 편하게 살아도 된다." 어느 날 가족모임에서 아빠가 해주신 이 말씀이 내 마음에 깊이 박혀서 나의 웰빙인지가 됐다. 사소하게라도 스트레스 받고, 내가 제대로 잘 해내지 못했다는 생각이 들 때마다 그때의 말을 돌이켜보면 스트레스가 날아가는 느낌이다. 혹여나 내가 내 기준에서 제대로 성취를 하지 못했다고 생각되더라도 내 주변에는 내가 제대로 못해도 무조건 지지해 줄 부모님이 있다는 사실이 나는 정말 안심이 된다.

- 나의 웰빙인지는 성장과 발전의 동기를 불러일으키는 내용으로 되어 있다. 평상시 주로 쓰는 웰빙인지는 '지난 일

명상·마음챙김·긍정심리 훈련(MMPT) 워크북

은 모두 시행착오의 과정이다.' '모든 경험을 통해 나는 성
장하고 발전한다.' 이렇게 두 가지다. 이 문구를 여러 번 되
뇌다 보면 부정적 생각이 사라지고 평온함이 찾아옴을 느
낀다. 지난 일은 모두 앞날을 위한 밑거름일 뿐이다. 하나
가 없어지는 것은 새로운 하나를 얻게 된다는 것과 같은
의미이다. 돈을 잃어버린 사람은 집착을 놓는 법을 단련하
는 것일 수 있다. 물질이 없어지면 지혜가 들어온다. 단 삶
이 성장과 발전의 시간이라는 것에 동의하는 사람에게 그
럴 것이다.

2. 감사 수행

1. 감사의 필요성

인간은 매우 다양한 동기를 갖고 있다. 다양한 동기들 중 특정 동기가
활성화 되면 웰빙 혹은 스트레스가 나타나게 된다. 충족이나 충족예상
의 상태면 웰빙이고 좌절이나 좌절예상의 상태면 스트레스다. 활성화
된 동기가 일단 충족되면 비활성화 상태가 되어 더 이상 웰빙을 느끼지
못한다. '쾌락적응'이라고도 불리는 이 현상이 있기에 우리는 끊임없이
동기충족을 위해 활동하게 된다. 이것이 발전적인 측면도 있지만 늘 불
만족 상태에 있는 것은 결코 행복한 상태가 아니다.

　　감사를 할 때 경험되는 동기충족의 재활성화는 단순한 동기충족의
재활성화만이 아니다. 동기의 충족에 감사의 대상이 기여했기 때문에,

혹은 기여했다고 생각되기 때문에 관계동기의 충족에서 오는 따뜻한 정서도 느끼는 것이다. 어떤 형태의 감사든 감사를 느끼고 표현하는 것은 우리의 웰빙에 중요하다.

인간은 또한 진화적으로 생존을 위해 부정편향성의 정보처리 특성을 갖는다. 동기충족이나 동기충족예상보다는 동기좌절이나 동기좌절예상에 더 많은 주의를 보내게 된다. 이것이 생존에는 유리할 수 있지만 행복에는 부정적으로 작용한다.

위와 같은 인간 정보처리의 특성 때문에 우리 인간은 의도적으로 동기충족과 동기충족예상에 주의를 보내는 연습을 할 필요가 있다. 낙관성 훈련은 동기충족예상에 도움이 되는 연습이고 감사 연습은 동기충족의 재활성화 연습이다. 이미 매우 많은 동기가 충족상태에 있지만 우리는 그것들을 당연한 것으로 인식한다. 따라서 이미 충족된 동기들을 인지적 훈련을 통해 재활성화하는 능력을 기르는 것이 필요하다. 감사는 우리가 행복해지는 능력으로 긍정심리의 마음기술이다.

2. 감사의 유형

감사의 유형을 나눌 때 먼저 감사의 대상으로 구분할 수 있다. 감사는 사물이나 자연에 대해 할 수도 있지만 아무래도 사람과 사람의 관계에서의 감사가 무엇보다 중요하다고 하겠다. 마음사회이론에서 보면 내 마음에도 여러 나들이 살고 있으므로 나 자신과의 관계에서도 감사할 줄 알아야겠다. 이렇게 볼 때 감사의 유형은 '감사-자연' '감사-나' '감사-너'로 나눠볼 수 있겠다. 종교가 있는 사람은 '감사-신'도 포함할 수 있겠다.

또 자연은 아니지만 자신에게 주어진 환경, 상황, 조건 등에 감사할 수도 있다('감사-조건'). 이와 관련 있다고 해야 할지 모르지만, 마음챙김 명상을 할 때도 자연스럽게 감사의 마음이 올라올 때가 많다. 감각을 경험하고 있음에 대한 자각이 될 때 평범할지언정 감각을 느낀다는 것이 놀랍고 신비하게 느껴지기도 하고 감사의 마음이 같이 우러나기도 한다. 딱히 누구 혹은 무엇에 대한 감사라고 하기는 어렵지만 감사의 마음을 느끼게 된다.

감사의 유형을 나누는 또 다른 기준은 감사의 표현방식이다. 즉 감사의 유형은 감사를 속으로만 느끼는 방식과 감사의 대상에게 직접 혹은 간접으로 표현을 하는 방식으로 나눌 수 있다.

3. 감사의 실천: 자기감사 및 타인감사

관계동기의 충족이라는 측면에서는 감사를 혼자만 느끼는 것보다 감사의 대상에게 표현하는 것이 더 낫다. 감사를 혼자만 느끼는 경우에는 마음속으로만 느낄 수도 있지만 감사일지처럼 글로 나타낼 수도 있다. 감사일지를 쓰게 되면 자기 자신과 주변 환경에서 능동적으로 감사함을 찾게 되어 자연스럽게 정보처리방식이 긍정적으로 변화하게 된다.

감사의 대상에게 감사를 표현할 때도 직접 얼굴을 보고 표현할 수도 있고 편지, 메일, SNS 등의 매체를 통해 표현할 수도 있다. 물론 말로 표현하는 것에 덧붙여 선물을 하는 방법도 있다. 감사의 대상이 사람인 경우 감사를 표현할 때 상대로부터 다시 따뜻한 반응을 받게 되므로 관계동기의 충족이 더 많아지게 된다. 작은 일에도 고맙다고 말하는 것을 잊지 않는다. 물론 진정성과 함께.

가능하다면 관계가 좋지 않은 사람에 대해서 의도적으로 그 사람의 감사한 점에 대해 생각해보는 것은 마음공부의 좋은 수행이 된다. 그 사람에 대한 인식이 긍정적으로 바뀔 수도 있다. 적어도 부정적인 점이 감소할 수 있을 것이다.

감사의 실천에서 빼놓을 수 없는 것은 '자기감사'다. 보통은 '타인감사'가 일반적이지만 자기 자신에 대해서도 감사하기를 습관화 하는 것이 좋다. 마음사회이론을 상기해 보라. 속으로 혹은 보는 사람이 없다면 소리 내서 나 자신에게 고맙다고 표현한다. 뒤에서 다루는 '일상의 자비 수행'에서처럼 일상생활 속에서 작은 일에도 스스로에게 '수고했다. 고맙다.' 라고 표현하는 것을 생활하는 것이 좋다. 처음에는 어색하게 느껴질지 모르지만 계속 해보면 안다. 나의 감사표현을 듣는 나가 또 있다는 것을. 또한 감사표현을 자꾸 하면 감사하는 나가 자란다.

3. 자비 수행

감사를 가만히 느끼다보면 자비가 쉬워진다. 너에 대한 감사가 너에 대한 자비로, 나에 대한 감사가 나에 대한 자비로 갈 수 있다.

1. 자비(慈悲) 수행이란?

마음챙김의 훈련이 나를 있는 그대로 보며 내 마음의 '깨어 있는 나', 즉 '마음챙김-나'를 기르는 연습이라면 긍정심리의 훈련은 내면의 긍정적인 나들을 양성하고 실현하는 훈련이다. 자비 수행은 내 마음의 '따뜻한

명상·마음챙김·긍정심리 훈련(MMPT) 워크북

나', 즉 '자비-나'를 기르는 훈련이다.

"자비는 '사랑할 자(慈)'와 '슬퍼할 비(悲)'로 구성된다. 자(慈)는 대상에 대한 따뜻한 사랑의 마음으로 대상의 행복을 바라는 마음이다. 비(悲)는 대상이 겪는 고통을 깊이 공감하며 상대가 고통으로부터 벗어나기를 바라는 마음이다."(김정호, 2014, p.231)

자비 수행은 동기관리에 속한다. 우리가 불건강한 동기, 즉 욕구로 인해 고통을 받는다면 건강한 동기를 양성하고 실현함으로써 행복과 성장을 경험하게 된다. 자비의 마음, 따뜻한 마음은 나와 타인이 고통에서 벗어나고 건강하고 행복하고 성장하기를 바라는 건강한 동기다.

평소에 어떤 나를 마음의 무대에 많이 부르고 있나? 무대에 자주 오르다보니 묻지도 않고 습관적으로 올라오는 나들이 있다. 또 한 번 올라오면 내려가지 않는 나들도 있다. 그들은 누구인가? 그들은 올라와도 좋은 때 올라오고 있나? 평소에 자주 부르는 나가 마음의 무대에 오래 머물게 된다. 평소에 자비-나와 같은 건강한 나를 자꾸 불러 역량을 키워주는 것이 필요하다. 자비 수행은 마음의 무대에 자비-나를 불러들여 자비-나를 키워주는 훈련이다. 최근 심리상담이나 심리치료의 영역에서는 마음챙김에 이어 자비에 대한 관심이 크게 증가하고 있다(권예지, 김정호, 김미리혜, 2018; 김완석, 신강현, 김경일, 2014; 김재성, 2017; 미산, 2017; 박성현, 성승연, 미산, 2016; 송영숙(서광), 2018; 조현주, 2019; Epstein, 2017/2019). 통증 영역에서도 자비의 긍정적 효과가 연구되고 있다(박예나, 김정호, 김미리혜, 2019). 그밖에도 기업 장면에서 자비 수행이 미치는 긍정적 영향을 다루는 연구들도 늘어나고 있다(최진숙, 황금주, 2018).

인디언 할아버지와 손자 얘기가 있다. 인디언 할아버지는 손자에게 우리 마음에는 두 마리의 늑대가 산다고 얘기해준다. "한 마리는 질투, 죄책감, 원망, 우울, 시기 등의 늑대이고 다른 한 마리는 자비, 관대, 사랑, 친절 등의 늑대란다. 두 마리 늑대가 우리 마음에서 늘 싸우고 있단다." 손자가 묻는다. "어느 늑대가 이기나요?" 인디언 할아버지는 이렇게 말해준다. "네가 먹이를 주는 늑대가 이기지."

마음의 세계에서 먹이를 준다는 것은 주의를 보내는 것이다. 주의를 보내주는 나는 자꾸 활성화된다. 관련된 뇌의 영역도 발달한다. 손을 자주 사용하는 일을 하는 사람은 그 부위를 담당하는 뇌피질이 두꺼워진다. 분노하고, 불안해하고, 우울해하고, 걱정하는 것도 자꾸 하면 습관이 된다. 아무 일도 하지 않을 때도 뇌는 상당한 양의 에너지를 소비하며 활동한다. 이때 활성화되는 뇌의 부위를 디폴트 모드 회로(Default Mode Network, DMN)라고 하는데 평소에 자주 활성화하는 마음의 내용을 담게 된다. 정보처리용량 제한성으로 선택적 주의를 할 수밖에 없지만 선택적 주의에 깨어 있어야 한다. 자비-나와 같은 긍정의 나를 자주 활성화하여 뇌의 정보처리에 있어서 자비로운 상태가 습관처럼 되는 것이 필요하다.

자비심, 즉 자비의 마음을 양성하는 것은 대부분의 종교에서도 권장하는 바이다. 자비의 종교라고 하는 불교는 말할 것도 없고, 예수께서도 누가복음(6:36)에서 다음과 같은 말씀을 하고 있다. "너희 아버지께서 자비하신 것처럼 너희도 자비로운 사람이 되어라."

2. 자기자비

의외로 자기 자신에 대해 엄격한 사람이 많다. 친구들에게는 관대한데 자기 자신에게는 유독 엄하게 대한다. 친구의 실패나 실수에 대해서는 공감해 주고 위로해 주면서 동일한 실패나 실수를 자신이 했을 때 공감이나 위로는커녕 스스로를 비난하고 창피하게 생각해서 결과적으로 자존감이 낮아지고 우울해진다. 경쟁이 심화된 현대사회에서 살아가다 보니, 마치 경쟁에서 낙오하지 않으려고 구성원들을 혹독하게 끌고 가는 보스와도 같은 '보스-나'가 마음의 무대를 장악하는 경우가 많다. 자신이 평소에 자신에게 어떻게 대하는지 속으로 어떤 말들을 해주고 있는지 잘 마음챙김할 필요가 있다.

자기자비는 자기 자신에게 따뜻한 공감, 격려, 지지, 축원 등을 보내 주는 수행이다. 마치 친구를 위로하고 격려해 주듯이, 나 스스로 나를 지지해주고 건강과 행복을 기원해 주는 것이다. 마음사회이론에서 볼 때 자비-나가 마음속 여러 나들을 관대하게 품어 주고 건강하고 행복하기를 기원해 주는 것이다.

리더십 차원에서 보더라도 독재적인 리더십보다는 민주적이고 따뜻한 리더십이 구성원들에게 호응도 많이 받고 생산성도 더 좋을 것이다. 마음의 사회에서도 마찬가지라고 봐야 할 것이다.

자기자비는 나와의 관계를 따뜻하게 만들어준다. 나와의 관계를 따뜻하게 만들 수 있을 때 다른 사람들과의 관계도 따뜻하게 만들 수 있게 될 것이다.

마음사회이론을 잊지 않고 자비-나가 내 안의 모든 나들을 향해 따뜻한 마음을 보내는 것은 나를 떨어져서 보는 마음챙김의 수행에도 도움이 된다. 자비-나가 나를 일방적인 잣대로 평가하고 비판하는 나들에 대해 균형을 잡아주므로, 적어도 마음챙김-나가 아직 충분히 양성되지 않았을 때 마음챙김-나가 활동하기 좋게 해주는 것이다.

자비-나가 양성되면 위로 받아야 할 나들뿐만 아니라 나들에게 독재를 행하고 있는 보스-나에 대해서도 따뜻한 마음을 보낼 수 있다. 보스-나는 나름으로는 내가 사회 속에서 낙오하지 않고 잘 살기를 바라는 마음에서 그러는 것이고 바른 방법을 알지 못해 그러는 것이니 한편 측은하게 보고 품어줄 수도 있는 것이다.

3. 타인자비

연구에 따르면 일반적으로 관계동기의 충족이 높은 사람이 전반적 행복도가 높은 것으로 나타난다. 행복한 사람의 특징은 사람들 간의 관계를 높이 평가하는 사람이었다. 물질적인 것에 가치를 높게 두는 사람은 불행한 경향이 있었다. 사람들과 서로 관심을 갖고 깊은 유대를 나누는 것은 행복에 중요하다. 관계에 있어서 측은해 하는 마음, 주려는 마음, 사랑의 마음 등으로 상호작용할 때 관계 속에서 더 큰 행복을 경험하게 된다. 타인자비는 사람들과의 관계에서 따뜻한 나로 상호작용할 수 있게 해주는 훈련이다.

자기 자신에게 모질게 대하는 것처럼, 누구보다 가장 사랑의 관계를 나눌 가족에 대해 미운 마음을 더 많이 내기도 한다. 남편이 술 먹고 늦게 들어온다고 미워하고 비난한다. 아들이 공부는 별로 하지 않고 컴퓨터 게임만 많이 한다고 야단치고 커서 뭐가 되려고 하냐며 저주를 퍼붓기도 한다. 평소에 자신이 가까운 사람들을 어떻게 대하는지, 겉으로 혹은 속으로 무슨 말을 해주고 있는지 잘 마음챙김하는 것이 좋겠다.

개인 간 관계의 출발이라고 할 수 있는 가족과의 관계에서 우리는

명상·마음챙김·긍정심리 훈련(MMPT) 워크북

공짜로 받으려는 경향이 있다. 다른 사람들과의 관계에서는 친절하려고 노력하고 시간과 돈도 쉽게 투자한다. 그러나 가족으로부터는 이러한 투자 없이 당연히 받으려는 기대를 한다. 가족에게도 투자해야 한다. 돈, 시간, 노력, 정성 등을 투자해야 한다. 무엇보다 먼저 가족들을 위한 자비 수행을 하는 것이 이러한 투자의 출발이 될 수 있다.

우리가 미워하는 사람이 있을 때 사실 바라는 것은 그 사람이 잘못되는 것이라기보다는 그 사람이 나를 사랑하고 존중해 주는 것이 아닐까. 미운 사람 떡 하나 더 주라는 속담이 있다. 미운 마음이 들 때 그 사람을 위한 자비 수행을 하는 것은 어떠한가. 나의 마음이 바뀌면 나의 표정, 말투, 행동 등 겉으로 드러나는 것들도 따라서 바뀐다. 이것은 상대에게도 전달되고 모르는 사이에 상대도 따라서 변화하게 된다.

우리는 모두 연결되어 있다. 나비효과라고 들어보았을 것이다. 브라질에서 나비가 날갯짓을 하면 미국에서 토네이도가 발생할 수도 있다는 말이다. 우리의 작은 자비 수행이 사회 전체를 긍정적으로 변화시킬 수도 있지 않을까. 한 사람, 두 사람 자비 수행을 하는 사람들이 늘어나면 사회가 좀 더 따뜻해질 것이다. 적어도 자비 수행을 하는 본인의 마음이 따뜻해지고 행복해지는 것은 분명하다.

4. 실습: 자비기원

자비-나가 마음챙김-나의 양성에 도움이 되기도 하지만, 평소에 마음챙김을 잘 수행하는 것이 자비-나의 양성에 도움이 된다. 내가 어려움을 경험할 때도 나 자신을 떨어져서 객관적으로 바라보는 마음챙김-나가 있으므로 마음의 사회에서 보스-나가 일방적으로 독재를 하지 못한다. 결과적으로 자연스럽게 자비-나가 올라올 수 있는 여지가 생긴다. 여기에 더해서 의도적으로 자비 수행을 하면 자비-나를 더 빠르게 양성시킬 수 있다.

자비 수행은 일반적으로 나로부터 가장 가까운 사람, 즉 바로 나 자신을 위한 자기자비의 기원을 먼저 하고, 그 다음 가까운 가족, 친구, 직장 동료 등을 위해서, 그 다음 알기는 하지만 친하지는 않은 사람들을 위해서, 그 다음에는 모든 살아 있는 사람들을 위해서, 또 더 나아가 모든 살아 있는 생명을 위해서 타인자비의 기원을 한다. 가능하다면 미워하는 사람을 위해서도 타인자비의 기원을 한다.

자기자비와 타인자비는 기본적으로 같은 자비 수행이지만, 자기자비의 기원을 할 때는 타인자비의 기원에서와 달리 한 가지 유념할 점이 있다. 타인자비에서는 자기와 다른 타인이므로 자비의 대상과 적절한 거리를 유지하는 것이 별로 어렵지 않은데, 자기를 대상으로 자비의 기원을 할 때는 자신을 대상화하지 못하고 자칫 자기연민에 빠질 가능성이 있다. 특히 건강, 평화, 행복 등을 기원하는 경우보다 자신의 어려움에 대한 공감과 위로를 할 때 힘들어하는 나와 동일시가 되어 더 그러하다. 마음사회이론을 잊지 말고, 자비-나가 다른 나들을 위해 자비의 기원을 한다는 입장을 유지하면 떨어져 보기가 되어 자기연민에 빠지는 것을 방지하는 데 도움이 된다.

타인자비에는 어려움이 없는데 유독 자기자비가 안 되는 사람은 보스-나가 너무 강하기 때문일 수 있다. 이런 경우에는 어려움을 겪는 친한 친구에게 자신이 어떻게 대할지 생각해 보고 자신에게도 그렇게 대해 주려고 하면 도움이 될 수 있다. 또 뒤의 실습 중 '타인자기자비'가

명상·마음챙김·긍정심리 훈련(MMPT) 워크북

자기자비가 어려운 사람들에게 도움이 된다.

성장과정에서 사랑, 존중, 인정을 제대로 받지 못했거나 남들과의 과도한 비교로 자존감이 낮은 경우에도 자기자비가 어려울 수 있다. 나를 있는 그대로 바라볼 수 있는 마음챙김이 함께 할 때 도움이 된다.

타인자비의 경우에도 자식처럼 아주 가까운 대상을 위한 자비 수행을 하는 경우 자칫 강한 동일시로 적절한 거리를 유지하지 못할 수도 있다. 자신의 욕구를 강하게 투여하며 끈적거리지 않게 적절한 거리에서 상대를 위한 자비를 수행할 수 있어야 한다.

타인자비가 잘 안 되는 경우에는 인간의 보편적인 실존적 고통을 떠올리는 것이 도움이 될 수 있다. 예를 들면, 내가 미워하는 사람도 언젠가는 늙고 병들고 죽는다는 것을 생각하면 자비심이 조금 더 잘 일어날 수 있다. 사람들에게 자비를 보내는데 어려움이 있는 사람 중에 자신의 반려견을 생각할 때 자비의 마음이 잘 일어난다면 먼저 반려견을 위한 자비 수행을 하는 것도 좋다. 반려견을 위한 자비 수행을 통해 마음에서 자비심, 즉 자비-나가 양성되기 시작하면 다른 사람들에 대해서도 자비 수행을 할 수 있게 된다.

자비기원을 할 때는 보통 편안한 자세로 앉아 눈을 감고 진행한다. 양손을 가슴 중앙에 포개면 가슴이 따뜻해져서 자비의 마음을 보내는 것이 좀 더 실감날 수 있다. 그러나 그런 자세를 취하는 것이 불편하거나 사람들이 많은 곳이어서 신경 쓰인다면 그냥 손은 내려놓고 해도 좋다.

1. 자비문장과 자비심상

자비기원을 할 때는 자비문장을 반복하며 마음으로 자비의 심상을 하는 것이 좋다. 자비문장은 자비의 대상이 어려움이 있는 경우에는 그 어려움에서 벗어나기를 바라는 문구를 포함하기도 하지만 보통은 '내가/그가 건강하기를', '내가/그가 평화롭기를', '내가/그가 행복하기를'. '내가/그가 성장하기를'의 '건-평-행-성'을 반복한다.

자비문구는 필요에 따라 다른 것을 사용해도 좋다. 기쁨, 사랑, 지혜 등을 기원하는 문장을 사용할 수도 있다. 예를 들면, '내/그의 마음에 항상 기쁨이 넘치기를', '내/그의 마음이 항상 사랑으로 충만하기를', '내/그의 지혜가 나날이 깊어지기를' 등과 같은 자비문장을 반복해도 좋다. 자비의 대상이 특별히 힘든 상황에 있는 경우에는 '내가/그가 고통에서 벗어나기를'도 자비문장으로 좋다.

중요한 것은 자비문장이 윈-윈(win-win) 기원이 되어야지 제로섬(zero-sum) 기원이 되면 바람직하지 않다는 것이다. 건강, 평화, 행복, 성장 등은 누가 얻게 되면 그만큼 다른 사람이 적게 갖게 되는 것이 아니고, 누군가 갖게 되면 주변에 긍정적으로 전파될 수 있으므로 윈-윈 기원에 해당한다. 반면에 합격, 승진 등을 포함하는 성취지향적인 내용은 대체로 한 사람이 얻게 되면 그만큼 다른 사람은 못 갖게 되는 것이므로 제로섬 기원에 해당한다.

또 자비문장이 강제적인 것이 되면 좋지 않다. 나를 대상으로 하는 자기자비의 경우 '내가 친절하기를'은 강박적이지만 않다면 괜찮지만 타인자비의 자비문구로는 요구적일 수 있어서 적당하지 않다.

자비문장에 감사를 담는 것은 좋다. 자기자비의 경우에 여러 가지 어려움이 있음에도 불구하고 자신의 책임을 다하는 자신에 대해 감사하고 그런 자신을 격려하는 문장을 포함해도 좋다. 타인자비의 경우에도 마음으로 상대를 격려하거나 상대에 대해 감사함을 표현하는 문장을 포함하는 것은 자비의 마음을 좀 더 강하게 일어나게 하는 데 도움이 된다.

힘든 상황 속에서 자신을 애써 단속하면서 끌고 가는 경우에는 자기자비의 기원이 마음에 스며들기가 어려울 수 있다. 스스로 열심히 채찍질한 덕분에 이만큼이나마 버티고 해내고 있다고 믿기 때문에 자기자비를 보내는 것이 자칫 마음을 헤이하게 해서 자신이 나태해지거나 퍼져버릴 수 있다고 생각하는 나가 있는 것이다. 이런 경우에는 '괜찮아. 잘하고 있어. 힘들다고 해도 괜찮아.' 등 자신을 위로하는 말을 먼저 반복해 주면 마음의 문을 여는 데 도움이 되고 자비의 기본문장들이 좀 더 마음에 와 닿게 될 수 있다. 또 단순한 위로가 아니라 건강, 평화, 행복, 성장을 기원해 주는 것이므로 자기자비를 통해 내가 상황을 더 잘 극복하고 대처할 수 있다고 생각하는 것도 도움이 된다.

자비문장을 반복할 때 중요한 것은 진심, 혹은 진정성이다. 같은 시간을 반복해도 건성으로 하지 않고 주의를 집중해서 반복한다. 한 문장, 한 문장 의미를 깊게 새기며 진심을 담아 충분한 간격을 두고 속으로 천천히 반복한다. 문장이 마음속에서 자연스럽게 리듬 있게 반복되도록 하여 편안한 행복감이 우러나도록 한다.

다음과 같이 자비심상을 만들면서 하는 것도 진정성에 도움이 될 수 있다. 자비심상으로는 보통 자비의 대상(나 또는 그)이 밝고 환하게 미소 짓는 모습이나 자비문장의 내용에 해당하는 상태의 모습을 그리는 것이 좋다. 또 가슴에 의식을 두고 그곳에서 밝고 따뜻한 빛 에너지가 내 몸과 마음을 가득 채우고 물결이 퍼지듯이 상대에게도 전해지는 심상을 만드는 것도 좋다.

2. 자비기원 준비: 감사 및 인연에 대한 묵상

자기자비든 타인자비든 먼저 나에 대해, 다른 사람에 대해 고마움을 느끼는 것이 진정성 있는 자비기원을 하게 해준다. 이렇게 살아오며 내 몸과 마음이 이런저런 수고를 하고 있지 않은가. 나를 살리기 위해 먹고 소화하고 배설하고 심장을 뛰게 하는 등 내 몸이 수고를 하고 있지 않은가. 나를 잘 살도록 보고, 듣고, 냄새 맡고, 맛보고, 감촉을 느낀다. 생각을 하고 욕구를 내고 감정을 느끼게 해준다. 참 감사한 일이다. 어떤 인연으로 이러한 몸과 마음을 만났는지 모르나 그 인연이 지중하다. 잘 존중하고 싶은 마음, 감사한 마음이 우러난다.

마음 안의 이런 저런 나들이 이렇게 저렇게 해보려고 애쓰고 서로들 갈등도 하면서 잘 되기도 하고 잘 안 되기도 하고 즐거워도 하고 고통스러워도 하고 그러면서 이렇게 살아가는 모습이 안쓰러우면서도 고맙다.

다른 사람에 대해서도 마찬가지다. 인연이 가까운 사람들에 대해서는 이런저런 인연으로 함께 살아감에 대한 감사를 느낀다. 구체적으로 나에게 주는 웰빙을 떠올리며 감사한다. 또 수많은 사람 가운데 어떤 인연으로 만나 이렇게 인연을 지어가고 있는지 묵상해보면 소중한 마음, 신비로운 마음 등과 함께 감사한 마음이 우러난다.

인연은 가까워 자주 보게 되는데 관계는 썩 좋지 않은 사람들이 있다. 이런 경우에는 나에 대한 참회를 먼저 한다. '나도 알게 모르게 누군가에게 마음의 상처를 주었다. 고통을 주었다. 손해를 끼쳤다. 바보짓했다. 부당한 행동을 했다.' 이런 생각은 웰빙인지다. 스스로를 반성하게 하고 겸손하게 한다. 이런 웰빙인지로 나의 잘못을 참회하며 내가 잘

못한 사람들이 너그럽게 나를 용서해 주기를 바라고 그들에게 건-평-행-성(건강, 평화, 행복, 성장)을 빌어준다. 나의 잘못을 깊이 돌아보고 참회하게 되면 나에게 잘못한 사람들에 대해서도 이해하고 용서해주는 것이 좀 더 쉬워지고 그들에게 진정성 있게 건-평-행-성을 보내는 것도 가능해진다.

인연이 좀 먼 사람들에 대해서는 이런 저런 사람들이 이렇게 저렇게 해보려고 애쓰고 서로들 갈등도 하면서 잘 되기도 하고 잘 안 되기도 하고 즐거워도 하고 고통스러워도 하고 그러면서 이렇게 살아가는 모습에 안쓰럽기도 하면서 동질감을 느낀다. 또한 보이지 않는 사람들의 노력으로 내가 먹고, 입고, 사용하는 모든 것들이 만들어지고 공급되는 것을 가만히 묵상해 보면 모르는 많은 사람들에 대한 고마운 마음도 일어난다.

이와 같이 나에 대해, 다른 사람에 대해 고마운 마음, 미안한 마음 등이 일어나면 자연스럽게 자비로운 마음으로 건-평-행-성을 진정성 있게 기원할 수 있게 된다.

3. 자비기원 준비: 자세

자세는 편안한 자세면 좋다. 보통 의자에 앉은 자세로 진행하지만 버스나 전철에 서서 가면서 할 수도 있다.

남들이 보고 있지 않다면 양손을 포개어 가슴 부위에 얹고 편안하게 호흡하며 가슴에 의식을 보낸다. 그러면 손과 가슴에서 따뜻함이 느껴진다. 그리고 진정성을 가지고 천천히 자비문구를 반복한다. 나중에 익숙해지면 가슴에 손을 얹지 않고도 가슴에 주의를 보내는 것만으로도 가슴 부위에서 따뜻함을 느낄 수 있다.

4. 자기자비

3분간 자기 자신을 위한 자비 수행을 진행한다. 자기자비를 기원하며 눈물이 날 수도 있다. 이 경우 평소에 힘든 일이 많았는데 따뜻한 관심을 제대로 받지 못한 나(혹은 나들)가 따뜻한 위로와 격려에 감동한 것이다. 충분히 울도록 허용하며 자비를 보내 준다.

5. 타인자비

마음으로 자비를 보내고 싶은 한 사람을 선택해서 그를 위한 자비 수행을 3분간 진행한다. 타인자비를 기원하면서도 눈물이 날 수 있다. 평소에 충분히 따뜻함을 표현하지 못한 미안함일 수도 있고 새삼 더 정이 느껴져서 일수도 있다. 당황하지 말고 가만히 그 마음을 알아주며 자비를 보낸다.

6. 타인자기자비: 타인이 나를 위한 자비

이번에는 타인자비의 대상이 나를 위해 동일한 자비를 보내주는 심상을 3분간 진행한다. 마음으로 그의 목소리를 들으며 그가 나를 위해 해주는 자비의 기원을 받는다. 타인자기자비에서도 눈물이 날 수 있다. 상대(특히 부모 또는 자녀)에 대한 고마움과 미안함의 정서가 우러나면서 눈물이 날 수 있다. 또는 자기자비가 잘 안 되는 사람이 타인자기자비에서 진정성 있는 위로를 받으며 눈물을 흘리는 경우도 있다. 이때도 당황하지 말고 가만히 그 마음을 알아주며 자비기원을 계속 보내준다.

7. 소감

느낀 점을 기록한다. 어려웠던 점이 있으면 그것도 기록한다.

8. 나누기

느낀 점이나 어려웠던 점 등을 팀원들과 함께 나누고 이어서 전체 나눔 시간을 갖는다.

5. 일상의 자비 수행

평소에 자기 자신이나 주변사람들을 위해서 종종 따뜻한 마음을 내는 자비기원의 연습을 하면 자기를 바라보는 시선이 따뜻하게 되고, 또 타인을 바라볼 때도 따뜻한 시선으로 보게 된다. 자비기원을 할 때는 가급적 꼭 자기자비를 먼저하고 타인자비를 하도록 한다. 자기자비와 타인자비로 충분하다면 타인자기자비는 생략해도 괜찮다.

자비기원은 하루를 시작하는 아침과 하루를 마감하는 저녁에 한 번씩 수행하면 좋다. 또 출퇴근길을 이용하는 것도 좋다. 아침에 출근할 때는 사무실 사람들을 한 명, 한 명 떠올리며 자비를 보내준다. 직장 동료, 부하 직원, 직장 상사 등 모두가 밝고 환하게 웃는 모습을 심상으로 떠올리면서 '건강하시기를', '평안하시기를', '행복하시기를', '성장하시기'를 등 자비의 기원을 한다. 이렇게 자비기원을 한 날은 왠지 직장에서 그들을 보면 더 밝게 웃어주게 되고 좀 더 친절하게 된다.

회의나 영업일로 만나게 될 사람들이 있으면 미리 그 사람들을 떠올리며 그들을 위한 자비의 기원을 하는 것도 만남을 부드럽고 편안하게 해준다. 상담이나 심리치료를 하는 사람들은 내담자나 환자를 만나기 전에 그를 위한 자비 기원을 하는 것도 공감을 높여 주고 소진예방에 도움이 된다. 강의를 들어갈 때도 마찬가지다.

회의에서 중요한 것이 무엇일까? 제대로 된 자료를 가지고 제시간에 들어가는 것이 중요하지만 그것 못지않게 중요한 것이 있다. 바로 마음의 자세(마음의 상태, 마음 갖춤새)다. 불편한 마음으로 회의 장소에 가면 스트레스가 더욱 가중될 수 있고 회의에 부정적 영향을 줄 수 있다. 3분이나 5분 정도, 아니면 1분 정도라도 명상이나 자비기원으로 마음 갖춤새를 바르게 준비시키는 것이 중요하다.

퇴근길에는 조금 있다가 만나게 될 가족들을 생각하면서 한 명씩 얼굴을 떠올리며 자비를 보내 준다. 직장의 스트레스를 옮기지 않게 되고 가족과 좋은 관계를 갖게 된다.

때로는 처음 보는 사람들이지만 출퇴근길에 스치는 사람들이나 같은 지하철이나 버스에 탄 사람들을 위해 자비를 기원해 주는 것도 마음을 따뜻하게 해주고 기분 좋게 해준다.

하루를 마치고 잠자리에서 자비의 기원을 하며 잠에 들고 아침에 깨자마자 자비의 기원과 함께 하루를 여는 것도 훌륭한 자비 수행이다.

자비 수행의 가장 기본이 되는 것은 사람을 대할 때 '내가 행복을 원하고 고통을 원하지 않는 것처럼 이 사람도 행복을 원하고 고통을 원하지 않는다.'는 마음을 갖는 것이다. 이런 마음을 종종 떠올리는 것은 사람들에 대한 자비심을 양성하는 데 도움이 된다. 익숙해지면 싫어하는 사람에게 실천해도 좋다. 세상 사람들에 대한 동질감과 자비심이 증진되는 데 도움이 된다.

내 마음에 화를 담지 않고 화를 낼 수는 없다. 화의 첫 번째 희생자는 자기 자신이다. 마찬가지로 마음에 자비를 담지 않고 자비 기원을 할수는 없다. 자비 수행의 최대 수혜자는 바로 나 자신이라는 점을 잊지 않고 평상시에 꾸준히 자비 수행을 연습한다.

자비 수행에서 가장 중요한 것은 '진정성'이라고 할 수 있다. 처음에 잘 안 되는 것 같아도 자기비난 하거나 실망하지 않는다. 첫술에 배부르지 않는다. 따뜻한 마음을 한 번 연습하면 따뜻한 마음이 한 뼘 자라고, 두 번 따뜻한 마음을 연습하면 두 뼘 자란다.

또 하나 일상의 자비수행에서 중요한 것은 자비기원으로만 끝내지 말고 나 자신에 대해 그리고 만나는 사람들에 대해 친절행동으로 자비를 실천하는 것이다. 사람들에게 고맙다, 수고했다, 잘했다 등의 말도 아끼지 않는다. 자비관(慈悲觀)과 자비행(慈悲行)은 서로 상승적으로 긍정적 영향을 주며 발달한다.

'타인친절'은 말할 것도 없고 '자기감사'에서처럼 '자기친절'도 행하도록 한다. 일과 휴식도 적절하게 균형을 맞춘다. 일을 할 때도 너무 무리하게 한다면 나 자신에게 결코 친절한 행동이 아닐 것이다. 일상에서 나 자신에게 고맙다, 수고했다, 잘했다 등 감사, 자비, 친절 등의 말도 전해준다. 특히 평소에 자기비난이나 자기연민을 많이 하는 사람은 자신을 비난하거나 불쌍하게 보는 부정의 셀프토크(self-talk), 속말이 아니라 자신에게 감사하고 자신을 위로하고 격려하고 칭찬하며 품어주는 자비의 셀프토크, 속말을 자주 해주는 것이 필요하다. 정보처리용량 제한성과 긍정심리의 원리를 떠올려보라. 부정의 셀프토크를 안 하려고 하기보다 긍정의 셀프토크를 자주 해주면 부정의 셀프토크는 자연히 줄게 된다. 필요하다면 셀프다이어로그(self-dialogue), 자기대화도 좋다.

부정적으로 보는 나를 무시하거나 윽박지르기보다 귀 기울여 들어주고 자비와 지혜의 나를 세우고 대화를 통해 이해시켜주고 새롭게 보게 해준다. 마음은 사회다. 내 안에 여러 나들이 살고 있다. 웰빙인지의 연습과 감사와 자비의 연습을 통해 지혜로운 나, 따뜻한 나를 꾸준히 키워나가야겠다.

자기자비 vs. 자기연민

자비(慈悲)는 자비희사(慈悲喜捨)의 사무량심(四無量心) 중 자(慈)와 비(悲)의 결합어다. 자(慈)와 비(悲)는 각각 빨리어(pali) metta와 karuna의 한자 번역어로 동북아시아에서 통용된다. metta(慈의 마음)와 karuna(悲의 마음)는 구분되는 용어다. 그러나 현실적으로 자(慈)의 마음만 닦거나 비(悲)의 마음만 닦는 것은 불가능하다. 진실로 자의 마음이 있다면 거기에는 비의 마음이 있고 진실로 비의 마음이 있다면 그곳에는 자의 마음이 있다. 오랜 수행전통을 통해 동북아시아에서는 '자의 수행'과 '비의 수행'을 나누지 않고 '자비의 수행'을 해오고 있다.

서양에서 metta는 loving-kindness로, karuna는 compassion으로 번역된다. 이들은 loving-kindness 수행과 compassion 수행을 나누고 있다. 그러나 그들의 실제 수행 프로그램을 보면 둘이 구분되지 않고 있다. 이름은 loving-kindness 수행 프로그램이지만 그 안에 compassion이 들어있다. 또 이름은 compassion 수행 프로그램이지만 그 안에 loving-kindness를 포함하고 있다. 내용으로만이 아니라 용어로도 포함되어 있는 것이다. 그러나 아직 영어권에서는 loving-

명상·마음챙김·긍정심리 훈련(MMPT) 워크북

kindness와 compassion을 통합한 용어가 없다. 그래서 이런 어정쩡한 상태에 있는 것이다.

그런데 우리나라는 미국을 통해 명상과 자비수행을 다시 들여오면서 일부에서 미국처럼 자와 비를 구분하는 경향을 보이고 있다. 예를 들면 loving-kindness는 자애로, compassion은 연민으로 번역하기도 한다. 수행문화적으로는 더 앞섰고 이미 loving-kindness와 compassion은 함께 '자비'로 통합해서 수행해야 하는 것을 이미 알고 있는 우리로서는 아쉬운 부분이다. 특히 '연민'은 '자기연민'이라는 용어로 쓰일 때 다음과 같은 문제점도 포함한다.

우리말에서 연민이라는 말은 타인에게 사용할 때는 긍정적 의미지만, 자기에 대한 연민, 즉 '자기연민'이라는 말은 '자기연민에 빠지다'에서처럼 부정적 의미를 갖는다. 영어에도 'wallow in self-pity'라는 말이 있는데 정확하게 우리말의 '자기연민에 빠지다'에서처럼 부정적 의미다.

자기연민에 빠지는 사람은 자신을 객관화하지 못하고 단절감을 느끼며 자신의 고통에 빠져 자신을 불쌍하다고만 보며 그 속에서 헤어나지 못하는 사람으로 피해의식을 갖는 경우도 많다. 이런 사람이야말로 '자기자비'가 필요한 사람이다.

서양에서도 앞으로 자비수행의 전통이 쌓이면 'loving-kindness-compassion' 혹은 'loving-compassion'이나 'kindness-compassion'이라는 용어를 만들어낼지도 모른다. 우리에게는 아직 서양이 갖지 못한 '자비'라는 개념과 용어가 있다. '자'와 '비'는 '자비'로 함께 수행하는 것이 바람직하다.

4. 익힘 연습

1. 목표

아래의 목표를 유념하며 일주일 동안 익힘 과제를 수행한다.

- 이번 주에도 마음챙김명상과 일상의 마음챙김 훈련을 꾸준히 지속하며 영점-나와 마음챙김-나를 양성한다.
- 이번 주에는 특히 감사수행, 자비수행을 통해 자비심(자비-나)을 양성하며 따뜻한-나와의 동일시를 높여나간다.

2. 구체적 익힘 과제

1. 자기자비, 타인자비의 수행

- 일주일 동안 하루 2번 자비기원: 자비기원을 하고 '자비수행일지'를 작성한다.
- 틈나는 대로 친절(감사 및 자비의 셀프토크와 셀프다이어로그 포함)을 실천하고 '자비수행일지'를 작성한다.
- '자비수행일지'는 이 책의 부록에 있고 또 파일이 나의 블로그 (MMPT 마음공부)에 올려 있으니 자유롭게 다운받아서 사용해도 좋다.

https://blog.naver.com/peace_2011/221196712253
[출처] 명상·마음챙김·긍정심리 훈련(MMPT) 도우미

2. 웰빙일지

- 일주일에 3번 이상 웰빙일지 작성하기: 그날의 감사한 일, 좋았

던 일, 자신이 한 행동 중 잘한 일, 자신이 한 행동은 아니지만 자신이 알게 된 잘된 일 등을 자유롭게 기록한다.

3. '마음챙김명상 수행일지'

(계속)

돌아봄

- 이번 주 익힘 연습에서 새롭게 배운 점은 무엇인가?

- 이번 주 익힘 연습이 마음공부에 도움이 된 점은 무엇인가?

- 이번 주 익힘 연습을 통해 새롭게 깨달은 점은 무엇인가?

제 11 장 8주

종합

마지막 주가 되었다. 그 동안 공부한 것을 종합해보고 이제 또 새롭게 시작한다는 마음을 세우도록 한다.

1. 실습과 익힘 연습 나눔 및 피드백

앞에서 배운 몸 마음챙김명상과 호흡 마음챙김명상(3분)을 함께 실습하고 이번 마지막 회기를 시작한다. 이어서 지난주에 실천한 익힘 연습의 경험과 소감을 나누고 질문 등을 받고 피드백 시간을 갖는다. 이번 회기에 함께 실습한 몸 마음챙김명상과 호흡 마음챙김명상에 대한 소감이나 질문도 허용한다. 혼자 공부하는 경우에는 이 책의 설명, 익힘 연습을 위한 도움말 등을 반복해서 읽어보면 스스로 피드백을 받을 수 있다.

아래에 자비기원을 수행한 소감의 예시를 소개한다.

- 아침을 시작함과 동시에 내가 건-평-행-성 하기를 바라는데 그로 인해 하루를 상쾌하게 시작할 수 있는 것 같다. 현재 내게 가장 필요한 것이 나에게 가혹한 말을 하는 것이 아닌 따뜻한 말이라는 것 또한 깨달았다. 항상 나는 나를 평가절하하고는 했던 것 같은데 자기 자비를 함으로써 내가 스스로를 높게 평가할 수 있는 것 같고 그로 인해 마음이 따뜻해지며, 타인에게도 더 포용력 있는 사람이 될 수 있는 것 같다.
- 타인에게 자비를 보내면서도 이것을 통해 내가 무엇을 느

낄 수 있을까, 무엇이 달라질까 반신반의하는 마음이 컸었다. 그러나 자비수행을 하면서 약간의 변화가 나타나는 것처럼 보였다. 처음엔 타인에게 자비를 보낸다면 그 보낸 대상을 한정으로만 변화가 생긴다고 생각했었다. 그렇지만 생각과는 다르게 그 사람을 바라보는 내 마음에 변화가 생긴 것 같다. 사소한 일에도 예민해지고 말하다가 감정이 고조되거나 조금 금방 욱하게 되는 편인데 그런 마음이 이전만큼 격하지 않아졌다. 내가 누군가를 위해 이런 자비의 문구를 마음속으로나마 보내 주고 빌어 주고 있다는 것 자체가 나 스스로 마음의 여유가 생겨난 사람처럼 지각하게 해주는 것 같다. 어찌 보면 사소하고 간단한 문장 4개이지만 생각보다 큰 힘을 가지고 있었다.

- 처음 자비기원을 할 때에는 내가 자비를 베푸는 상대방에게 집중하였다. 아빠의 건-평-행-성을 바라고, 엄마의 건-평-행-성, 그리고 내 주변 친구들의 건-평-행-성을 바랐다. 뿐만 아니라 상대가 내게 건-평-행-성을 바라는 모습을 상상함으로써 마음이 풍요로워짐을 느꼈다. 특히, 아빠가 내게 자비를 베푸는 모습을 상상할 때 가장 마음에 와 닿았던 것 같다.

- 한 번은 정말 불친절한 매장 직원을 대상으로 자비수행을 했다. 너무 불친절해서 기분이 상했는데 그때 그럼에도 불구하고 그 사람의 건-평-행-성을 바라는 기원을 했다. 짧은 순간에나마 그 사람의 건-평-행-성을 바라니까 불친

절한 데에는 이유가 있었을 것이라고 생각되고 마음이 좀 편해졌다. 어쩌면 그 사람의 건-평-행-성을 바란 것 자체에서 오는 평온함도 있었겠지만, 그렇게 불친절한 사람에게까지 자비를 보내는 내 모습에서 오는 뿌듯함, 즉 자기만족도 동시에 있었던 듯하다.

- 자기자비에서는 여전히 다소 감정적인 부분이 있었으나, 타인자비와 타인자기자비에서는 진정성은 있으나 지나치게 감정적으로 빠지지는 않아, 자비기원을 익히기에 적당한 대상인 것 같다는 생각이 들었다.

- 평소에 너무 생각이 많아서 고통스러웠는데 건-평-행-성의 자비카드를 보며 틈나는 대로 '내가 행복하기를.. 그가 행복하기를….' 이런 식으로 자비기원을 하니까 쓸데없는 생각이 안 일어나고 너무 좋았다. 처음에는 안 됐는데 계속 연습하니까 잘 됐다.

2. 8주 과정에서의 경험과 소감 나눔

8주 동안 마음공부하며 경험한 것과 느낀 것을 함께 나눈다. 아래에 경험과 소감의 예시를 소개한다.

- 명상 시간을 늘리기만 하는 것이 아니라 그 시간을 줄이는 것도 하나의 방법이라는 것을 배웠다. 지금까지 명상을 해

명상·마음챙김·긍정심리 훈련(MMPT) 워크북

오면서 오랜 시간 동안 감각 등에 집중하는 것만이 높은 경지의 명상이라고 생각해왔는데, 이완에 도달하는 시간을 짧게 줄이는 것도 의미가 있다는 것을 알게 됐다.

- 명상은 편안하고 조용한 특정한 상황에서 시간의 여유가 있을 때에나 할 수 있는 것으로 생각했는데 생활 속에서 언제 어디서나 할 수 있다는 것을 알게 됐다.

- 프로그램에서 배운 내용들을 나에게 적용하려고 노력했다. 예전에는 회피와 같이 고통을 해결하는 데 도움이 되지 못하는 행동들을 계속 해왔다면 이제는 명상, 마음챙김, 긍정심리 등의 마음기술을 적용할 수 있게 됐다. 이런 마음기술은 한번에 얻어지는 기술이 아니므로 앞으로도 꾸준히 적용하며 숙달하려고 한다.

- 매주 진행된 명상과 마음챙김은 나를 바로 보게 해주었고, 고통의 원인 역할을 하는 불건강한 욕구와 생각을 내려놓는 데 도움을 주었으며, 나의 욕구와 생각으로 비롯된 고통과 스트레스를 관리하는 데 도움이 주었다. 또, 나 자신을 깊게 이해할 수 있는 계기가 되었으며, 그와 함께 웰빙인지 등의 긍정심리는 나의 욕구와 생각을 건강하게 변화시켜 주었다.

- 나의 삶을 마음챙김과 긍정심리를 바탕으로 운용해보도록 해야겠다. 먼저 '오직 할 뿐'이라는 마음으로 매일 10분 정도의 고요한 시간을 갖겠다. 마음챙김명상을 통해서 마음을 쉬어주는 시간을 갖는 것이 가장 중요하다는 것을 많

이 느꼈기 때문이다.

- 몸의 감각과 일반 감각을 통해 세상을 느껴보는 도입부의 명상이 참 중요한 과정이었음을 MMPT 프로그램 끝 무렵에 가서 더 크게 느낄 수 있었다. 마음챙김을 통해 심리적 기운을 순화시킴으로써 신체적 기운의 순환이 일어남을 체험했고 요가 명상과 같은 신체적 움직임을 통해 기운의 순환이 활발히 일어남으로써 불필요한 생각과 감정을 멈추게 되고 고요한 마음으로 돌아가 심리적 기운이 개선되는 것도 느낄 수 있었다. 여기에 웰빙인지와 자비수행을 통해 긍정적 사고와 정서를 더 강력하게 일으킴으로써 마음챙김이 더 단단히 뿌리를 내릴 수 있다는 것을 체험할 수 있었다.

- 8주 프로그램 동안 나의 욕구가 어디를 향해 있는지 아는 것의 중요성을 가장 크게 경험했다. 그 동기들을 잘 채울 수 있는 나만의 웰빙행동과 웰빙인지문장도 잘 갖춰야겠다.

- 아내에게 친절해졌다. 교회에서 목사가 진부한 얘기를 해도 주의를 집중해서 경청하게 됐다. 그전에는 산에서 무조건 빨리만 가려고 했는데 이제는 주변 감각을 감상하며 친구들과 보조도 맞추고 느린 친구도 배려해주게 됐다. 이기적으로 행동하는 친구에 대해서도 다른 친구들처럼 무시하지 않고 따뜻하게 대하게 됐다. 마음이 많이 따뜻해졌다.

- 마음사회이론이 많이 도움이 됐다. 나의 싫은 모습으로 많이 우울해 하고 상담도 받았는데 1/n이구나, 하고 받아들

여주니 괜찮은 나의 모습도 발견하게 됐다.

- 8주 동안 힘든 순간의 우울의 나를 마주할 수 있는 힘을 기를 수 있었다. 더 나아가 나를 성장시킬 수 있는 것들을 발굴해 가면서, 보다 건강한 마음을 가질 수 있었다.

- 마음챙김으로 나의 욕구와 생각을 내려놓는 것을 배우고 나서는 욕구와 생각을 올바르게 채워 넣는 방법을 배웠다. 내가 평소에 많이 사용하는 동기가 어떤 동기인지 알아채는 것만으로도 나의 욕구와 생각을 변화시켜 주었다.

3. 앞으로의 수행

8주 동안 마음공부한 것을 바탕으로 앞으로 생활 속에서 어떻게 꾸준하게 수행을 계속할지에 대한 계획에 대해서도 함께 나누는 시간을 갖는다. 아래에는 지속적인 수행에 도움이 될 내용을 소개한다.

1. 꾸준한 수행[10]

지금까지 해온 것을 매일 꾸준히 실천한다. 삶은 끊임없는 학습으로 이루어진다. 학습은 영역의존(domain-dependent)에서 영역독립(domain-independent)의 방향으로 진행한다. 다르게 표현하면 학습은 맥락의존

10　김정호(2018, pp.231-233)를 보완해서 인용한다.

(context-dependent)에서 맥락독립(context-independent, contex-free)의 방향으로 나아간다. 한 번의 통찰이 와도 그 통찰이 삶 속에서 충분히 익는 데는 많은 노력과 시간이 필요하다. 그래서 돈오(頓悟, insight) 후에도 점수(漸修, working-through)를 해야 하고 불교수행에서는 보임(保任) 수행을 중시한다.

자전거 타는 기술을 한 번 배웠다고 자전거 타는 기술의 익힘이 다 끝나지 않는다. 넓은 곳뿐만 아니라 좁은 곳에서도, 평지에서뿐만 아니라 언덕에서도, 밝은 낮뿐만 아니라 어두운 밤에도, 화창한 날씨뿐만 아니라 일기가 나쁜 날에도 자전거를 탈 수 있어야 한다. 필요하다면 한 손으로는 물건을 들고 다른 한 손으로 핸들을 조절하며 자전거를 탈 수도 있어야 자전거를 잘 탄다고 할 것이다.

강연도 그렇다. 반응이 좋은 청중 앞에서만, 심신의 컨디션이 좋을 때만, 청중의 수가 많지 않을 때만, 강의실 여건이 좋을 때만 강연이 잘된다면 아직 강연을 잘한다고 할 수 없다.

웰빙인지의 좋은 문장을 적용하는 마음기술을 제대로 학습하기 위해서는 웰빙인지문장을 다양한 상황에서 적용할 수 있어야 한다. 마음 상태가 좋을 때뿐만 아니라 좋지 않을 때도 가까운 사람뿐만 아니라 불편한 사람에 대해서도 쉬운 일뿐만 아니라 어려운 일에 대해서도 적용할 수 있어야 한다. 한 사람, 두 사람, 한 가지, 두 가지 조금씩 적용하며 웰빙인지의 마음기술을 익힌다.

명상, 마음챙김, 긍정심리 등 마음기술은, 마음이 습관적으로 작동하는 기존의 방식을 거스르며 익혀야 하기 때문에 배우고 익히는 것이 쉽지 않다. 그러다보니 머리로는 잘 아는 것 같은데 가슴과 행동이 따라주지 않는 것처럼 느껴지기도 한다. 그러나 결코 포기하지 않고 '오직 할 뿐'으로 적용의 영역과 맥락을 한 가지씩 넓혀 나간다. 그러다 보면 마음기술은 새로운 습관이 되고 그 과정에 즐거움도 따라온다.

공자께서는 학이시습지불역열호(學而時習之不亦說乎, 배우고 때때로 익히니 또한 즐겁지 아니한가)라고 말씀하셨다. 학습은 한 번으로 이루어지지 않는다. 때때로 익히는 과정이 부단히 필요하다. 다행스러운 것은 익힘의 과정이 즐겁다는 것이다. 한 번, 두 번, 이런 상황, 저런 상황에 배운 것을 다양하게 적용하며 조금씩 기술이 향상되는 것만큼 물리지 않고 오래 가는 즐거움이 또 있을까.

2. 심화 수행

생활 속 마음공부를 조금씩 넓혀나가고 깊게 한다. 아래에 몇 가지 심화된 수행방법을 소개한다.

1. 맞춤형 수행법

자신에게 특히 필요한 수행법을 자신에게 맞춰서 마련하고 실천하는 것이 좋다. 맞춤형 수행법으로 맞춤형 마음챙김도 좋다. 예를 들어서 아이에게 과도한 화를 내고 시간이 지나면 그것을 후회하고 자책하는 부정적 습관이 있는 부모라면 다른 것은 몰라도 아이와의 관계에서 분노 마음챙김에 초점을 두고 수행한다. 아이와 함께 있는 시간에는 분노 마음챙김의 레이더를 켠다. 감정은 이미 올라온 다음에는 마음챙김으로 바라봐도 가라앉는 데 시간이 걸린다. 그러나 올라오려고 할 때 바라보면 매우 빠르게 감정이 다스려진다. 아이와 함께 있는 시간에는 분노 마음챙김의 레이더를 켜고 마음 어느 구석에서 분노의 조짐이라도 일어나는지 잘 예의 주시한다. 마치 레이더 병이 적기가 출현하는지 여부를 알기 위해 레이더를 주시하듯이. 적이 영공을 넘기 전에 발견하면 즉각 출동해서 쉽게 격퇴할 수 있다. 그러나 이미 영공에 들어온 다음에는 격퇴하기 어렵다. 앞으로는 이처럼 자신의 마음관리를 위해 필요한 사항을 마음챙김의 대상으로 삼는 맞춤형 마음챙김을 수행하도록 한다.

담배를 끊으려고 한다면 흡연 욕구에 대해 마음챙김의 레이더를 켜고 흡연 마음챙김하는 것도 좋다. 욕구가 막 올라오려고 할 때 바라보면 쉽게 내려간다. 마치 길가에서 하는 두더지 잡기 게임과 비슷하다. 두더지가 머리를 다 올린 다음에는 뿅망치로 때려도 내려가지 않는다. 그러나 올라오려고 할 때 때리면 금방 내려간다.

자신의 마음을 성장시키는 데 필요한 웰빙인지 역시 맞춤형으로 마련하고 집중적으로 꾸준히 수행하도록 한다. 자신의 문제가 되는 습관적 생각을 대체할 수 있는 웰빙인지를 정하고 자주 돌아보고 묵상하며 마음에 깊이 스며들도록 한다.

2. 마음기술들을 결합해서 수행하기

명상, 마음챙김, 긍정심리의 여러 마음기술들을 실제 생활 속에서 결합해서 수행하면 더 시너지가 날 수 있다. 예를 들어 분노를 다스리는 데 마음챙김, 웰빙인지, 자비 수행 등의 마음기술을 결합해서 적용할 수 있다.

직장에서 부하 직원이 일을 지시한 대로 하지 않았을 때 화를 내며 야단을 치면 나중에 너무 심하게 화를 낸 것 같아 스스로 자책하기도 한다. 일이 제대로 되지 않은 것은 첫 번째 화살을 맞은 것이다. 그것으로 인해 화를 낸다면 그것은 두 번째 화살을 맞는 것이다. 만약 화를 낸 것에 대해 자책한다면 그것은 세 번째 화살을 맞는 것이다. 이때 '배웠다'의 웰빙인지를 적용한다. 이렇게 하면 이번에는 만족스러운 대응을 하지 못한 것을 인정하고 받아들이는 것이 쉬워져서 3차, 4차 화살을 맞지는 않게 되고 다음에 유사한 경우에 더 바르게 행동하게 된다. 그리고 분노와 관련해서 불편한 마음을 경험하고 있는 자기, 그러면서도 좀 더 성숙해지려는 자기를 향해 자기자비를 한 후에 부하 직원을 위해 밝고 따뜻한 자비의 기원을 보낸다. 다음에는 가능하면 화가 일어나려고 할 때 마음챙김을 적용할 수 있고 그때 분노 다스리기에 도움 되는 웰빙인지, 자기자비 등을 적용하면 더 좋을 것이다.

정서 마음챙김과 자비수행을 결합해서 생활 속에 적용하는 것도 좋다. 먼저 정서 마음챙김 카드를 보며 마음을 체크한다. 1) 전반적인 기분(기분나쁨-기분좋음)을 체크한다. 2) 우울 관련 목록(기운없음-활기참, 우울-명랑)을 체크한다. 3) 불안 관련 목록(불안-편안, 조급함-여유)을 체크한다. 4) 분노 관련 목록(미움-사랑, 화-친절)을 체크한다. 5) 불만 관련 목록(불만-감사)을 체크한다. 이어서 정서 마음챙김 카드를 보며 자기자비를 연결한다. 1) 활기참, 명랑을 바라보며 나의 건강을 기원한다. 내가 건강하여 활기차고 명랑하기를. 2) 편안, 여유를 바라보며 나의 평화를 기원한다. 내 마음이 평화로워 편안하고 여유롭기를. 3) 사랑, 친절을 바라보며 나의 행복을 기원한다. 내가 행복하여 사랑과 친절을 베풀기를. 4) 감사를 바라보며 나의 성장을 기원한다. 내가 어려움 속에도 감사할 줄 알아 성장하기를. 자기자비를 통해 마음이 밝고 따뜻해지면 그 에너지를 주변 사람에게 보낸다. 그가 늘 건강하기를. 그가 늘 평화롭기를.

그가 늘 행복하기를. 그가 늘 성장하기를. 마음챙김으로 있는 그대로 바라보며 마음을 비우고 자비를 기원하며 따뜻함으로 채운다.

열숨 명상에 긍정심리를 결합해서 수행하는 것도 추천한다. 열숨 명상 표준형에서처럼 들숨에는 '숫자'를 세고 날숨에는 '미소-'라고 하며 열 번의 호흡을 하는 '열숨 미소 명상'을 수행할 수 있다. 이와 같이 '미소-'를 사용하면 얼굴이 이완되면서 편안해진다. '미소-' 말고도 '감사-', '사랑-', '자비-' '평화-' 등 자신의 마음에 드는 단어를 사용해도 좋다. 이렇게 하면 순수한 명상이라기보다 긍정심리적 요소가 포함된 '하이브리드 명상'인데 마음을 편안하고 긍정적으로 만들어주는 효과가 있다. 즉, 명상으로 마음을 비우고 긍정심리의 요소로 마음을 채운다. 반면에 순수한 명상은 자연스럽게 호흡 '마음챙김'명상으로 진행하기가 더 쉬운 장점이 있다.

또 열숨 명상을 비롯해서 명상을 끝낼 때는 다음과 같이 자비기원을 한 후에 마치는 것이 좋다. '이렇게 숨을 쉬고 있고 느낄 수 있고 살아 있는 신비한 존재인 나를 존중하고 사랑합니다. 이렇게 숨을 쉬고 있고 느낄 수 있고 살아 있는 신비한 모든 존재들을 존중하고 사랑합니다. 내가 건강하고 평화롭고 행복하고 성장하는 삶을 살기를 기원합니다. 모든 살아 있는 존재들이 건강하고 평화롭고 행복하고 성장하는 삶을 살기를 기원합니다.' 숙달되면 짧게 '건-평-행-성'만 해도 좋다.

3. 상생통렌

자비수행에서 좀 더 심화된 형태의 자비수행으로 통렌(tonglen)수행이 있다. 통렌은 티벳어로 들여오기와 내보내기를 뜻한다. 통렌수행도 자비수행처럼 심상법에 속하는데 상대의 고통의 기운을 들이마시고 상대를 위해 밝고 건강한 기운을 내보내는 심상화를 한다. 자비기원까지는 어렵지 않게 수행하는 사람들도 통렌수행에 이르면 머뭇거리게 되는 경우가 많다. 상대의 고통을 자신의 몸 안으로 받아들일 자신이 없는 것이다. 통렌수행은 우선 아주 가까운 사이에서부터 연습하면 좋다. 예를 들면, 어머니라면 자녀의 고통의 기운을 자신의 몸 안으로 받아들이는 데 주저하지 않을 것이다. 자녀를 위해 자비기원을 할 때 한 걸음 더 나아가 통렌수행을 하면 더 좋을 것이다.

통렌수행을 약간 변화시키면 일반적인 관계나 불편한 관계에서도 적용해 볼 수 있다. 상대의 나쁜 기운을 받아들이기가 꺼림칙할 때 나 자신의 내면에도 나쁜 기운이 있음을 상기해 본다. 여기서 상대의 나쁜 기운과 나의 나쁜 기운을 충돌시켜 서로를 상쇄시키고 그 과정에서 밝고 따뜻한 빛과 에너지가 발생하고 이것이 서로에게 전해지는 것을 상상한다. 이렇게 하면 나와 상대 모두에게 유익하므로 상생통렌(win-win tonglen)수행이라고 이름 지을 수 있다(김정호, 2018a).

상생통렌에서는 자신의 아랫배에 큰 용광로가 있다고 상상하고 부정의 기운을 끌어들여 내 안의 용광로에서 녹여 밝고 따뜻한 기운을 만들어내는 심상을 만든다. 상생통렌에서는 타인의 부정적 특성을 끌어들여 자신의 부정적 특성과 충돌시키고 그 충돌에서 강한 빛과 열이 발생해서 자신의 몸과 마음을 가득 채우고 밖으로 퍼져나가 상대에게 도달하게 한다. 들숨과 함께 상대의 부정적 특성의 기운을 내 아랫배 용광로로 끌어들여 나의 부정적 특성의 기운과 충돌시키고 함께 용해시켜 밝고 따뜻한 빛의 기운을 만들어낸다. 상대의 부정적 기운을 적극적으로 끌어들여옴으로써 상대의 부정적 기운이 감소하니 상대도 좋고, 상대의 부정적 기운이 내 안으로 들어올수록 내 안의 부정적 기운이 용해되고 나 자신이 더욱 정화되어 나도 좋으므로 서로 윈윈(win-win), 상생(相生)이다. 마치 동물이 내보내는 이산화탄소를 들이마셔 자신의 호흡에 이용하고 산소를 만들어 내보냄으로써 동물의 호흡을 돕는 식물처럼 상대의 어두운 에너지를 들이마셔 자기 내면의 어두움을 소멸시키며 밝은 에너지를 내보낸다. 나와 불편한 관계의 사람, 상극(相剋)의 사람이 오히려 서로 도움을 주는 상생(相生)의 사람이 된다.

우선 가까운 관계에 있는 사람들에게 상생통렌을 실천한다. 가까운 사이기 때문에 서로 좋은 경험도 많지만 충돌하고 갈등하는 경우도 많다. 아무리 힘든 관계라고 해도 가족처럼 가까운 사람은 마음에서 지워버릴 수도 없다. 한 직장 사람들은 직장을 옮기지 않는 한 매일 볼 수밖에 없다. 이럴 때 원망하거나 서운해 하거나 미워하며 패패전략의 늪에 빠지지 말고 상생통렌을 실천한다. 우리가 원하는 것은 상대가 잘못되는 것이 아니라 상대가 나를 사랑하고 존중해 주는 것이다. 상대에게 미운 마음이 드는 것도 결국은 상대로부터 사랑과 존중을 받지 못해서 아닌가. 미움과 원망의 마음이 일어날 때 오히려 상대의 싫은 모습을 적극적으로 내 안으로 끌어들여 아랫배 용광로에서 나의 싫은 모습과 충돌시키며 밝고 따뜻한 빛의 긍정 에너지를 만들어 내 몸과 마음을 채우고 상대에게도 보내준다. 상극(相剋)의 상대는 내 안의 부정적인 모습을 정화시키고 나를 성장시켜 주는 상생(相生)의 소중한 인연이 된다.

내가 고통스러울 때의 상생통렌

내가 우울, 불안, 화 등으로 고통을 느낄 때 보통 자기자비가 도움이 된다. 이때 상생통렌을 적용할 수 있다. 내가 우울할 때 오히려 사람들의 우울을 들이마시고 명랑함을 내보낸다. 내가 불안할 때 오히려 사람들의 불안을 들이마시고 안심과 평화를 내보낸다. 내가 화가 날 때 오히려 사람들의 화를 들이마시고 사랑과 자비를 내보낸다.

내가 우울할 때 나만 우울한 것이 아니다. 내가 불안할 때 나만 불안한 것이 아니다. 내가 화가 날 때 나만 화가 나는 것이 아니다. 지하철 안에, 버스 안에, 카페 안에, 백화점 안에, 길거리에 많은 사람들이 있다. 그 안에 행복하지 않은 사람들이 있다. 초점 없는 눈동자 뒤에 우울을 품고 있는 사람들이 있다. 무표정한 얼굴 뒤에 불안을 감추고 있는 사람들이 있다. 힘이 들어간 어깨 밑에 화를 누르고 있는 사람들이 있다.

우리 모두 때로는 고통 속에 있다. 내가 고통스러울 때 나 혼자 고통 속에 있는 것이 아니다. 지금 이 순간에도 이 세상에는 여러 사람들이 고통을 겪고 있다. 내가 고통스러울 때 오히려 고통을 경험하고 있는 사람들을 생각한다.

지하철에서, 버스에서, 카페에서, 백화점에서, 길거리에서, 내가 있는 곳 어디서나 내가 우울할 때 오히려 주변 사람들의 우울을 들이마신다. 내가 불안할 때 오히려 주변 사람들의 불안을 들이마신다. 내가 화가 날 때 오히려 주변 사람들의 화를 들이마신다. 사람들의 우울의 기운이, 불안의 기운이, 화의 기운이 들숨과 함께 내 안으로 들어와 나의 우울의 기운, 불안의 기운, 화의 기운과 부딪히며 밝고 따뜻한 빛의 명랑한 기운, 여유로운 기운, 자비로운 기운을 만들어 낸다. 그 밝고 따뜻한 빛의 기운이 내 몸과 마음을 가득 채우고 날숨과 함께 동심원처럼 밖으로, 밖으로 퍼져 우울한 그들, 불안한 그들, 화가 난 그들의 몸과 마음을 온전히 채우고 나와 그들이 함께 하고 있는 공간을 가득 채운다. 강력한 에너지 정화기가 되어 지금 있는 공간의 모든 어두운 에너지를 빨아들여 밝고 따뜻한 에너지로 전환시켜 내보낸다.

상생통렌은 우리가 힘들 때도 혼자가 아님을 깨우쳐주고 더불어 행복할 수 있음을 가르쳐준다.

4. 결어

오래전에 꾼 꿈이다. 꿈속에서 누군가와 오해로 인한 갈등이 생겨 그것을 어떻게 풀어야 할지 고민하는 꿈이었다. 이렇게 할까? 아냐 그러면 이래서 안 되지. 저렇게 할까? 아냐 그러면 저래서 안 되지. 어떻게 갈등을 풀어야 할지 깊이 걱정하며 고민하고 있었다. 그러다 문득 깨어 모든 것이 꿈임을 알게 됐다. 모든 걱정과 고민이 일시에 사라지고 안도감을 느꼈다. 어떤 방법이 문제를 푸는 좋은 방법이었을까? 그 어떤 방법도 관련이 없다. 문제가 애초에 없었던 것이다.

문제인 줄 알았다가 문제가 아닌 줄 알았다면 문제해결을 위한 모든 방법들, 또 문제해결을 위한 모든 노력들이 아침햇살에 사라지는 이슬과 같다. 뱀인 줄 알았는데 동아줄인 줄 알게 됐다면 더 이상 뱀에 대한 공포, 어떻게 대처해야 하는가의 걱정은 무의미해진다.

관(觀). 내가 보는 세계는 나의 관이 투영된 세계다. 우리의 많은 고통이 잘못된, 불건강한 욕구-생각, 즉 관(觀)에서 온다. 그런 욕구-생각에 동일시함에서 온다.

삶은 동일시 게임이다. 나는 어떤 욕구-생각, 관(觀), 나에게 동일시하고 있는가?!

1) 명상으로 욕구-생각을 멈추는, 쉬는 훈련을 한다. 이러한 쉼을 통해 습관적으로 작용하던 불건강한 욕구-생각, 관(觀), 나의 힘이 줄어든다. 동시에 건강한 욕구-생각, 관(觀), 나의 힘이 자란다. 또 욕구-생각의 쉼에서 마음의 평화와 치유라는 선물도 받는다.

2) 마음챙김으로 욕구-생각을 있는 그대로 떨어져 바라봄으로써 탈동일시 훈련을 하며 동시에 마음챙김-나와 동일시하는 힘을 기른다. 이러한 탈동일시는 긍정심리의 적극적 동일시를 위한 토대가 되어 준다. 마치 멋진 빌딩을 위한 기초공사처럼. 마음챙김-나와 동일시하는 힘이 커질 때 불편함과 고통을 버텨내는 힘, 인내력, 삶의 맷집이 커진다. 이런 바탕이 갖춰질 때 긍정심리의 빌딩이 견고하게 세워질 수 있다. 또한 명상과 함께 하는 마음챙김명상은 영점-나에 대한 자각과 동일시를 높여 주며 영점-나가 삶의 대지에 든든하게 뿌리내리게 해준다.

3) 긍정심리로 건강한 욕구-생각, 관(觀), 나와 동일시하고 자꾸 쓰며 기른다. 특히 지혜로운 나, 자비로운 나를 키운다. 이 과정에 불건강한 욕구-생각, 관(觀), 나의 영향력은 점차로 소멸한다. 마음챙김-나는 어떠한 건강한 나라고 할지라도 그 나에 특별히 집착하지 않게 한다. 아무리 훌륭한 아상(我相)도 아상(我相)이며, 황금 수

갑도 수갑이다. 마음챙김-나는 '머문 바 없이 마음을 내라[응무소주이생기심應無所住而生其心]'로 욕구-생각을 쓰게 해준다. 예수께서는 '오른손이 하는 일을 왼손이 모르게 하라'고 표현하셨다.

삶은 동일시 게임이다. 동일시하는 욕구-생각에 따라 관(觀)이 만들어지고 내가 생긴다. 아마도 관자재보살(觀自在菩薩)은 마음공부 무림(武林)의 최고수일 것이다. 관(觀)을 자재(自在)롭게 구사할 뿐만 아니라 또 다른 이름이 관세음보살(觀世音菩薩)인 것처럼 관자재(觀自在)의 능력으로 모든 중생을 고통에서 구하고 행복으로 안내한다. MMPT 마음공부의 꾸준한 수행을 통해 삶이라는 게임에서 관(觀)을 자재(自在)롭게 구사하는 기술치가 조금씩 늘어나기를 희망해본다. 이 과정에서 개인적으로는 소아적 이기성으로부터 벗어나 행복할 줄 아는 성숙한 사람으로 성장하고, 사회적으로는 더불어 행복하게 사는 성숙한 사회로 성장하기를 기원한다.

참고문헌

각묵 (2004). 네 가지 마음챙기는 공부: 대념처경과 그 주석서.
　　울산: 초기불전연구원.
고은미, 김정호, 김미리혜 (2015). 웰빙인지기법이 여자대학 신입생의
　　웰빙 및 스트레스에 미치는 효과. 한국심리학회지: 건강, 20, 69-89.
권예지, 김정호, 김미리혜 (2018). 자기자비 증진 프로그램이 부정적인
　　신체상을 가진 여대생의 신체상 불만족, 신체 수치심, 자기존중감 및
　　주관적 웰빙에 미치는 영향. 스트레스硏究, 26(4), 296-304.
김완석, 신강현, 김경일 (2014). 자비명상과 마음챙김명상의 효과비교:
　　공통점과 차이점. 한국심리학회지: 건강, 19, 509-532.
김재성 (2017). 자애통찰명상에 의한 자기 치유와 선치료. 2017년
　　한국불교심리치료학회 창립 10주년 기념학술대회 자료집, pp.45-82.
　　11월 4일. 서울: 서울시청 서소문 별관 후생관.
김정호 (1994). 인지과학과 명상. 인지과학, 4&5, 53-84.
김정호 (1996a). 한국의 경험적 명상연구에 대한 고찰. 사회과학연구, 3,
　　79-131. 덕성여자대학교 사회과학연구소.
김정호 (1996b). 위빠싸나 명상의 심리학적 고찰. 사회과학연구, 4,
　　35-60. 덕성여자대학교 사회과학연구소.
김정호 (2000a). 조금 더 행복해지기: 복지정서의 환경-행동목록.
　　서울: 학지사.
김정호 (2000b). 스트레스의 원인으로 작용하는 동기 및 인지.

학생생활연구, 16, 1-26. 덕성여자대학교 학생생활연구소.

김정호 (2001). 체계적 마음챙김을 통한 스트레스관리: 정서 마음챙김을
중심으로. 한국심리학회지:건강, 6, 23-58.

김정호 (2002). 비합리적 인지책략과 스트레스. 한국심리학회지:
건강, 7, 287-315.

김정호 (2004a). 마음챙김이란 무엇인가: 마음챙김의 임상적 및 일상적
적용을 위한 제언. 한국심리학회지:건강, 9(2), 511-538.

김정호 (2004b). 마음챙김명상의 유형과 인지행동치료적 함의.
한국인지행동치료학회지, 4(2), 27-44.

김정호 (2004c). 마음챙김 명상에서의 안과 밖의 문제. 사회과학연구, 10,
143-155. 덕성여자대학교 사회과학연구소.

김정호 (2005). 스트레스는 나의 스승이다. 서울: 아름다운인연.

김정호 (2006). 동기상태이론: 스트레스와 웰빙의 통합적 이해.
한국심리학회지: 건강, 11(2), 453-484.

김정호 (2007). 삶의 만족 및 삶의 기대와 스트레스 및 웰빙의 관계:
동기상태이론의 적용. 한국심리학회지: 건강, 12, 325-345.

김정호 (2009). 통합동기관리 혹은 통합동기치료: 인지행동치료의 새로운
흐름의 이해. 한국심리학회지: 건강, 14(4), 677-697.

김정호 (2011). 마음챙김 명상 멘토링. 서울: 불광출판사.

김정호 (2014). 스무 살의 명상책. 서울: 불광출판사.

김정호 (2015). 생각 바꾸기: 동기인지행동치료를 통한 스트레스-웰빙 관리.
서울: 불광출판사.

김정호 (2016). 마음챙김 명상 매뉴얼. 서울: 솔과학.

김정호 (2018a). 일상의 마음챙김+긍정심리. 서울: 솔과학.

김정호 (2018b). 명상과 마음챙김의 이해. 한국명상학회지, 8(1), 1-22.

김정호 (2019). 명상이란 무엇인가. 불광, 7월호, 28-32.

김정호, 김선주 (1998a). 스트레스의 이해와 관리.
서울: 도서출판 아름다운세상.

김정호, 김선주 (1998b). 복지정서의 환경-행동 목록을 통한 스트레스
관리. 사회과학연구, 5, 59-78. 덕성여자대학교 사회과학연구소.

김정호, 김선주 (2000). 심리학에서 본 건강: 총체적 복지로서의 건강.
도대체 건강이란 무엇인가. (김정희 편). 73-101.

김정호, 김선주 (2007). 스트레스의 이해와 관리(개정 증보판).
서울: 시그마프레스.

김정호, 신아영, 김정은 (2008). 웰빙행동과 스트레스 및 웰빙과의 관계.
　　2008년 한국임상.건강심리학회 춘계공동학술대회 논문집, pp.131-132. 5월
　　1-2일. 대전: 대전컨벤션센터.
라마나 마하리쉬 (1990). 나는 누구인가. (이호준 역). 서울: 청하.
문현미 (2005). 인지행동치료의 제3 동향. 한국심리학회지:
　　상담 및 심리치료, 17(1), 15-33.
미산 (2017). 선불교를 중심으로 한 자비수행: 하트스마일 명상의 원리와
　　행법. 2017년 한국불교심리치료학회 창립 10주년 기념학술대회 자료집,
　　pp.25-43. 11월 4일. 서울: 서울시청 서소문 별관 후생관.
민경은, 김정호, 김미리혜 (2014). 웰빙인지기법이 버스 운전기사들의
　　스트레스 및 웰빙에 미치는 효과. 한국심리학회지: 건강, 19, 63-82.
박성현, 성승연, 미산 (2016). 자애명상의 심리적 과정 및 효과에 관한
　　혼합연구: 자애미소명상 수행집단을 대상으로. 한국심리학회지:
　　상담 및 심리치료, 28, 395-424.
박수진, 김정호, 김미리혜 (2017). 동기관리 프로그램이 여대생의 지연행동,
　　불안, 우울 및 주관적 웰빙에 미치는 효과. 한국심리학회지: 건강, 22(1),
　　39-60.
박예나, 김정호, 김미리혜 (2019). 마음챙김명상 프로그램과 자비수행을
　　추가한 마음챙김명상 프로그램의 효과 비교: 만성근골격계 통증 환자를
　　중심으로. 스트레스硏究, 27(4), 412-421.
박은빈, 김정호, 김미리혜 (2020). 스마트폰 어플리케이션(APP)을 이용한
　　웰빙인지기법이 직장인의 직무스트레스 및 주관적 웰빙에 미치는 효과.
　　한국심리학회지: 건강, 25(1), 57-74.
송영숙(서광) (2018). Mindful Self-Compassion(MSC): 불교상담기법 모색.
　　불교문예연구, 10, 11-46.
신아영, 김정호, 김미리혜 (2010). 정서마음챙김이 여자 대학생의
　　정서인식의 명확성, 인지적 정서조절과 스트레스 및 웰빙에
　　미치는 효과. 한국심리학회지:건강, 15, 635-652.
안정미, 김미리혜, 김정호 (2013). 정서 마음챙김이 정신분열병 외래환자의
　　정서와 증상 및 삶의 질에 미치는 효과. 인지행동치료, 13, 193-210.
용타 (1997). 마음 알기 다루기 나누기. 서울: 대원정사.
장지혜, 김정호, 김미리혜 (2017). 동기관리 프로그램이 학업 및
　　진로 스트레스를 지닌 여대생의 스트레스 반응, 자기효능감 및
　　주관적 웰빙에 미치는 영향. 스트레스硏究, 25(4), 317-325.

전현수 (2015). 정신과 의사의 체험으로 보는 사마타와 위빠사나.
　　　서울: 불광출판사.

정용철 (2002). 나는 청개구리. 좋은생각, 10월호.

조용래 (2003). AABT 제 37차 연차학술대회 참관기. 인지행동치료, 3(1),
　　　93-98.

조현주 (2019). 심리치료 및 상담과 마음챙김 명상의 접점과 활용방안.
　　　불교문예연구, 14, 11-54.

최진숙, 황금주 (2018). 중소기업 최고경영자(CEO 및 임원)의 커리어
　　　야망과 자기자비가 혁신행동에 미치는 영향에 관한 연구. 벤처창업연구,
　　　13, 139-158.

한초롱, 김정호, 김미리혜 (2019) 정서 마음챙김 기반 폭식 개선 프로그램이
　　　폭식경향 여대생의 부정정서, 고통 감내력, 정서적 섭식 및 폭식행동에
　　　미치는 영향. 한국심리학회지: 건강, 24(2), 393-411.

Baumeister, R. F. & Voh, K., D. (2002). The pursuit of meaningfulness in
　　　life. In C. R. Snyder & S. J. Lopez (Eds.), *Handbook of positive
　　　psychology* (pp.608-617). New York: Oxford University Press.

Beck, A. T., Rush, J., Shaw, B. R., & Emery, G. (1979/1997)
　　　우울증의 인지치료 [*Cognitive therapy of depression*]. (원호택 등 역). 서울: 학지사.

Beck, J. S. (1995/1997). 인지치료 이론과 실제[*Cognitive therapy: Basics and beyond*].
　　　(최영희, 이정흠 역). 서울: 하나의학사

Biswas-Diener, R. (2010). *Practicing positive psychology coaching:
　　　Assessment, activities, and strategies for success.* New Jersey: Wiley
　　　& Sons, Inc.

Berg, I. K. (1994). *Family-based services: A solution-focused approach.*
　　　New York: W.W. Norton.

de Shazer, S. (1985). *Keyes to solution in brief therapy.* New York: Norton.

Epstein, R. (2017/2019). 주의집중: 의학, 마음챙김 그리고 인류애
　　　[*Attending: Medicine, mindfulness, and humanity*]. (김경승, 강수용, 김성진, 김준모,
　　　이성근, 정도운 역). 서울: 하나의학사.

Fava, G. (1999). Well-being therapy: Conceptual and technical issues.
　　　Psychotherapy and Psychosomatics, 68, 171 - 179.

Fava, G. A., Rafanelli, C., Cazzaro, M., Conti, S., & Grandi, S. (1998).
　　　Well-being therapy: A novel psychotherapeutic approach for residual
　　　symptoms of affective disorders. *Psychological Medicine*,

28, 475-480.

Fava, G. A. & Ruini, C. (2003). Development and characteristics of a
well-being enhancing psychotherapeutic strategy: Well-being therapy.
Journal of Behavior Therapy and Experimental Psychiatry,
34, 45-63.

Flavell, J. H. (1979). Metacognition and cognitive monitoring. *American
Psychologist,* 34, 906-911.

Fordyce, M. W. (1977). Development of a program to increase personal
happiness. *Journal of Counseling Psychology*, 24, 511 - 520.

Fordyce, M. W. (1981). *The psychology of happiness: A brief version of the
fourteen fundamentals*. Ft. Myers, FL: Cypress lake Media.

Fordyce, M. W. (1983). A program to increase happiness: Further studies.
Journal of Counseling Psychology, 30, 483-498.

Fordyce, M. W. (1988). A review of research on the happiness measure:
A sixty second index of happiness and mental health, *Social Indicators
Research*, 20, 355-381.

Fredrickson, B. L. (1998). What good are positive emotions? *Review of
General Psychology*, 2, 300-319.

Fredrickson, B. L. (2009). *Positivity*. New York: Crown Pubs. [최소영 옮김(2009).
긍정의 발견. 서울: 21세기북스.]

Fredrickson, B. L. & Joiner, T. (2002). Positive emotions trigger upward
spirals toward emotional well-being. *Psychological Science*,
13, 172-175.

Germer, C. K. (2009). *The mindful path to self-compassion: Freeing yourself
from destructive thoughts and emotions*. New York: Guilford.

Gilbert, P. (2010/2014). 자비중심치료 [*Compassion Focused Therapy: Distinctive
Features*]. (조현주, 박성현 역). 서울: 학지사.

Hayes, S. C. & Smith, S. (2005) *Get out of your mind and into your life:
The new acceptance and commitment therapy*. Oakland: New Harbinger
Publications.

Hayes, S. C., Strosahl, K. D., & Wilson, K. D. (1999). *Acceptance and
commitment therapy: An experiential approach to behavior change*.
New York: Guilford Press.

Jacobson, N. S. & Christensen, A. (1996). *Acceptance and change in couple*

Therapy: A therapist's guide to transforming relationship. New York: Norton.

Kim, J. H., Kim, S. J., & Kim, M. (1999). *On the definition of stress and well-being: An extension of Lazarus model*. The 3rd Conference of the Asian Association of Social Psychology, Taipei, Taiwan.

Koo, M., Algoe, S. B., Wilson, T. D., & Gilbert, D. T. (2008). It's a wonderful life: Mentally subtracting positive events improves people's affective states, contrary to their affective forecasts. *Journal of Personality and Social Psychology*, 95, 1217-1224.

Langer, E.J. (1989). *Mindfulness*. MA: Addison-Wesley.

Langer, E.J. (1997). *The power of mindful learning*. MA: Perseus Publishing.

Lazarus, R. S. & Folkman, S. (1984). *Stress, appraisal, and coping*. New York: McGraw-Hill.

Linehan, M.M., (1993). *Cognitive behavioral treatment of borderline personality disorder*. New York: Guilford Press.

Lopez, S. J., Floyd, R.K., Ulven, J. C., & Snyder, C. R. (2000). Hope therapy: Building a house of hope. In C. R. Snyder (Ed.), *The handbook of hope: Theory, measures, and applications* (pp.123-148). New York: Academic Press.

Lyubomirsky, S. (2007). *The how of happiness: A scientific approach to getting the life you want*. New York: The Penguin Press.

Marra, T. (2005/2006). 변증법적 행동치료 [*Dialectical behavior therapy in private practice*]. (심민섭 외 역). 서울: 시그마프레스.

Masuda, A., Hayes, S.C., Sackett, C.F., & Twohig, M.P. (2004). Cognitive defusion and self-relevant negative thoughts: Examining the impact of a ninety year old technique. *Behaviour Research and Therapy*, 42, 447-485.

Neff, K. (2003). Self-compassion: An alternative conceptualization of a health attitude toward oneself. *Self and Identity*, 2, 85-101.

Neff, K. (2011/2019) 러브 유어셀프 [*Self-Compassion: Stop beating yourself and leave insecurity behind*]. (서광 스님, 이경욱 역). 서울: 학지사.

O'Connell, B. & Palmer, S. (Eds.) (2003). *Handbook of solution-focused therapy*. Newbury park, CA: Sage Publications.

Quaglia, J. T., Brown, K. W., Lindsay, E. K., Creswell, J. D., & Goodman, R. J.

(2016). From conceptualization to operationalization of mindfulness. In K. W. Brown, J. D. Creswell, R. M. Ryan (Eds.), *Handbook of mindfulness: Theory, research, and practice*. (pp.151-170). New York: The Guilford Press.

Pesceschkian, N. (1997). *Molecules of emotion: Why you feel the way you feel*. New York: Scribner.

Pesceschkian, N. & Tritt, K. (1998). Positive psychotherapy: Effectiveness study and quality assurance. *European Journal of Psychotherapy, Counseling, and Health*, 1, 93-104.

Ryan, R. M. & Deci, E. L. (2001). On happiness & human potentials: A review of research on hedonic and eudaimonic well-being. *Annual Review of Psychology*, 52, 141-166.

Segal, Z.V., Williams, J.M.G., & Teasdale, J.D. (2002). *Mindfulness-based cognitive therapy for depression: A new approach to preventing relapse*. New York: Guilford Press.

Seligman, M. E. P., Rashid, T., & Parks, A. C. (2006). Positive psychotherapy. *American psychologist*, 61(8), 774-788.

Singer, M. A. (2015/2016). 될 일은 된다 [*The surrender experiment: My journey into life's perfection*]. (김정은 역). 서울: 정신세계사.

Young, K.S., van der Velden, A., Craske, M.G., Pallesen, K.J., Fjorback, L., Roepstorff, A. & Parsons, C.E. (2018). The impact of mindfulness-based interventions on brain activity: A systematic review of functional magnetic resonance imaging studies. *Neurosciences and biobehavioral Reviews*, 84, 424-433.

Wegner, D.M. (1994). Ironic processes of mental control. *Psychological Review*, 101, 34-52.

Wegner, D.M., Erber, R., & Zanakos, S. (1993). Ironic processes in mental control of mood and mood-related thought. *Journal of Personality and Social Psychology*, 65, 1093-1104.

___ **수행일지**

___ **간편형 정서 마음챙김 목록**(정서스캔):
　지금 내 마음은?

___ **스트레스 마음챙김 일지**

___ **웰빙 마음챙김 일지**

___ **웰빙행동일지**

___ **웰빙인지일지**

___ **자비수행일지**

수행 날짜 2020. . . (   ) 수행 시간 : (분간)
수행 장소(상황):
수행 종류:

1. 수행 동안 신체적으로 경험한 것

2. 수행 동안 심리적으로 경험한 것

3. 수행소감/질문

간편형 정서 마음챙김 목록(정서스캔): 지금 내 마음은?

2020.   .   (   )

(:   )

기분나쁨	-3 -2 -1 0 1 2 3	기분좋음
기운없음	-3 -2 -1 0 1 2 3	활기참
우울	-3 -2 -1 0 1 2 3	명랑
불안	-3 -2 -1 0 1 2 3	편안
조급함	-3 -2 -1 0 1 2 3	여유
미움	-3 -2 -1 0 1 2 3	사랑
화	-3 -2 -1 0 1 2 3	친절
불만	-3 -2 -1 0 1 2 3	감사

(:   )

기분나쁨	-3 -2 -1 0 1 2 3	기분좋음
기운없음	-3 -2 -1 0 1 2 3	활기참
우울	-3 -2 -1 0 1 2 3	명랑
불안	-3 -2 -1 0 1 2 3	편안
조급함	-3 -2 -1 0 1 2 3	여유
미움	-3 -2 -1 0 1 2 3	사랑
화	-3 -2 -1 0 1 2 3	친절
불만	-3 -2 -1 0 1 2 3	감사

(:   )

기분나쁨	-3 -2 -1 0 1 2 3	기분좋음
기운없음	-3 -2 -1 0 1 2 3	활기참
우울	-3 -2 -1 0 1 2 3	명랑
불안	-3 -2 -1 0 1 2 3	편안
조급함	-3 -2 -1 0 1 2 3	여유
미움	-3 -2 -1 0 1 2 3	사랑
화	-3 -2 -1 0 1 2 3	친절
불만	-3 -2 -1 0 1 2 3	감사

(:   )

기분나쁨	-3 -2 -1 0 1 2 3	기분좋음
기운없음	-3 -2 -1 0 1 2 3	활기참
우울	-3 -2 -1 0 1 2 3	명랑
불안	-3 -2 -1 0 1 2 3	편안
조급함	-3 -2 -1 0 1 2 3	여유
미움	-3 -2 -1 0 1 2 3	사랑
화	-3 -2 -1 0 1 2 3	친절
불만	-3 -2 -1 0 1 2 3	감사

(:   )

기분나쁨	-3 -2 -1 0 1 2 3	기분좋음
기운없음	-3 -2 -1 0 1 2 3	활기참
우울	-3 -2 -1 0 1 2 3	명랑
불안	-3 -2 -1 0 1 2 3	편안
조급함	-3 -2 -1 0 1 2 3	여유
미움	-3 -2 -1 0 1 2 3	사랑
화	-3 -2 -1 0 1 2 3	친절
불만	-3 -2 -1 0 1 2 3	감사

(:   )

기분나쁨	-3 -2 -1 0 1 2 3	기분좋음
기운없음	-3 -2 -1 0 1 2 3	활기참
우울	-3 -2 -1 0 1 2 3	명랑
불안	-3 -2 -1 0 1 2 3	편안
조급함	-3 -2 -1 0 1 2 3	여유
미움	-3 -2 -1 0 1 2 3	사랑
화	-3 -2 -1 0 1 2 3	친절
불만	-3 -2 -1 0 1 2 3	감사

스트레스 마음챙김 일지

• 생활 속에 스트레스를 경험하게 되었을 때 잠시 멈추고 순수한 자각의 공간에서 떨어져서 바라본다.

일시 2020.   .   (   )   :
장소

(1) 스트레스 상황

(2) 마음에서 일어난 감정

(3) 몸에서 나타난 반응

(4) 마음에서 일어난 생각

(5) 마음에서 일어난 욕구

(6) 행동

(7) 마음챙김 후의 느낌

(8) 숙고 사항: 관련된 동기(욕구) 및 인지(생각)

명상·마음챙김·긍정심리 훈련(MMPT) 워크북

웰빙 마음챙김 일지

• 생활 속에 웰빙을 경험하게 되었을 때 잠시 멈추고 순수한 자각의 공간에서 떨어져서 바라본다.

일시 2020.   .   (   )   :
장소

(1) 웰빙 상황

(2) 마음에서 일어난 감정

(3) 몸에서 나타난 반응

(4) 마음에서 일어난 생각

(5) 마음에서 일어난 욕구

(6) 행동

(7) 마음챙김 후의 느낌

(8) 숙고 사항: 관련된 동기(욕구) 및 인지(생각)

웰빙행동일지

• 생활 속에 스트레스를 경험하게 되었을 때 잠시 멈추고 알아차림 후에 적절한 웰빙행동을 적용한다.

일시 2020. . . ( ) :
장소

(1) 스트레스 상황

(2) 몸과 마음에서 일어난 반응

(3) 적용한 웰빙행동

(4) 웰빙행동 적용 후 몸과 마음에서의 변화

(5) 웰빙행동을 적용한 소감

• 생활 속에 스트레스를 경험하게 되었을 때 잠시 멈추고 알아차림 후에 적절한 웰빙인지를 적용한다.

일시 2020.　　.　　.(　　　)　:
장소

(1) 스트레스 상황

(2) 몸과 마음에서 일어난 반응

(3) 적용한 웰빙인지

(4) 웰빙인지 적용 후 몸과 마음에서의 변화

(5) 웰빙인지를 적용한 소감

자비수행일지

수행 날짜 2020.　　.　　.(　　)　수행 시간　　:　　(　　분간)

수행 장소(상황)

수행 종류(자기자비, 타인자비, 타인자기자비)

　　(친절: 자기친절, 타인친절)

1. 자비수행 방식

2. 수행 동안 몸과 마음으로 느낀 점

3. 수행소감/질문

　　　　　　　　명상·마음챙김·긍정심리 훈련(MMPT) 워크북

먼저 이 책은 덕성여자대학교 2018년도 교내 연구비 지원의 도움을 받았음을 밝히며 대학 당국에 감사의 마음을 전한다.

나의 글이 다시 불광과 인연을 맺도록 도와주신 류지호 대표님께 감사드린다. 꼼꼼하게 교정을 보아주시고 아름다운 디자인을 만들어주신, 정선경 선생님을 비롯한 편집진에게 고마움을 전한다.

MMPT에 참가했던 제자들과 일반인들 모두에게 감사드린다. 함께 공부하며 즐거웠고 덕분에 나도 많이 성장할 수 있었으며 MMPT도 발전할 수 있었다. 앞으로도 계속 꾸준히 수행하며 좋은 인연으로 서로 성장할 수 있기를 바란다.

MMPT는 마음공부를 위한 훈련이다. MMPT 워크북 책을 내며 이제 마음공부에 입문한 것 같다. 사실 아내는 나보고 '명보남'이라고 한다. 명상을 해서 그나마 보통 사람 정도 된 남자라는 것이다. 이런 평가도 감사하다. 그래도 살면서 많이 발전했다는 것 아닌가! 또 이대로 쭉 가면 죽는 날까지 조금씩이더라도 성장할 것 같아 마음이 편안하다. 늘 가까운 거리에서 나의 마음공부를 피드백해주는 아내 김선주 박사에게 감사의 마음을 전한다.

명상·마음챙김·긍정심리 훈련(MMPT) 워크북

ⓒ김정호

2023년 8월 14일 초판 1쇄 발행
2024년 4월 12일 초판 2쇄 발행

지은이 김정호
발행인 박상근(至弘) • 편집인 류지호 • 상무이사 김상기 • 편집이사 양동민
편집 김재호, 양민호, 김소영, 최호승, 하다해, 정유리 • 디자인 쿠담디자인
제작 김명환 • 마케팅 김대현, 김선주, 이선호 • 관리 윤정안
콘텐츠국 유권준, 정승채, 김희준
펴낸 곳 불광출판사 (03169) 서울시 종로구 사직로10길 17 인왕빌딩 301호
        대표전화 02) 420-3200 편집부 02) 420-3300 팩시밀리 02) 420-3400
        출판등록 제300-2009-130호(1979. 10. 10.)

ISBN 979-11-92997-66-7 (03180)

값 18,000원

잘못된 책은 구입하신 서점에서 바꾸어 드립니다.
독자의 의견을 기다립니다. www.bulkwang.co.kr
불광출판사는 (주)불광미디어의 단행본 브랜드입니다.